公務員試験
国家一般職・地方上級レベル対応
新装第2版
4
セレクト SELECT
90
JN026225

TAC出版
TAC PUBLISHING Group

● はじめに ●

目指す場所に必ずたどり着きたい方のために――
『出るとこ過去問』は、超実践的〝要点整理集+過去問集〟です。

「公務員試験に合格したい」

この本を手にされた方は、きっと心からそう願っていると思います。

公務員試験に合格することは、けっして容易なものではありません。勉強すべき科目は多く、参考書は分厚い。合格に必要な勉強時間はおおよそ1500～2000時間といわれており、準備に半年～1年かける方が大半でしょう。覚悟を決め、必死で取り組まなければなりません。

たとえ予備校に通っていても、カリキュラムをひたすらこなすだけでせいいっぱいという方もいるでしょう。独学の場合はなおさら、スケジュールどおりに勉強を進めていくには、相当な自制心が必要です。試験の日程が近づいているにもかかわらず、「まだ手をつけていない科目がこんなにある」と落ち込んでしまう方もいるかもしれません。

そんな時こそ、本書の出番です。この『出るとこ過去問』は、公務員試験合格のための超実践的〝要点整理集+過去問集〟です。絶対に合格を勝ち取りたい方が最後に頼る存在になるべく作られました。

おさえるべき要点はきちんと整理して理解する。解けるべき過去問はきちんと解けるようにしておく。それが公務員試験で合格するためには必須です。**本書は、合格のために〝絶対理解しておかなければならない要点〟の簡潔なまとめと、これまで公務員試験の中で〝何度も出題されてきた過去問〟だけを掲載しています。**だからこそ、超実践的なのです。

たくさんの時間を使い、たくさん勉強してきたけれど、まだ完全に消化しきれていない科目がある。そんな方にとって、本書は道を照らす最後の明かりです。**本書のPOINT整理やPointCheckを頼りに重要事項を整理して理解し、過去問が解けるところまでいけば、合格はもうすぐです。**

いろいろと参考書を手にしてみたものの、どれもしっくりとせず、試験の日程ばかりが迫ってきている。そんな方にとって、本書は頼もしい最後の武器です。**本書をぎりぎりまで何度も繰り返し勉強することで、合格レベルまで底上げが可能となります。**

道がどんなに険しくても、そこに行き先を照らす明かりがあれば、効果的な武器があれば、目指す場所に必ずたどり着くことができます。

みなさんが輝かしい未来を勝ち取るために、本書がお役に立てれば幸いです。

2020年3月　TAC出版編集部

● 本書のコンセプトと活用法 ●

本書のコンセプト

1. 過去問の洗い直しをし、得点力になる問題だけを厳選

その年度だけ出題された難問・奇問は省く一方、近年の傾向に合わせた過去問の類題・改題はしっかり掲載しています。本書で得点力になる問題を把握しましょう。

<出題形式について>
旧国家Ⅱ種・裁判所事務官の出題内容も、国家一般・裁判所職員に含め表記しています。また、地方上級レベルの問題は地方上級と表示しています。

2. 基本問題のLevel 1、発展問題のLevel 2のレベルアップ構成

Level 1の基本問題は、これまでの公務員試験でたびたび出題されてきた問題です。何回か繰り返して解くことをおすすめします。科目学習の優先順位が低い人でも、最低限ここまではきちんとマスターしておくことが重要です。さらに得点力をアップしたい方はLevel 2の発展問題へ進みましょう。

3. POINT整理と見開き2ページ完結の問題演習

各章の冒頭の**POINT整理**では、その章の全体像がつかめるように内容をまとめています。全体の把握、知識の確認・整理に活用しましょう。この内容は、Level 1、Level 2の両方に対応しています。また、**Q&A**形式の問題演習では、問題、解答解説および、その問題に対応する**PointCheck**を見開きで掲載しています。重要ポイントの理解を深めましょう。

● 基本的な学習の進め方

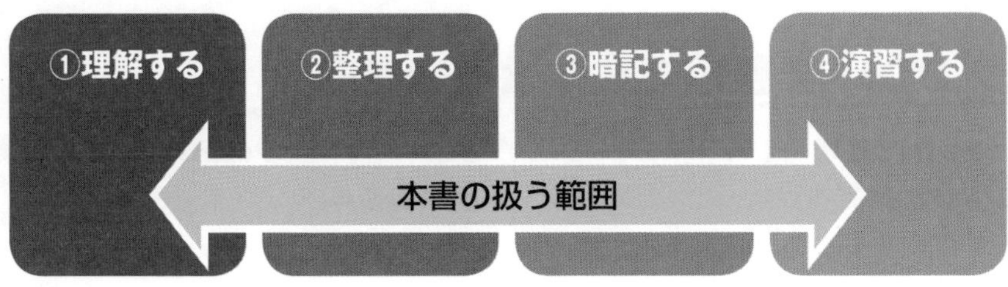

どんな勉強にもいえる、学習に必要な4つのポイントは次のとおりです。本書は、この①～④のポイントに沿って学習を進めていきます。

①理解する

問題を解くためには、必要な知識を得て、理解することが大切です。

②整理する

ただ知っているだけでは、必要なときに取り出して使うことができません。理解したあとは、整理して自分のものにする必要があります。

③暗記する　④演習する

問題に行き詰まったときは、その原因がどこにあるのか、上記①～④をふりかえって考え、対処しましょう。

本書の活用法

1. POINT整理で全体像をつかむ

POINT整理を読み、わからないところがあれば、各問題の**PointCheck**および解説を参照して疑問点をつぶしておきましょう。関連する**Q&A**のリンクも掲載しています。

2. Level 1・Level 2のQ&Aに取り組む

ここからは自分にあった学習スタイルを選びましょう。苦手な論点は、繰り返し問題を解いて何度も確認をすることで自然と力がついてきます。

Level 2の**Level up Point!** は得点力をつけるアドバイスです。当該テーマの出題傾向や、問題文の目のつけどころ、今後の学習の指針などを簡潔にまとめています。

●本書を繰り返し解き、力をつけたら、本試験形式の問題集にも取り組んでみましょう。公務員試験では、問題の時間配分も重要なポイントです。

➡ 本試験形式問題集

『本試験過去問題集』（国家一般職・国税専門官・裁判所職員ほか）

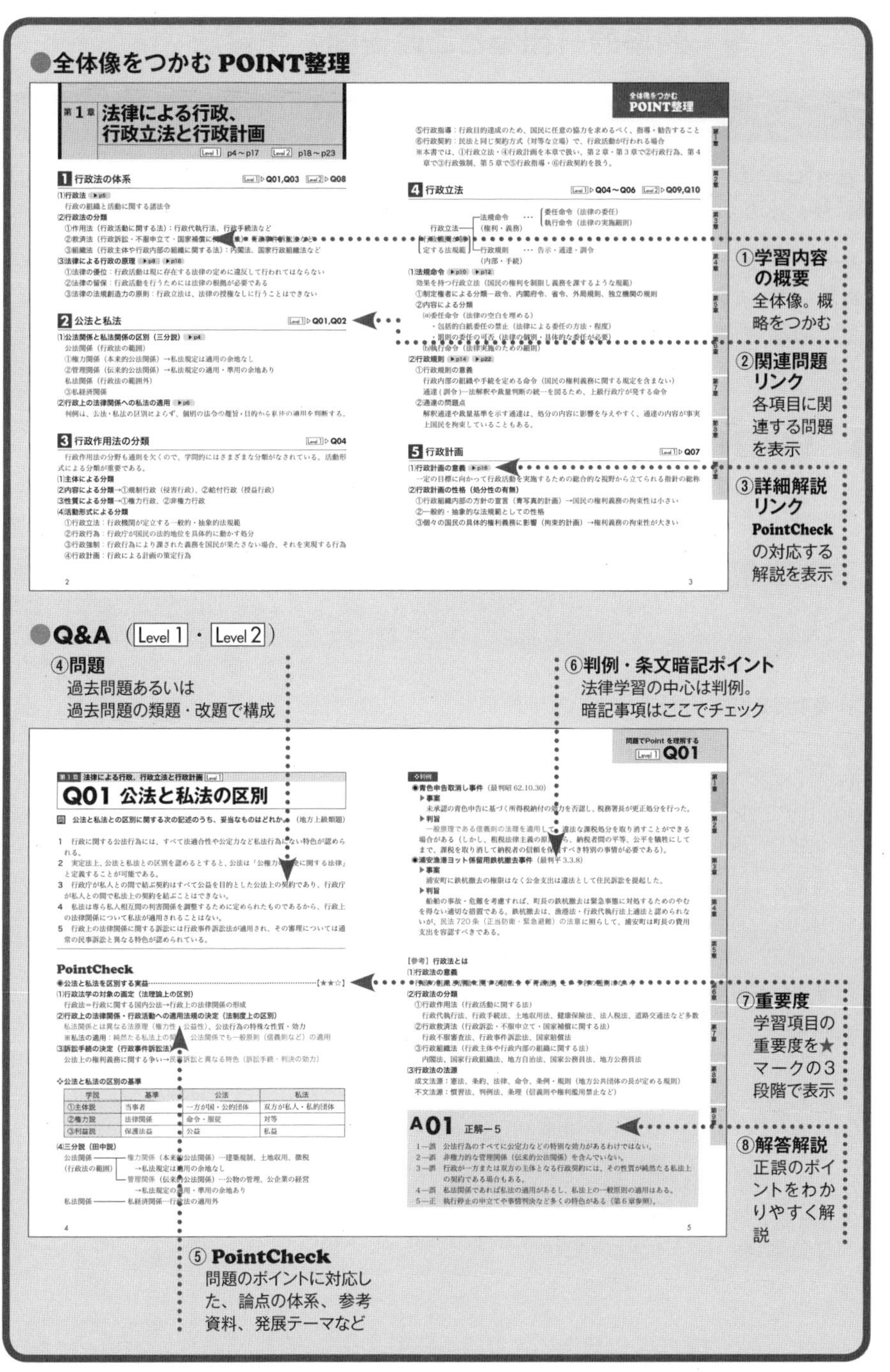
全体像をつかむ POINT整理
第1章 法律による行政、行政立法と行政計画
①学習内容の概要
全体像。概略をつかむ
②関連問題リンク
各項目に関連する問題を表示
③詳細解説リンク
PointCheck の対応する解説を表示
Q&A（Level 1・Level 2）
④問題
過去問題あるいは
過去問題の類題・改題で構成
⑥判例・条文暗記ポイント
法律学習の中心は判例。
暗記事項はここでチェック
Q01 公法と私法の区別
PointCheck
⑦重要度
学習項目の重要度を★マークの3段階で表示
A01 正解－5
⑧解答解説
正誤のポイントをわかりやすく解説
⑤ PointCheck
問題のポイントに対応した、論点の体系、参考資料、発展テーマなど

● 効率的『出るとこ過去問』学習法 ●

1周目

最初は科目の骨組みをつかんで、計画どおりスムーズに学習を進めることが大切です。1周目は学習ポイントの①概要・体系の理解と、②整理の仕方を把握することが目標になります。

最初は、誰でも、「わからなくて当然」「難しくて当たり前」です。初めての内容を無理やり覚えようとしても混乱するだけで終わってしまうことがあります。頭に残るのは全体像やイメージといった形で大丈夫です。また、自力で問題を解いたり、暗記に時間をかけたりするのは効率的ではありません。問題・解説を使って整理・理解していきましょう。

1. POINT整理をチェック

やみくもに問題を解いても、学習範囲の概要がわからなければ知識として定着させることはできません。知識の中身を学習する前に、その章の流れ・体系をつかんでおきます。

POINT整理は見開き構成で、章の全体像がつかめるようになっています。一目で学習範囲がわかるので、演習の問題・解説がスムーズに進むだけでなく、しっかりした知識の定着が可能になります。ここは重要な準備作業なので詳しく説明します。

(1)**各項目を概観**（5分程度）

次の3点をテンポよく行ってください。

①章の内容がどんな構成になっているか確認

②何が中心的なテーマか、どのあたりが難しそうかを把握

③まとめの文章を読んで、理解できる部分を探す

最初はわからなくても大丈夫です。大切なのは問題・解説を学習するときに、その項目・位置づけがわかることです。ここでは知識の中身よりも、組立て・骨組み・章の全体像をイメージします。

(2)**気になる項目を確認**（30分程度）

問題・解説の内容を、先取りして予習する感覚で確認します。

①リファレンスを頼りに各問題や、問題の**PointCheck**を確認

②まったく知らない用語・理論などは「眺めるだけ」

③知っている、聞いたことがある用語・理論などは自分の理解との違いをチェック

全体像を確認したら、次にやることは「道しるべ」を作っておくことです。内容を軽く確認する作業ですが、知らないことや細かい内容はとばして、自分が知っている用語や理解できる内容を確認し、学習を進める時の印をつけておきます。

2. Level 1 の問題にトライ（問題・解説で1問あたり15分以内が目標）

まずは読む訓練と割り切りましょう。正解をみてもかまいません。むしろ○×を確認してから、どこが間違っているのか、理解が難しいのかを判断する程度で十分です。問題を読んで理解できない場合は、すぐに解説を読んで正誤のポイントを理解するようにしてください。

はじめは、問題を自力で解くことや、答えの正解不正解は全く考慮しません。また、ここで深く考える必要もありません。大切だとされる知識を「初めて学ぶ」感覚で十分です。問題で学ぶメリットを最大限に生かしましょう。

3. Level 1 の PointCheck を確認（15分程度）

学習内容の理解の仕方や程度を**PointCheck**で把握します。問題を解くための、理解のコツ、整理の仕方、解法テクニックなどを確認する作業です。暗記が必要な部分は、**PointCheck**の文中に印をしておき、次の学習ですぐ目につくようにします。

4. Level 2 の問題の正誤ポイントを確認

Level 1の問題と同様に読む訓練だと考えて、正誤のポイントを確認するようにしましょう。ただ、長い文章や、**POINT整理**にない知識、未履修の範囲などが混在している場合があるので、学習効果を考えると1回目は軽く流す程度でいいでしょう。また、Level 1の**PointCheck**と同様、覚えておくべき部分には印をしておきます。

Level 2は2周目で重点的に確認するようにします。1周目はとばしてもかまいません。ただ、これからやる学習範囲でも、眺めておくだけで後の理解の役に立ちます。「なんとなくわかった」レベルの理解で先に進んでも大丈夫です。

2周目以降

ここからは、問題を解きながら覚える作業です。大切なのは、「理解できたか・できないか」「整理されているか・されていないか」「暗記したか・していないか」を、自分なりにチェックしていくこと。できたところと、難しいところを分けていきましょう。

2周目でも、100パーセントの体系的理解は必要ありません。どうすれば正解に至ることができるかを自分なりに把握できればいいのです。最終的には自分の頭で処理できることが目標なのです。

2周目以降は、もうやらなくていい問題を見つける作業だと考えてください。「ここだけ覚えればいい」「もう忘れない」と感じた問題は切り捨てて、「反復が必要」「他の問題もあたっておく」と感じる問題にチェックをしていきます。

ここからが一般的な問題集の学習です。3周目は1日で全体の確認・復習ができるようになります。ここまで本書で学習を進めれば、あとは問題を解いていくことで、より得点力を上げていくこともできます。一覧性を高め、内容を絞り込んだ本書の利点を生かして、短期間のスピード完成を目指してください。

出るとこ過去問　行政法セレクト90

公務員試験

国家一般職
地方上級レベル対応

出るとこ過去問

4 行政法

セレクト90

第1章 法律による行政、行政立法と行政計画

Level 1 p4～p17 Level 2 p18～p23

1 行政法の体系

Level 1 ▷ Q01,Q03 Level 2 ▷ Q08

⑴行政法 ▶p5

行政の組織と活動に関する諸法令

⑵行政法の分類

①作用法（行政活動に関する法）：行政代執行法、行政手続法など

②救済法（行政訴訟・不服申立て・国家補償に関する法）：行政事件訴訟法など

③組織法（行政主体や行政内部の組織に関する法）：内閣法、国家行政組織法など

⑶法律による行政の原理 ▶p8 ▶p18

①法律の優位：行政活動は現に存在する法律の定めに違反して行われてはならない

②法律の留保：行政活動を行うためには法律の根拠が必要である

③法律の法規創造力の原則：行政立法は、法律の授権なしに行うことはできない

2 公法と私法

Level 1 ▷ Q01,Q02

⑴公法関係と私法関係の区別（三分説） ▶p4

公法関係（行政法の範囲）

①権力関係（本来的公法関係）→私法規定は適用の余地なし

②管理関係（伝来的公法関係）→私法規定の適用・準用の余地あり

私法関係（行政法の範囲外）

③私経済関係

⑵行政上の法律関係への私法の適用 ▶p6

判例は、公法・私法の区別によらず、個別の法令の趣旨・目的から私法の適用を判断する。

3 行政作用法の分類

Level 1 ▷ Q04

行政作用法の分野も通則を欠くので、学問的にはさまざまな分類がなされている。活動形式による分類が重要である。

⑴主体による分類

⑵内容による分類→①規制行政（侵害行政）、②給付行政（授益行政）

⑶性質による分類→①権力行政、②非権力行政

⑷活動形式による分類

①行政立法：行政機関が定立する一般的・抽象的法規範

②行政行為：行政庁が国民の法的地位を具体的に動かす処分

③行政強制：行政行為により課された義務を国民が果たさない場合、それを実現する行為

④行政計画：行政による計画の策定行為

⑤行政指導：行政目的達成のため、国民に任意の協力を求めるべく、指導・勧告すること
⑥行政契約：民法と同じ契約方式（対等な立場）で、行政活動が行われる場合
※本書では、①行政立法・④行政計画を本章で扱い、第２章・第３章で②行政行為、第４章で③行政強制、第５章で⑤行政指導・⑥行政契約を扱う。

4 行政立法　Level 1 ▷ Q04～Q06　Level 2 ▷ Q09,Q10

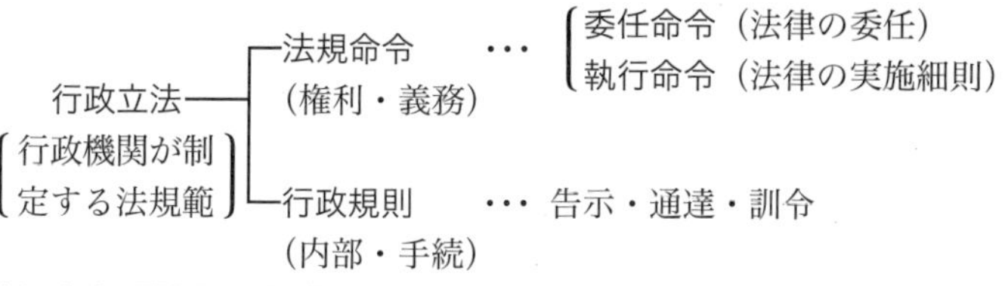

⑴法規命令 ▶p10 ▶p12

効果を持つ行政立法（国民の権利を制限し義務を課するような規範）

①制定権者による分類—政令、内閣府令、省令、外局規則、独立機関の規則

②内容による分類

⒜委任命令（法律の空白を埋める）

・包括的白紙委任の禁止（法律による委任の方法・程度）

・罰則の委任の可否（法律の個別・具体的な委任が必要）

⒝執行命令（法律実施のための細則）

⑵行政規則 ▶p14 ▶p22

①行政規則の意義

行政内部の組織や手続を定める命令（国民の権利義務に関する規定を含まない）

通達(訓令)—法解釈や裁量判断の統一を図るため、上級行政庁が発する命令

②通達の問題点

解釈通達や裁量基準を示す通達は、処分の内容に影響を与えやすく、通達の内容が事実上国民を拘束していることもある。

5 行政計画　Level 1 ▷ Q07

⑴行政計画の意義 ▶p16

一定の目標に向かって行政活動を実施するための総合的な視野から立てられる指針の総称

⑵行政計画の性格（処分性の有無）

①行政組織内部の方針の宣言（青写真的計画）→国民の権利義務の拘束性は小さい

②一般的・抽象的な法規範としての性格

③個々の国民の具体的権利義務に影響（拘束的計画）→権利義務の拘束性が大きい

第１章 法律による行政、行政立法と行政計画 Level 1

Q01 公法と私法の区別

問　公法と私法との区別に関する次の記述のうち、妥当なものはどれか。（地方上級類題）

1　行政に関する公法行為には、すべて法適合性や公定力など私法行為にない特色が認められる。
2　実定法上、公法と私法との区別を認めるとすると、公法は「公権力の行使に関する法律」と定義することが可能である。
3　行政庁が私人との間で結ぶ契約はすべて公益を目的とした公法上の契約であり、行政庁が私人との間で私法上の契約を結ぶことはできない。
4　私法は専ら私人相互間の利害関係を調整するために定められたものであるから、行政上の法律関係について私法が適用されることはない。
5　行政上の法律関係に関する訴訟には行政事件訴訟法が適用され、その審理については通常の民事訴訟と異なる特色が認められている。

PointCheck

◉公法と私法を区別する実益……………………………………………………【★★☆】

⑴行政法学の対象の画定（法理論上の区別）

行政法＝行政に関する国内公法→行政上の法律関係の形成

⑵行政上の法律関係・行政活動への適用法規の決定（法制度上の区別）

私法関係とは異なる法原理（権力性・公益性）、公法行為の特殊な性質・効力
※私法の適用：純然たる私法上の契約、公法関係でも一般原則（信義則など）の適用

⑶訴訟手続の決定（行政事件訴訟法）

公法上の権利義務に関する争い→民事訴訟と異なる特色（訴訟手続・判決の効力）

❖公法と私法の区別の基準

学説	基準	公法	私法
①主体説	当事者	一方が国・公的団体	双方が私人・私的団体
②権力説	法律関係	命令・服従	対等
③利益説	保護法益	公益	私益

⑷三分説（田中説）

公法関係 ―――― 権力関係（本来的公法関係）…建築規制、土地収用、徴税
（行政法の範囲）　　→私法規定は適用の余地なし
　　　　　　　└ 管理関係（伝来的公法関係）…公物の管理、公企業の経営
　　　　　　　　　→私法規定の適用・準用の余地あり
私法関係 ―――― 私経済関係…行政法の適用外

❖判例

◉青色申告取消し事件（最判昭 62.10.30）

▶事案

未承認の青色申告に基づく所得税納付の効力を否認し、税務署長が更正処分を行った。

▶判旨

一般原理である信義則の法理を適用して、違法な課税処分を取り消すことができる場合がある（しかし、租税法律主義の原則から、納税者間の平等、公平を犠牲にしてまで、課税を取り消して納税者の信頼を保護すべき特別の事情が必要である）。

◉浦安漁港ヨット係留用鉄杭撤去事件（最判平 3.3.8）

▶事案

浦安町に鉄杭撤去の権限はなく公金支出は違法として住民訴訟を提起した。

▶判旨

船舶の事故・危難を考慮すれば、町長の鉄杭撤去は緊急事態に対処するためのやむを得ない適切な措置である。鉄杭撤去は、漁港法・行政代執行法上適法と認められないが、民法 720 条（正当防衛・緊急避難）の法意に照らして、浦安町は町長の費用支出を容認すべきである。

【参考】行政法とは

⑴行政法の意義

行政の組織と活動に関する諸法令（「行政法」という名の通則はない）

⑵行政法の分類

①行政作用法（行政活動に関する法）
行政代執行法、行政手続法、土地収用法、健康保険法、法人税法、道路交通法など多数

②行政救済法（行政訴訟・不服申立て・国家補償に関する法）
行政不服審査法、行政事件訴訟法、国家賠償法

③行政組織法（行政主体や行政内部の組織に関する法）
内閣法、国家行政組織法、地方自治法、国家公務員法、地方公務員法

⑶行政法の法源

成文法源：憲法、条約、法律、命令、条例・規則（地方公共団体の長が定める規則）
不文法源：慣習法、判例法、条理（信義則や権利濫用禁止など）

A01 正解－5

1—誤　公法行為のすべてに公定力などの特別な効力があるわけではない。
2—誤　非権力的な管理関係（伝来的公法関係）を含んでいない。
3—誤　行政が一方または双方の主体となる行政契約には、その性質が純然たる私法上の契約である場合もある。
4—誤　私法関係であれば私法の適用があるし、私法上の一般原則の適用はある。
5—正　執行停止の申立てや事情判決など多くの特色がある（第６章参照）。

Q02 法律関係への私法の適用

問　公法と私法の区別に関する次の記述のうち、正しいものはどれか。（地方上級）

1　公営住宅の利用関係は、公法上の契約関係であり、私人間の家屋賃貸借関係と異なるから、民法および借地借家法の適用はない。
2　金銭給付を目的とする国の権利および国に対する権利には、会計法の時効の規定のみが適用され、民法の時効に関する規定が適用される余地はない。
3　公務員の勤務関係は公法上の関係であるので、給与が不払いである場合に、公務員は国や公共団体を相手にして、不当利得返還請求訴訟を提起することはできない。
4　道路は、公物として道路法の規制を受けるが、道路の敷地である土地について、私人が所有権を有することは可能である。
5　滞納処分は、権力行為としての性格を持つため民法の規定は適用されないから、私人が租税を滞納したため国が租税滞納処分として当該私人の土地を差し押さえた場合、国は登記なくして第三者に対抗しうる。

PointCheck

◉行政上の法律関係への私法の適用……………………………………………………【★★★】

法治行政の原則から行政活動は法に基づき行われるが、法律関係の問題解決のための規定が存在しない場合に、私法の適用がどこまで認められるかが問題となる。判例は、公法・私法の区別によらず、個別の法令の趣旨・目的から私法の適用を判断している。

❖判例

◉自作農創設特別措置法による農地買収（最大判昭 28.2.18）―民法 177 条の適用なし

▶判旨

同法に基づく農地買収は、対等の関係にある民法上の売買とはその本質を異にし、民法 177 条の適用はなく、農地買収処分は登記簿の所有者ではなく真実の所有者に対して行うべき。

◉国税滞納処分による差押え（最判昭 31.4.24）―民法 177 条の適用あり

▶判旨

滞納者の財産を差し押さえた国の地位は、民事訴訟法の強制執行における差押債権者の地位に類する。公法上の租税債権が一般私法上の債権より不利益を受ける理由はない。滞納処分による差押えの関係においても、民法 177 条の適用がある。

◉公営住宅の利用関係（最判昭 59.12.13）―民法・借地借家法の適用あり

▶判旨

公営住宅の使用関係に関しては、公営住宅法・条例が特別法として優先適用されるが、規定がないときは一般法たる民法・（旧）借家法の適用があり、信頼関係の法理も適用される。

◉**公営住宅の使用権の相続**（最判平2.10.18）―借家権の相続否定

▶**判旨**

公営住宅法は、低所得者に対して低廉な家賃で住宅を賃貸し、国民生活の安定と社会福祉の増進を目的とするもので、…以上のような公営住宅法の趣旨から、入居者が死亡した場合は、相続人が公営住宅の使用権を当然に承継すると解せない。

◉**安全配慮義務違反に基づく国の損害賠償債務**（最判昭50.2.25）―民法の時効期間を適用

▶**判旨**

会計法30条の短期消滅時効（5年）の定めは、国の権利義務の早期決済など主として行政上の便宜を考慮したことに基づくものである。行政上の便宜を考慮する必要がある金銭債権であって他に時効期間につき特別の規定のないものに適用される。国が安全配慮義務を懈怠し公務員に対して損害賠償の義務を負うという事態は偶発的で多発するものではなく、私人相互間における損害賠償の関係と目的・性質を異にするものではない。右損害賠償請求権の消滅時効期間は、民法167条1項により10年と解すべきである。

A02 正解－4

1―誤　公営住宅の使用関係につき、判例は、「法および条例に特別の定めがない限り、原則として一般法である民法および（旧）借家法の適用がある」としている（最判昭59.12.13）。

2―誤　判例は、会計法30条の短期消滅時効は、「主として行政上の便宜を考慮する必要がある金銭債権」に適用されるとして、国の公務員に対する安全配慮義務違反による損害賠償責任について民法167条1項の適用を認めた（最判昭50.2.25）。

3―誤　公務員の労務の提供に対する給与不払いは、民法703条の不当利得の問題となるので、国や公共団体を相手取って不当利得返還請求訴訟を提起することは可能である。

4―正　道路敷地の所有権を私人が取得することは可能である。しかし当該道路の廃止がなされないかぎり、敷地所有権に加えられた道路法の制限は、当該道路敷地が公の用に供された結果生ずるものであるから消滅しない（最判昭44.12.4）。

5―誤　判例は、「滞納者の財産を差し押さえた国の地位は、あたかも、民事訴訟法上の強制執行における差押え債権者の地位に類するもの」であるから、滞納処分による差押えの関係においても、民法177条の適用があるとしている（最判昭35.3.31）。

Q03 法律による行政の原理

問 **次の文章は、法律の留保の原則について述べたものである。空欄Ａ～Ｃに入るものをア～カから選んだ組合せとして妥当なのはどれか。** （国家一般）

法律の留保の原則は、行政機関が特定の行政活動を行う場合に、事前に法律でその根拠が規定されていなければならないとするものであるが、いかなる行政活動を行う場合に法律の根拠が必要かについては様々な考え方がある。

侵害留保説は、［ Ａ ］には法律の根拠を必要とするという考え方であり、現在の立法実務はこの説によっていると解されている。侵害留保説によれば、［ Ｂ ］は、法律の根拠を必要とすることになるが、［ Ｃ ］は、法律の根拠を必要としないことになる。

ア 国民の権利義務を一方的決定により変動させる行政活動
イ 国民の自由と財産を侵害する行政活動
ウ 宅地開発業者に対して当該業者の任意性を損なうことがない範囲で寄付金の納付を求める行為
エ 違法建築物の除却、移転、改築等を命ずる行為
オ 住宅に太陽光発電装置を設置した者に対する補助金の交付決定
カ 感染症の患者を強制的に入院させる行為

１ Ａ－ア Ｂ－ウ Ｃ－エ、オ、カ
２ Ａ－ア Ｂ－ウ、オ Ｃ－エ、カ
３ Ａ－ア Ｂ－エ、カ Ｃ－ウ、オ
４ Ａ－イ Ｂ－エ、カ Ｃ－ウ、オ
５ Ａ－イ Ｂ－オ、カ Ｃ－ウ、エ

PointCheck

◉法治行政と福祉主義……………………………………………………【★☆☆】

行政法の解釈は、法治主義と福祉主義という憲法上の要請の均衡をとって行われる。

行政の伝統的なイメージは、国民の自由を規制するものであり（規制行政）、行政の活動を法律により拘束するのが理想とされた（法律による行政の原理）。行政は、国会の制定した法律を執行する部門であり、民意の正当性を背景とした国会が行政を拘束することも妥当と考えられる（法治行政）。したがって、自由主義的原理に基づく法治主義では、行政の裁量は小さくなる。しかし、国民へのサービス（福祉行政）を重視する以上は、行政を法律でがんじがらめにするのは適当ではない。現代的な社会国家的原理である福祉主義では、広く行政の裁量を認めることになる。

◉法律による行政の原理の具体的内容……………………………………【★★★】

法律の優位、法律の留保、法律の法規創造力の原則の３つがある。

⑴法律の優位の原則

行政活動は現に存在する法律の定めに違反して行われてはならないという、行政活動の「内容の制約」である。この原則について通説は、法律の規定より厳しい行政指導（規制的行政指導）も許される場合があるとするので、事実上、行政指導が法律に優位する可能性がある（水質汚濁防止法の排出基準より厳しい基準の遵守を求める行政指導など）。

⑵法律の留保

行政活動を行うためには法律の根拠が必要であるという、行政活動の「開始の制約」である。法律の根拠を要する行政の範囲はどこまでかということが、法治行政と福祉主義の対立に対応する形で議論されている（法律の留保論）。法治行政を重視すれば、すべての行政活動に法律の根拠が必要で、福祉主義を重視すれば、給付行政には法律の根拠は不要となる。

①侵害留保説

国民の利益を侵害する行政活動（侵害行政）の場合にだけ法律の根拠が必要であり、国民に利益を与える行政活動（給付行政・授益行政）の場合には法律の根拠は不要とする立場。

※行政実務は、法治主義と福祉主義のバランスの観点から侵害留保説をとっている。

②全部留保説

すべての行政活動に法律の根拠を要するとする立場。法治主義を徹底する立場で、行政権力に対する懐疑が根底にあるが、臨機応変な行政の対応を不可能にすると批判される。

	侵害行政	給付行政	
侵害留保説	要	不要	←福祉主義重視
全部留保説	要	要	←法治行政重視

③権力留保説

権力的な行為形式で行われる行政活動には法律の根拠を要するとする立場。権力的行為である限り、補助金交付のような給付的な行政処分についても法律の根拠が要るとする。

④重要事項留保説（本質性理論）

基本的人権にかかわる本質的な事項についての行政活動には法律の根拠を必要とする。

⑶法律の法規創造力の原則

国民の権利・義務に変動を及ぼす一般的規律の創造は立法権の専権に属するから、国民の権利・義務に関する行政立法は、法律の授権なしに行うことはできない（憲法41条）。

A03 正解－4

一般的に租税賦課・徴収や交通規制・建築規制は侵害行政（**イ**）にあたり、補助金・保護費支給や公共施設の提供は給付行政（授益行政）にあたる。

ウ－C　寄付金の納付を求めること自体は、強制にわたるなど任意性を損なうことがない限り、法律の根拠を要しない適法な行政指導とされた（最判平5.2.18）。

エ－B　違法建築物の除却、移転、改築等を命ずる行為は、利益侵害があり法律の根拠が必要である（建築基準法9条）。

オ－C　補助金の交付は授益行政であり、侵害留保説からは法律の根拠が不要となる。

カ－B　どの見解であっても法律の根拠が必要となる（感染症法19条）。

Q04 行政立法・法規命令

問 行政立法に関するア〜オの記述のうち、妥当なもののみを全て挙げているのはどれか。
(国家一般)

ア 法規命令は国民の権利義務にかかわる行政立法であり、その制定には法律の授権が必要とされるが、必要とされる授権の程度は委任命令と執行命令とで異なり、委任命令の制定は法律の一般的授権で足りる一方、執行命令の制定には具体的な法律の根拠が必要とされる。

イ 法規命令は、政令、府省令、規則の形式をとるのが通例であるが、このうち政令は、内閣総理大臣が独自の判断で制定できるものであり、閣議における合意を要しない。

ウ 行政の統一性を確保するための、法令解釈の基準である解釈基準の定立権は、上級行政機関の有する指揮監督権に当然含まれると解されており、このような解釈基準としての通達は、下級行政機関を拘束する。

エ 行政の統一性を確保するための、法令解釈の基準である解釈基準が設定され、かつ、行政機関がこれに則って行政処分をしたときは、当該処分が適法か否かについての司法の審査は、まず、その解釈基準に不合理な点があるかどうかについてなされることになる。

オ 行政機関は、法規命令を制定しようとする場合は行政手続法上の意見公募手続を行わなければならないが、許認可に当たっての審査基準や不利益処分についての処分基準を定めようとする場合に当該意見公募手続を実施するか否かの判断は、各機関の長に委ねられている。

1 ア　**2** ウ　**3** イ、ウ　**4** イ、オ　**5** エ、オ

PointCheck

◉法規命令……………………………………【★☆☆】

法律は国会で作られるが、それでは抽象的で行政活動が困難な場合がある。そこで、法律を執行する立場にある行政が、法律を具体化するための立法行為を行うことがあり、これを行政立法という。

行政立法のうち、一番肝心な区別は、それが国民を拘束する対外的なものなのか、行政内部のルール（行政規則）にすぎないのか、という点である。国民を拘束するとすれば、いわゆる法規（国民の権利を制限し義務を課するような規範）としての性質を持つことになる。このように国民の権利義務にかかわる行政立法を「法規命令」という。

◉法規命令の分類……………………………………【★★☆】

⑴制定権者の観点

①政令（内閣）、②内閣府令（総理大臣）、③省令（各省大臣）、④外局規則（庁の長官・委員会）、

⑤独立機関の規則（会計検査院・人事院など）※内閣府令と省令は形式的に同等

⑵法規命令の内容に着目した分類

①委任命令（法律の空白を埋める）─個別具体的な法律の委任が必要
※施行規則が薬事法の委任の範囲を逸脱し無効とされた事案（最判平25.1.11）。

②執行命令（法律実施のための細則）─法律の委任は不要

③独立命令（議会と関係なく定められる）─現憲法下では不可
※法律の委任があれば、委任命令で罰則を設けることもできる。

【参考】法規命令の合憲性

憲法41条は、国会を「唯一の立法機関」と規定しているので、行政機関が制定する法規命令が憲法上認められる根拠が問題となる。これについて、憲法73条6号本文が「この憲法および法律の規定を実施するために、政令を制定すること」とするのが執行命令の根拠とされ、また、同但書「但し、政令には、特にその法律の委任がある場合を除いては、罰則を設けることができない」とするのが委任命令の根拠とされている。

A04 正解－2

ア─誤　執行命令とは、法律があることを前提に、その法律を実施するための細目的事項を定める命令をいう。これに対し、委任命令とは、法律の委任の下に、国民の権利義務に関する定めをするものであり、具体的な法律の根拠が必要とされるのは委任命令である（内閣法11条）。執行命令は「法律を誠実に執行」する（憲法73条1号）ためのものとして制定することができ（同条6号）、その意味で法律に一般的授権があれば十分である。

イ─誤　政令の制定権者は内閣である（憲法73条6号）。内閣がその職権を行うのは、閣議によらなければならない（内閣法4条1項）。内閣総理大臣が制定権者となるのは内閣府令で、形式的には政令に劣り、各省の大臣が制定する省令と同等となる。

ウ─正　行政規則（訓令・通達）は、国民の権利義務に関する規定を含まないので、法規命令には含まれない（**Q06**参照）。法律の根拠なくして、上級行政官庁が監督権限に基づき行政規則を定立することができる（国家行政組織法14条2項）。

エ─誤　法規命令は国民を拘束するが、解釈基準を示す行政規則（訓令・通達）には「処分性」がない（最判昭43.12.24）。司法審査は、解釈基準についてではなく、当該行政処分自体を対象とする（**Q54**、**Q56**参照）。

オ─誤　「命令等」を定めようとする場合には、命令等制定機関は命令等の案・関連資料をあらかじめ公示し、意見提出先および意見提出期間を定めて広く一般の意見を求めなければならない（行政手続法39条）。この「命令等」について行政手続法2条8号は、法律に基づく命令または規則だけでなく、許認可等の審査基準・不利益処分の処分基準・行政指導指針を含むものとしている（**Q46**参照）。

Q05 委任命令

問　行政立法に関する次の記述のうち、正しいものはどれか。　（国家一般）

1　法規命令とは、行政主体と私人の権利・義務に関し行政機関が制定する一般的規律であり、内閣が制定する政令、各主任の大臣が制定する内閣府令や省令がこれに該当するが、人事院や公正取引委員会が制定する規則は該当しない。
2　法規命令における、国民の権利・義務の内容自体ではなく、その内容の実現のための手続きを定める執行命令においても、その制定には個別的な法律の授権が必要である。
3　委任命令において、根拠となる授権法規が失効した場合、そもそも委任命令は法律の委任によって制定されるものであるから、法律に特段の定めがない限り、その命令も失効する。
4　行政規則は行政機関の定立する定めであって、外部的効果を有さず、直接国民を拘束するものではないが、裁判規範としては効力を有し裁判所を拘束する。
5　委任命令は、法律の委任に基づき国民に対し権利を制限し、義務を課す規定を設けることはできるが、罰則を定めることは法律にのみ許されるものであるから、それに罰則規定を設けることはいかなる場合でも許されない。

PointCheck

◉行政立法の分類……【★☆☆】

国民を拘束する効果の有無で、法規命令と行政規則に分かれる。

【法規命令】…外部効果

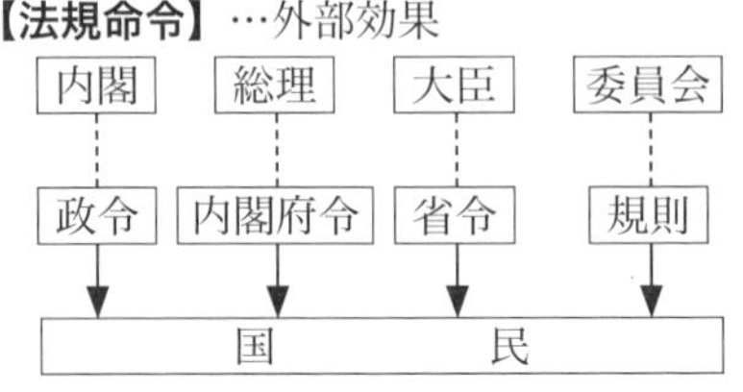

【行政規則】…内部効果

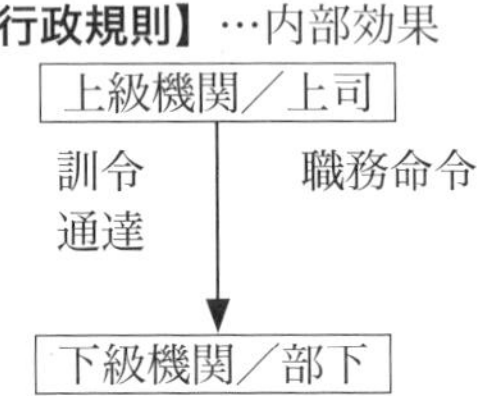

◉法規命令（委任命令と執行命令）……【★★★】

⑴委任命令…法律で定まっていない権利・義務を新たに創設

→個別・具体的な法律の根拠が必要。

<法律の委任>「○○については、政令の定めるところによる」

→行政庁が、政令・府令・省令・規則により定める。

具体例：排ガス規制を受ける自動車の種類を定める等

⑵執行命令…法律ですでに定まっている権利・義務を詳細に説明

→必ずしも法律の根拠を要しない（国家行政組織法12条1項）。

具体例：届出の様式（縦書き／横書き、A判／B判等）

◉**委任立法の限界**……………………………………………………【★★☆】

⑴包括的白紙委任の禁止（法律による委任の方法・程度）

▼国家公務員法 102 条 1 項の合憲性

「職員は、…人事院規則で定める政治的行為をしてはならない」

→白紙委任禁止に反するかが問題となったが、猿払事件最高裁判決（最大判昭49.11.6）は合憲とした（学説は批判的）。

⑵罰則の委任

法律の個別・具体的な委任があれば、政令以下で罰則を付することも可（憲法 73 条号但書、国家行政組織法 12 条 3 項、13 条 2 項参照）。

▼政令以下で犯罪構成要件まで定めることを法律で委任できるか

→法律自体に、犯罪構成要件を定めることの趣旨・目的が明らかにされており、その構成要件の基本的部分が定められたうえで、部分的に委任するのであれば許される。

❖判例

◉**サーベル登録拒否事件**（最判平 2.2.1）

▶事案

海外で購入したサーベルの登録を東京都教育委員会に申請したところ、銃砲刀剣類登録規則（文部省令）4 条 2 項で登録の要件として日本刀と規定されることから、登録を拒否された。

▶判旨

銃刀法は、美術品として価値のある刀剣類であって登録審査委員会の鑑定に基づく文化庁長官の登録を受けたものを所持禁止の除外対象とし、鑑定基準は文部省令で定めるとしている。いかなる鑑定基準を定めるかについては行政庁に専門技術的な観点からの一定の裁量権が認められている。文部省令（銃砲刀剣類登録規則）で、刀剣類の鑑定基準として、日本刀に限る旨を定めているのは、法律の委任の趣旨を逸脱するものではない。

A05 正解ー3

1―誤　法規命令には、政令、内閣府令・省令、内閣府および各省の外局の長の発する規則のほか、会計検査院や人事院の制定する規則も含まれる。

2―誤　委任命令は個々の法律の授権が必要であるが、執行命令は、権利・義務の内容を新たに定立するものではなく、個々の法律の授権は必要でない。

3―正　委任立法は、授権法規と一体となって効力を発揮するのであるから、その根拠となる授権法が失効したときは、委任命令も失効する。

4―誤　行政規則は行政組織の内部的規範であり、国民に直接法的効果を及ぼすものではないので、裁判規範としてそれが裁判所を拘束することはない。

5―誤　罪刑法定主義（憲法 31 条）が空洞化されないよう、法律自体において、義務の主体・内容、刑罰の種類・程度が個別的・具体的に限定されていれば、罰則の委任も可能である（憲法 73 条 6 号）。

Q06 訓令・通達

問 訓令・通達に関する次の記述のうち、正しいものはどれか。 (地方上級)

1 上級行政機関が、その指揮監督権に基づき下級行政機関の権限行使を指揮監督するために発する訓令・通達は、法規命令として国民を拘束するから、それには法律による委任が必要である。
2 訓令・通達は下級行政機関を法的に拘束するものではないから、下級行政機関は訓令・通達に従わないことも原則として許される。
3 職務命令としての訓令は、行政組織内部の公務員に対するのみならず、訓令の内容と利害関係を持つ国民に対しても法的効果を持つものであるから、原則として国民は裁判所にその取消しを求めることは可能である。
4 租税法律主義のもとでは「通達課税」は許されないが、通達の内容が法の正しい解釈に合致するものであれば、通達を機縁として行われた課税も法の根拠に基づく処分であるということができるとするのが判例である。
5 訓令・通達は行政立法であるから、法律・命令に対すると同様に、裁判所は行政事件訴訟において訓令・通達に反する判断を行うことはできない。

PointCheck

◉行政規則……………………………………………………………………【★★☆】

行政規則とは、行政内部の組織や手続を定める命令である。直接的には国民に向けられたものではない内部的な規範であり、国民の権利義務に関する規定を含まないので、法規命令には含まれず、法律の根拠なくして行政機関が自由に制定できる。また、法規命令ではないので官報での公布は不要で、行政規則は適当な方法で告知すれば足りる。規則の典型例として「訓令・通達」がある。

【参考】訓令・通達の役割

現代の行政活動は、高度に専門技術化した社会に対して、抽象的一般的な法令を解釈適用しなければならず、膨大な数の関係法令が構成されている。行政機関には広範な行政裁量が与えられているが、場当たり的な解釈適用を行っていては、国民の権利義務を平等に実現することは不可能となる。このような状況で、解釈指針となる通達は重要な役割を果たしている。

◉通達(訓令)………………………………………………………………【★★★】

(1)通達の意義

法律の解釈や裁量判断の統一性を図るため、上級行政庁が下級行政庁に対して発する命令(訓令)のうち特に書面によるものである(訓令との区別の実益はない)。

(2)通達の特徴

①法律上の根拠不要:行政内部の組織上の命令なので法律に基づかない

②内部的効果：内部の職務命令なので、訓令・通達に反しても違法とならない
③行政処分性なし：国民に対する拘束力はなく、取消訴訟を提起できない
④裁判規範性なし：裁判所を拘束しない

⑶通達の問題点

通達は外部効果を持たず、国民に対して法的拘束力がない。しかし、通達の内容が事実上国民を拘束していることもある。特に、解釈通達や裁量基準を示す通達は、処分の内容に影響を与えやすい。判例には、物品税の課税が通達をきっかけに行われても、法の正しい解釈に合致する以上は違法とはいえないとしたものがある（パチンコ球遊器事件）。

❖判例

◉パチンコ球遊器事件（最判昭33.3.28）

▶判旨

パチンコ球遊器は旧物品税法上の課税品目たる「遊戯具」に当たるとする税務署長の課税処分が、国税局長の通達を機縁として行われたものであっても、それが法の正しい解釈に合致するものである以上、本件課税処分は法の根拠に基づく処分と解するに妨げがない。

【参考】違法な通達の拘束力

違法な訓令・通達に対して、下級行政機関がこれを遵守する義務があるかが問題となる。訓令･通達に違反しただけでは、内部的な懲戒があるとしても、違法とはいえない。しかし、行政組織の秩序維持と行政の一体性確保のために、違法な訓令・通達でも、重大かつ明白な違法でない限り、これに従う義務があると考えられている（通説）。

A06 正解－4

1—誤　通達は国民の法的地位に直接影響を及ぼすものではなく、単に下級機関の権限行使を制約するにすぎないから、上級行政機関はその有する包括的な組織法上の指揮監督権限に基づいて随時発することができ、その発令・改廃に法律の委任を要しない。

2—誤　通達・訓令は国民を直接拘束しないが、行政組織の内部法として下級機関や職員を拘束する。したがって、下級行政機関が訓令・通達に従わないことが自由であるものではない。

3—誤　職務命令としての訓令は、受命公務員に対して効力を持つにすぎず、国民は訓令そのものの取消しを裁判所に求めることはできない。

4—正　判例は、「課税がたまたま所論通達を機縁として行われたものであっても、通達の内容が法の正しい解釈に合致するものである以上、本件課税処分は法の根拠に基づく処分」とした（最判昭33.3.28）。

5—誤　訓令・通達は法規ではなく、行政組織内部の行政規則であるから、それらは裁判規範として裁判所を拘束することはない。

Q07 行政計画

問 行政法学上の行政計画に関する記述として、判例、通説に照らして妥当なものはどれか。
（地方上級）

1 行政計画とは、行政機関が定立する計画であって、一定の行政目標を設定しその実現のための手段・方策の総合的調整を図るものであり、法的拘束力の有無により拘束的計画と非拘束的計画とに分類でき、非拘束的計画の例としては、都市計画や土地区画整理事業計画がある。

2 行政計画の策定には、意見書の提出、公聴会や審議会の開催などの手続が要請されるが、これらの計画策定の一般的な手続は、行政手続法に定められている。

3 行政計画は、行政機関、他の行政主体、国民に対し、誘導・説得という作用力を持ち、行政の計画的遂行を保障するものであるため、その策定にはすべて法律の根拠が必要である。

4 最高裁判所の判例では、地方公共団体による工場誘致政策の変更は適法であるが、それが誘致企業の信頼を不当に破壊する場合には、当該措置は企業との関係では相対的に違法となるとし、地方公共団体は不法行為責任を免れないものとした。

5 最高裁判所の判例では、都市再開発法に基づく第二種市街地再開発事業の事業計画の決定は、施行地区内の土地の所有者の法的地位に直接的な影響を及ぼすものであっても、抗告訴訟の対象となる行政処分には当たらないとした。

PointCheck

◉行政計画の意義……………………………………………………………【★☆☆】

行政計画とは、一定の目標に向かって行政活動を実施するための総合的な視野から立てられる指針の総称である。○○計画法との名称はなくとも、実質的な計画法の数は極めて多い。

◉行政計画に対する国民の救済…………………………………………【★★★】

行政計画については、さまざまな観点から分類がなされているが、重要なのは、当該計画が、個々の国民の具体的権利義務に影響を与える「拘束的計画」かどうかということである。

行政計画
- 拘束性：小 …青写真的計画
  - ↑ ①行政組織内部の方針の宣言
  - ②一般的・抽象的な法規範としての性格
  - ↓ ③個々の国民の具体的権利義務に影響
- 拘束性：大 …拘束的計画

※青写真とは非拘束的な計画を指すもので、行政計画が青写真にすぎないのであれば、これを取消訴訟で争うことはできない。

▼処分性が問題となったケース

①処分性が否定された事例（行政処分にあたらないので行政訴訟で救済されない）

都市計画法の用途地域指定（最判昭 57.4.22）：効果は一般的・抽象的にすぎない

②処分性が肯定された事例

阿倍野市街地再開発事件（最判平4.11.26）：直接国民の権利に侵害が及ぶとされた

土地区画整理事業（最大判平20.9.10）：土地所有者の法的地位に直接的な影響が生ずる

※制限は付随的効果だとした従来の判例（最大判昭41.2.23）を変更して処分性を肯定。

◉行政計画に対する統制……【★★☆】

⑴法律の根拠

一般的に法律の根拠は不要だが、拘束的計画の策定には法律の根拠が必要（通説）。

⑵事前手続の重要性

行政計画―処分性なし→取消訴訟で争うのは困難⇒事前手続の整備が重要

→計画の公告・縦覧・意見書の提出、公聴会の開催、審議会の活用等を規定

※改正行政手続法は、行政計画策定手続に関する規定を見送り、今後の課題となった。

⑶行政計画変更と信頼の保護

計画の変更・中止に対する、信頼保護が争われた。

❖判例

◉工場誘致政策変更事件（最判昭56.1.27）

▶事案

沖縄県宜野座村は工場誘致政策を決定したが、誘致反対の新村長により建築確認申請不同意の通知がなされた。工場建設・操業不能による損害賠償請求がなされた。

▶判旨

勧告に動機づけられて活動に入った者が、施策が変更されることにより、信頼に反して活動を妨げられ、社会観念上看過できない程度の積極的損害を被る場合は、信義衡平の原則に照らし、信頼に対して法的保護が与えられるべきである。代償的措置を講ずることなく施策を変更することは、やむをえない客観的事情によるのでない限り、信頼関係を不当に破壊する違法性があり、地方公共団体の不法行為責任が生じる。

A07 正解－4

1－誤　確かに行政計画の多くは非拘束的ではある。しかし、一概に都市計画、土地区画整理事業計画だから非拘束的計画だとはいえない。判例は、都市計画法に基づく用途地域指定に処分性を認めていないが（最判昭57.4.22）、土地区画整理事業計画については、関係者の法的地位に変動をもたらす拘束的なもの（処分性あり）としている（最大判平20.9.10）。

2－誤　行政手続法に規定はなく、原則として、計画の策定は行政庁の裁量に委ねられる。ただ、事前手続整備は必要であり、個別の法律で策定手続が規定される。

3－誤　国民に対する拘束的計画を除き、行政計画には法律の根拠は不要である。

4－正　代償的措置を講じない以上、やむを得ない客観的な事情がない限り、当事者間の信頼関係を不当に破壊する違法があるとした（最判昭56.1.27）。

5－誤　土地所有者の法的地位に直接的な影響を及ぼすことから、抗告訴訟の対象となる行政処分に当たるとした（最判平4.11.26）。

Q08 法治主義・法律の留保

問 **「法治主義」に関し、A、B 2説がある。**

A説：行政は、法律に基づいて執行されなければならないが、法律によらなければならないのは、私人の自由と財産を侵害する場合であり、それ以外は行政は独自の判断で自由に活動することができる。

B説：私人の自由と財産を侵害する場合に限らず、行政の活動は、すべて法律に基づいて行われなければならない。

これに関する次の記述のうち、正しいものはどれか。 （地方上級）

1 A説は、B説と異なり、法律の内容が基本的人権を侵すようなものであってはならないとする立場を重視する。

2 B説は、行政機能の拡大、行政立法の増加は、A説の理論的破綻を示すとする。

3 「行政」の意味を控除説的に理解する立場からは、B説に対して一種の観念論であるとの批判がなされる。

4 B説は、常備軍と官僚制をメルクマール（標識）とする絶対主義国家において発達してきた思想に由来する。

5 憲法41条の文理解釈は、A説に有利であるが、B説には不利である。

PointCheck

◉法律の留保の原則……………………………………………………【★★★】

法律の留保とは、行政の活動はその根拠となる法律が必要であり、法律の授権なしに行うことができないという原則である。ただ、この原則の妥当範囲、すなわち、法律による授権を必要とする行政活動の範囲については学説の対立がある。

(1)侵害留保説

自由主義の要請するところにより、行政が国民の自由と財産を侵害する行為についてのみ、法律の根拠が必要であるとする見解（→広範囲な行政裁量）。

→法律の根拠が不要な行為の例：補助金交付（給付行政・授益的活動）

批判：間接的にでも国民の権利利益にかかわる行為が法律の授権なしに行われてしまう。

(2)全部留保説

現代における国民の生活の国家依存性から、その配分を確保するため、給付行政の分野でも法律の根拠が必要であるとする見解（→自由な行政活動を否定）。

→法律の根拠が不要な行為の例：国土開発基本計画（侵害行為でも給付でもない行為）

批判：現代の行政需要に臨機応変に対応することができない。

(3)権力留保説

行政権は当然に国民に優越する権威を持つものではないから、権力的行政行為形式を用いる場合には法律の根拠が必要であるとする見解（→一定の行政活動〈補助金交付等〉の自由を肯定)。
→法律の根拠が不要な行為：行政指導（非権力的行政行為）
批判：補助金交付決定は非権力的行政行為（契約など）で行うことも可能。

Level up Point!
行政法では、通説・判例の立場からの出題がほとんどだが、基本概念については本問のような学説の対立点がねらわれる可能性が高い。他の出題では、具体的な行政活動について、法律の根拠が必要でない行為の違いを考えさせるものがある。伝染病強制検診はどの説からも根拠が必要とされ、開発計画などはいずれも根拠不要となる。行政行為の分類と併せ、法律の授権が必要な行為かどうかを確認しておくこと。

A08 正解－3

本問は、法治主義の中の、法律の留保に関する問題であり、A説は、国民の自由と財産を侵害するには法律の根拠が必要であるとする侵害留保説、B説は行政活動の全部に法律の根拠を必要とする全部留保説の立場である。

1－誤　法律の留保の問題は、ある行政活動を行うのに根拠となる規範が必要かどうかの根拠規範に関する問題である。A説、B説いずれに立っても、法律の内容が基本的人権を侵すようなものであってはならないと考えていることに変わりはない。

2－誤　A説とB説が逆。行政機能の拡大、行政立法の増加は、行政に積極的に市民社会の活動に介入し市民の健康と福祉の維持・向上のため、複雑な社会の要請に対応し、流動的な行政需要に臨機応変に対応することが必要とされていることを示しており、そのことはB説の破綻を示している。本肢は、A説からB説に対しての批判である。

3－正　「行政」の意味を控除説的に解すると、行政の多様な活動を包含することになり、市民の健康と福祉を維持・向上させるための行政の複雑な活動につきすべて法律の根拠を必要とするB説に対しては、それは一種の観念論であるとの批判がなされる。

4－誤　B説は、民主主義の理念を根拠とするものであり、A説の方が、君主の権力から国民を守るため国民の自由財産を侵害する行為をする場合には、法律の授権を要するとされた、絶対主義国家において発達してきた思想と結びつきうる。

5－誤　憲法41条を文理解釈すると、一般的抽象的法規範はすべて国会が制定することになり、法律に根拠がない限り、国民の自由と財産に関係のない行政規則も制定することができなくなってしまうから、B説に有利である。

Q09 委任命令

問　行政機関により定立される法に関する次の記述のうち、正しいものはどれか。

（国家一般）

1　犯罪の構成要件にかかわる法規の定立を、法律において命令に委任することは、法治国家の最も重要な原理の１つである罪刑法定主義に反することになるから許されない。

2　法令は、憲法上公布を必要とするとされているが、公布の時とは、一般希望者がいずれかの官報販売所または印刷局官報課において当該政令を掲載した官報を閲覧または購読しようとすればできた最初の時点に公布があったものと解すべきであるとするのが判例である。

3　銃砲刀剣類所持等取締法による委任に基づく命令が、所持禁止の適用除外とされる文化財的価値のある刀剣類に該当するかどうかにつき、日本刀のみについて鑑定基準を定め、その結果外国刀剣を当該適用除外の対象外としていることは、当該委任の趣旨を逸脱し無効であるとするのが判例である。

4　被勾留者と14歳未満の者との接見を監獄法施行規則で一律に禁止することは、幼年者の心情の保護のため必要な制限であり、接見に関する制限を命令に委任する監獄法の委任の範囲内であるとするのが判例である。

5　告示は、行政機関がその意思や事実を広く一般に公示する方式であって、一般処分の性質を有するものと、実質的に法の内容を補充するものとがあるが、いずれにも法規たる性質を認めることはできない。

PointCheck

◉委任命令の限界……………………………………………………………………【★★★】

委任命令は、法律の委任の範囲を逸脱することはできない。委任を逸脱した命令は違法・無効となるので、裁判例では委任の範囲を逸脱しているかが問題となった。サーベル登録拒否事件（最判平2.2.1）では、登録規則が対象となる刀剣類を日本刀に限定したのは、銃砲刀剣類所持等取締法の委任の範囲内とした。これに対して、幼年者接見不許可事件（最判平3.7.9）では、旧監獄法施行規則が旧監獄法の委任の範囲を逸脱し無効とした。

❖判例

◉幼年者接見不許可事件（最判平3.7.9）

▶事案

拘置所に未決勾留中のXは、文通相手のY（10歳）との面会の申請をしたが、拘置署長は旧監獄法施行規則120条に基づき不許可とした。Xは、同規則120条が旧監獄法50条の委任を超えた違法があるとして、処分取消しと損害賠償を求めた。

▶判旨

拘禁関係に伴う一定の制約の範囲外においては、被勾留者も原則として一般市民としての自由を保障される。幼年者の心情の保護は元来その監護にあたる親権者などが配慮すべき事柄であり、法が一律に幼年者と被勾留者との接見を禁止することを予定しているものと解することはできない。旧監獄法施行規則120条は、法の容認する接見の自由を制限するもので、旧監獄法50条の委任の範囲を超え無効となる。

◉告示の性質……【★☆☆】

⑴告示の意義（公示方式としての告示）

行政機関の意思決定や事実を不特定多数の国民に公式に知らせるための形式。

⑵効果による類型化

告示は方式に着目した概念であり、その効果はさまざまである。

①行政立法としての告示

・物価統制令4条、同施行令2条による統制額の告示（最判昭25.10.11）

・学習指導要領は、法規たる性格を持つ（最判平2.1.18）

②一般処分としての告示

・米価に関する告示―処分性あり

・旧自作農創設特別措置法9条1項但書の公告―買収令書と同じ法効果

・道路の通行禁止の告示

③通知（準法律行為的行政行為）としての告示―効力発生要件

・土地収用法26条―事業認定の告示

・国籍法10条―帰化の告示

Level up Point! 行政立法の出題でサーベル事件・接見不許可事件は必須判例。１つだけ告示に関する問題が出ているので、これが正解になる場合は難易度が上がるので要注意。

A09 正解ー2

1―誤　法律自体に義務の主体、内容が個別的具体的に限定されていれば、犯罪の構成要件にかかわる法規定立を命令に委任することも可能（憲法73条6号、最判昭27.12.24）。

2―正　法令の公布は原則として官報でなされ（最判昭32.12.28）、希望者が販売所等で官報を閲覧できた時点で公布があったことになる（最判昭33.10.15）。

3―誤　鑑定基準として日本刀に限り、基準に合致するもののみ登録できるとした規則は、法の委任の趣旨を逸脱するものではないとした（最判平2.2.1）。

4―誤　接見禁止は、幼年者の心情保護のためだとしても、被勾留者の接見の自由を著しく制限し、旧監獄法の委任の範囲を超えるとした（最判平3.7.9）。

5―誤　告示の内容は、法規命令・行政規則・一般処分・営造物規則・単なる事実上の通知などさまざまである。実質的に法の内容を補充する性格を持つ場合には、告示の発令が一種の法規定立行為に当たり、それは法規の性質を有する。

Q10 通達

問　墓地、埋葬等に関する法律は、「正当の理由」がない限り、墓地等の管理者が埋葬等を拒んではならないことを定め、これに違反した場合の罰則も定めている。この「正当の理由」の解釈に関連して、埋葬の依頼者が他の宗教団体の信者であることのみを理由として埋葬を拒否することは「正当の理由」に当たらないとする旨の通達が発せられている。この通達に関する次の記述のうち、妥当なものはどれか。（国家一般）

1　この通達は国民の権利義務に具体的直接的な影響を及ぼすような行政処分等ではないことから、国民はこれに対する取消し訴訟を提起することはできない、とするのが判例である。
2　この通達には公定力があるから、この通達に不服がある者であっても、取り消されるまでは、この通達に従わなければならない、とするのが判例である。
3　この通達は、単に解釈指針を示したものにすぎず、何ら法的効果のないものであるから、国民は当然のこと、下級行政機関においてもこの通達に従う必要はないとすることについて学説は一致している。
4　裁判所は、三権分立の趣旨からこの通達を正しいものとして解釈しなければならないから、墓地の経営者が正当の理由がなく埋葬を拒んだとして起訴された刑事裁判においても、裁判所は通達とは異なる独自の解釈を行うことはできない。
5　下級行政機関がこの通達の趣旨に反した行政処分を行った場合には、当該行政処分は重大かつ明白な瑕疵があるとして無効であるとするのが判例である。

(参考)　墓地、埋葬等に関する法律
第13条　墓地、納骨堂又は火葬場の管理者は、埋葬、埋蔵、収蔵又は火葬の求めを受けたときは、正当の理由がなければこれを拒んではならない。

PointCheck

◉解釈通達の処分性……………………………………【★★★】

通達は、行政規則として内部的効果しか持たず、行政処分とはならない。したがって、外部的な拘束力はないので、国民は取消訴訟を提起して通達の効力を争うことができない。

❖判例

◉墓地埋葬通達事件（最判昭 43.12.24）

▶事案

厚生大臣は、「墓地、埋葬等に関する法律」13条についての従来の解釈を改め、宗教団体経営の墓地管理者は埋葬等を請求する者が他の宗教団体の信者であることのみを理由としてその請求を拒むことはできないとする通達を発した。寺院Xがこの通達の取消しを求めて出訴。

▶**判旨**

元来、通達は、原則として、法規の性質を持つものではなく、行政組織内部の命令にすぎないから、…一般の国民は直接これに拘束されるものではなく、取消訴訟の対象とはならない。

◉要綱について……………………………………………………………【★★☆】

要綱とは、行政機関内部で作られる行政指導の基準である。行政規則の一種とされ、法規命令としての性質を持たないため、数多くのものがある。国民に対する法的拘束力はないとされるが、要綱に基づく規制的な行政指導が広く行われ（要綱行政）、行政活動の在り方が裁判上争われた例も多い。

❖判例

◉武蔵野市教育施設負担金事件（最判平 5.2.18）

▶**事案**

教育施設負担金を寄付した事業主が、行政指導は違法であるとして国家賠償を求めた。

▶**判旨**

給水契約の締結の拒否等の制裁措置を背景として、行政指導に従うことを余儀なくさせ、教育施設負担金の納付を事実上強制しようとしたもの。要綱に基づく本件行政指導は、本来任意に寄付金の納付を求めるべき行政指導の限度を超えるものであり、違法な公権力の行使である。

判例はできるだけ事例と合わせて確認しておきたい。結論は知っていても、事例から考えることで何が問題になっているかがよりクリアになる。得点力アップのため、要綱行政も確認。

A10 正解ー1

1―正　通達は、行政組織の内部的命令にすぎず、原則として、法規の性質を持たず、一般国民を拘束するものではない。よって、通達に対する取消訴訟を提起することはできない（最判昭 43.12.24）。

2―誤　通達は行政行為ではないため、公定力は認められない。また、通達は、行政組織の内部的命令にすぎず、国民は通達に従う必要はない。

3―誤　国民が通達に従う義務はないが、通達は下級行政機関を拘束する。重大かつ明白な違法がある場合を除き、下級行政機関は通達に従わなければならない。

4―誤　通達は行政組織の内部規範であり、法規ではない。したがって裁判所は法律の解釈について通達により拘束を受けることはない。

5―誤　通達は法規ではなく、行政機関の内部規範にすぎないものであるから、ある処分が通達に違反してなされても内部での問題（懲戒処分など）になるだけである。外部にいる国民にとっては通達違反の処分も有効であり、通達違反の処分なのだから重大かつ明白な瑕疵があり無効である、ということにはならない。

第2章 行政行為①（意義・効力）

Level 1 p26～p39　Level 2 p40～p45

1 行政行為の意義

Level 1 ▷ **Q11**

(1)行政行為の定義 ▶p26

「行政庁の処分とは、公権力の主体たる国又は公共団体が行う行為のうち、その行為によって、直接国民の権利義務を形成し又はその範囲を確定することが法律上認められているものをいう」（最判昭 39.10.29）

(2)行政行為の判断規準 ▶p27

①法的効果を伴う、②一方的判断に基づく、③特定人の行為を具体的に決定する行為。

2 行政行為の分類

Level 1 ▷ **Q12**

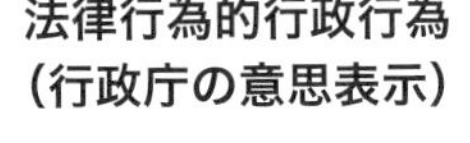

準法律行為的行政行為
（意思表示を要素としない）

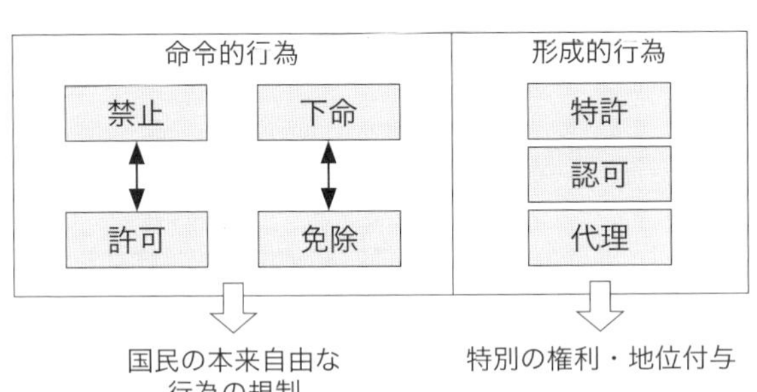

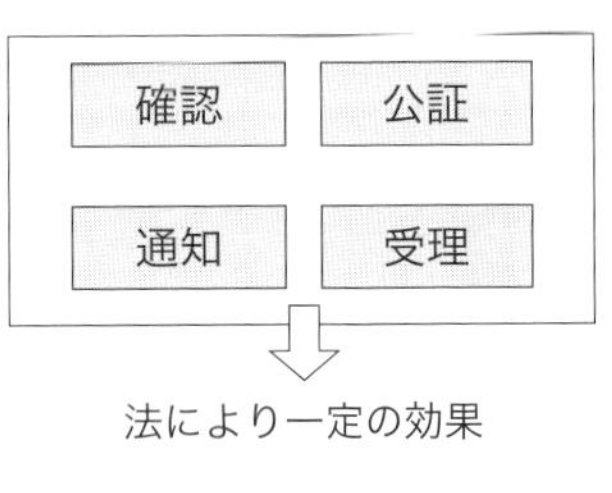

▶p28

3 法律行為的行政行為

Level 1 ▷ **Q13,Q14**　Level 2 ▷ **Q18,Q19**

(1)命令的行為 ▶p30

①禁止――一定の行為をしてはならない義務（不作為義務）を課す行為（道路の通行禁止）
②許可―条件を満たした場合に禁止していたことを解く行為（風俗営業の許可）
③下命―国民に一定の行為をする義務（作為義務）を課す行為（租税の賦課処分）
④免除―特定の場合に、作為・給付・受忍の義務を解除する行為（学齢児童の就学免除）

(2)形成的行為 ▶p31

①特許―特定の権利・法律関係を設定する行為（鉱業権設定の許可）
②認可―第三者の行為を補充して法律上の効果を完成させる行為(電気料金値上げの許可)
③代理―第三者が行うべき行為を、行政主体が代わりに行い同じ効果を生じさせる行為

❖**許可・認可・特許の区別** ▶p32

種類	申請―前提	対象	性質	違反	強制/罰則
許可	前提とせず	事実行為/法律行為	適法要件	違法	あり
認可	前提とする	法律行為に限られる	効力要件	無効	なし
特許	前提とする	法律行為に限られる	設権行為	無効	なし

4 準法律行為的行政行為

Level 1 ▷ Q15

行政庁の判断や認識について法が一定の効果を発生させるもの（意思表示を要素としない）。

①確認―特定の事実や法律関係の存否（ないし真偽）を確認する行為
②公証―特定の事実や法律関係の存否を公に証明する行為で法律効果の発生するもの
③通知―特定の事項を相手方に知らせる行為のうち、法律効果の発生するもの
④受理―相手方の行為を有効なものとして受領する行為

▶p34

5 行政行為の４つの効力

Level 1 ▷ Q16,Q17 Level 2 ▷ Q20

⑴公定力 ▶p36 ▶p38

違法な行政行為であっても、それが重大かつ明白な瑕疵を帯びていない限り、国民が不服申立て・取消訴訟の手段をとって取消しを得るまでは法的に有効となる。

この公定力は、「行政処分の効力を争う手段が不服申立てまたは取消訴訟だけ」という制度（排他的管轄）から生じる。すなわち、取消訴訟は行政処分の効力を排除する制度だから、行政処分には一応の通用力としての公定力があると考えるのである。

⑵不可争力 ▶p36

行政行為の違法性はいつまでも争えるわけではなく、一定期間を経過してしまうと、国民の側から争えなくなる。

⑶自力執行力 ▶p37

行政行為を実現するには、裁判所の手を借りることなく、行政上の強制執行という手段で実現することができる。

⑷不可変更力 ▶p37

不服申立てに対する裁決・決定のような行政の裁断作用の場合は、公権的な判断の蒸し返しを避けるため、行政庁がいったん下した判断を覆すことはできない。

第２章 行政行為①（意義・効力）Level 1

Q11 行政行為の概念

問 行政行為の概念に関する次の記述のうち、正しいものはどれか。 （国家一般）

1 行政行為であるか否かはその対象が一般的であるか個別的であるかによって決まるものであるから、一般的・抽象的な行政立法であっても、特定の範囲の人に向けられている場合には行政行為に含まれる。
2 行政行為は、行政庁のなす行為で法的効果を伴うものをいうから、国民と行政庁が協議し両者の合意によって権利・義務について取り決める公法上の契約も行政行為に含まれる。
3 行政行為は、行政庁が一方的判断で国民の権利・義務を決定する行為であるから、営業免許のように私人の申請を前提に免許の付与を決定する行為は行政行為に含まれない。
4 行政行為は、必ずしも法的効果を伴うものに限られず、国民の権利・義務に影響を与えるものであればよいから、国民に対し任意的な協力を求める行政指導であっても、国民の権利・義務に事実上の影響を与えるものは行政行為に含まれる。
5 行政行為は、行政主体の、国民に対する権利・義務に直接かかわる行為をいうから、国等の行政機関相互の協議や同意などの行政組織の内部行為は行政行為に含まれない。

PointCheck

◉行政行為とは……………………………………………………………………【★★★】

⑴行政行為の概念

行政行為は学問上の分類概念であり、法令においては、許可・認可・命令等の言葉が用いられている。行政庁の「処分」と総称されることもある。行政裁判所を設けて行政行為を特別扱いする大陸法（二元的裁判システム―ドイツや明治憲法下の日本）において、「行政行為」という言葉は特に有用なものであった。ただ、今日においても、租税の賦課・徴収や土地収用などは、私人との契約とは異なる権力的な行為形式が必要となる。

⑵行政行為の定義

「行政庁が、法に基づき、優越的な意思の発動または公権力の行使として、人民に対し、具体的事実に関し法的規制をする行為である」（田中説）

「行政庁の処分とは、公権力の主体たる国又は公共団体が行う行為のうち、その行為によって、直接国民の権利義務を形成し又はその範囲を確定することが法律上認められているものをいう」（最判昭 39.10.29）

⑶行政行為の判断規準

①法的効果を伴う、②一方的判断に基づく、③特定人の行為を具体的に決定する行為。

⑷行政行為と他の行政活動との区別

行政行為の規準		他の活動形式
①法的効果を伴う	⟺	事実行為（行政指導）
②一方的な判断	⟺	双方の合意（行政契約）
③具体的に決定	⟺	一般的・抽象的（行政立法、行政計画）

⑸行政行為の統制

①法的統制

行政行為は、行政法特有の法現象である。すなわち、公益の実現を使命とする行政には、すべての行政活動を、契約や指導の形で行うことは困難で、行政行為という特殊な行為形式が認められるのである。行政行為の法的統制とは、権力の行使を国民が行政に預ける反面で、法治主義（法律による行政の原理）という手綱を放さないことを意味する。

②裁判的統制

行政行為は、その性格ゆえに、国民の利益を一方的に侵害する可能性がある。事前の法的統制があったとしても、制御不能の事態も想定されるのである。そこで、救済法の場面では「処分」と呼ばれ、不服申立てや取消訴訟という救済のルートでの裁判的統制が用意される。

A11 正解ー5

1—誤　行政行為は、特定人の権利・義務を具体的に決定する行為である。その対象が特定範囲の人に向けられたものであっても、具体的な権利・義務ではなく、国民の権利・義務を一般的・抽象的に決定する行為は立法行為であり行政行為ではない。

2—誤　行政行為は、行政庁の一方的判断で国民の権利・義務を決定する行為である。したがって、法的効果を伴っても、国民と行政庁が協議し両者の合意によって権利・義務を取り決める契約は行政行為ではない。

3—誤　行政行為は、一方的な形成行為としてのみ用いられるわけではない。例えば、営業の免許においては、私人側の申請が先行し、それに対して免許という行為がなされる。

4—誤　行政行為は、特定の国民の権利・義務を決定するという法的効果を伴う行為である。したがって、行政指導は、国民に任意的な協力要請を求めるものであって、国民の権利・義務を決定づけるものではないから、行政行為ではない。

5—正　行政組織間の行為は、直接国民に対する関係においてなされるものではなく、直接その権利・義務を決定する行為ではないから、行政行為ではない。

Q12 行政行為の分類

問 学問上の用語たる許可、認可、特許について、妥当なものはどれか。 （地方上級類題）

1 鉱業許可は、許可により私人の行為が適法とされるから、認可である。
2 医師免許は、特定の権利を設定付与する行為であるから、特許である。
3 農地の権利移転の許可は、許可により行為が法律上完成されるから、認可である。
4 公務員の任命は、一般的不作為義務を解除する許可である。
5 運転免許は、特定の権利、法律関係を設定する特許である。

PointCheck

◉行政行為の分類……【★★★】

- **行政行為**
  - **法律行為的行政行為**
    - **命令的行為**
      - 禁止
      - 許可
      - 下命
      - 免除
    - **形成的行為**
      - 特許（変更、剝権）
      - 認可
      - 代理
  - **準法律行為的行政行為**
    - 確認
    - 公証
    - 通知
    - 受理

⑴法律行為的行政行為と準法律行為的行政行為の区分

法律行為・準法律行為は私法上の区別であり、分類として行政法に応用したものである。これらの分岐点は、行政庁の「意思表示を要素とするか」というところにある（法効果の発生原因の違いによる分類）。行政庁の従たる意思表示である「附款」は、法律行為的行政行為だけに付すことができる。準法律行為的行政行為に「主たる意思表示」はないので、従たる意思表示もつけられない。公証・通知・受理については行政手続上意味があるが（手続的行為）、実体法上の区分からは取り除くべきだという立場もある。

⑵命令的行為と形成的行為

これらの分岐点は、「義務」を発生・消滅させるのか、「権利」を発生・消滅させるのか、というところにある（法効果の内容の違いによる分類）。命令的行為は国民が元来有する自由を規制する行政行為であり、形成的行為は国民が元来有しない権利を設定する行政行為である、といってもよい。

講学上の分類		意義と具体例
命令的行為	禁止	一定の行為をしてはならない義務（不作為義務）を課す行為
		道路の通行禁止、営業の停止
	許可	もともと有する自由を、公益上の理由から法令などで一般的に禁止しておいて、特定の者が条件をクリアしたときに、その禁止を解く行為
		風俗営業の許可、デモ行進の許可、医師の免許、運転免許
	下命	国民に一定の行為をする義務（作為義務）を課す行為
		違法建築物の除却命令、租税の賦課処分
	免除	特定の場合に、作為・給付・受忍の義務を解除する行為
		学齢児童の就学の免除、予防接種の免除、納税の猶予
形成的行為	特許	もともと有していない特定の権利、ないし法律関係を設定する行為
		鉱業権設定の許可、河川道路の占用許可、公有水面埋立免許、公務員の任命、鉄道事業の許可
	認可	第三者の行為を補充して、その法律上の効果を完成させる行為
		農地権利移転の許可、運賃や電気・ガス料金値上げの許可、公共組合の設立認可
	代理	第三者が行うべき行為を、行政主体が代わりに行い、第三者が自分で行ったのと同じ効果を生じさせる行為
		土地収用裁決 地方公共団体の長の臨時代理者選任（地方自治法 252 条の 17 の 8）

※講学上の分類名称と法令・実務での呼称が異なるので注意が必要（下線部）。

⑶監督行政の法システムという視点の分類

現に存在する法システムの帰納的認識を指向する立場が有力となっている。

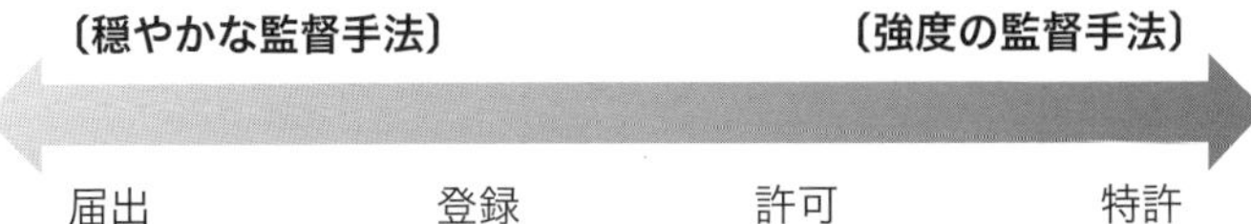

A12 正解ー3

1―誤　鉱業許可は、自然に有しない権利を設定･付与するものであり、特許にあたる。
2―誤　医師免許は、一般的禁止を特定の場合に解除するものであり、許可にあたる。
3―正　農地売買契約などを補充し、それにより効果が完成するから、認可である。
4―誤　公務員の任命は、公務員という地位を設定･付与するものであり、特許にあたる。
5―誤　運転免許は、一般的禁止を特定の場合に解除するものであり、許可にあたる。

Q13 命令的行為・形成的行為

問 行政法学上の行政行為の分類に関する記述として、通説に照らし、妥当なものはどれか。
（地方上級）

1 許可とは、国民が元来持っていない特定の権利や包括的な法律関係を設定する行為で、例として道路の占用許可や公有水面埋立ての免許があり、許可を要する法律行為が無許可で行われた場合は当然に無効である。
2 認可とは、第三者の行った法律行為を補充して、その法律上の効果を完成させる行為で、例として農地の権利移転の許可や公共料金の認可があり、認可を要する法律行為に認可がなされない限り当該行為は効力を生じない。
3 特許とは、法令による一般的禁止を特定の場合に解除する行為で、例として自動車運転免許や医師免許があり、行政庁が自由裁量により特許を拒むことは原則として許されない。
4 確認とは、特定の事実又は法律関係の存在を公に証明する行為であり、例として証明書の交付や選挙人名簿への登録があり、法令の規定により決められた効果が生じるため、行政庁に裁量判断を認める余地はない。
5 下命とは、一定の不作為を命じる行為又は作為義務を特定の場合に解除する行為で、例として営業停止や納税免除があり、行政庁が特定の権利、能力を賦与又ははく奪する形成的行為である。

PointCheck

◉法律行為的行政行為の分類……【★★★】

⑴命令的行為

①禁止

一定の行為をしてはならない義務（不作為義務）を課す行為を禁止という。禁止違反の行為でも、当然に無効となるものではない。

②許可

国民が元来は有する自由を、公益上の理由から法令等の形式で一般的に禁止しておいて、特定の者が条件をクリアしたときに、その禁止を解く行為を許可という。許可を得た者が、合法的に行為をなすことができる（適法要件）。無許可行為は、当然に無効となるものではない。強制執行や罰則の対象とされることにより、無許可行為の抑止が図られるだけである。許可は申請に対してなされるのが普通であるが、行政庁の方からすすんで許可を与えることもある（申請を必ずしも前提としない）。

③下命

国民に一定の行為をする義務（作為義務）を課す行為を下命という。義務の不履行には、行政上の強制執行で対処する。

④免除

特定の場合に、作為・給付・受忍の義務を解除する行為を免除という。

⑵形成的行為

①特許

国民が元来有していない特定の権利ないし法律関係を設定する行為を特許という。対概念は「剥権行為」である（占用許可の取消し・変更等）。特許は、設権行為であるので、申請を前提とする（申請一出願をしていないのに、特許をすることはない）。

②認可

第三者の行為を補充してその法律上の効果を完成させる行為を認可という。例えば、農地の権利移転は、私人間の合意（契約）のみでは効果は生ぜず、行政庁の認可（法令上は許可）がないと権利移転の効果が完成しない。なお、認可は補充行為であるから、本体の行為に瑕疵がある場合に、認可があるからといって瑕疵が治癒されるわけではない。

③代理

第三者が行うべき行為を、行政主体が代わりに行い、第三者が自分で行ったのと同じ効果を生じさせる行為を代理という。

A13 正解－2

1—誤　例に挙げられている国民が元来持っていない特定の権利や法律関係を設定するのは、「特許」であり、特許を得ずに行った法律行為は原則無効となる。「許可」とは、国民が本来有している活動の自由が、法令や行政行為によって一般的に禁止されている場合に、その禁止を特定の者について解除する行政行為である。無許可で行われた法律行為は違法ではあるが、原則有効である。

2—正　農地は私人の所有に属するものであるが、食糧生産の基盤となるものである。そこで農地の所有権の譲渡契約には、知事の許可を補充的要件として付け加えたのである。このように、私人間で締結される契約などを補充してその効力を完成させる行政行為を、「認可」という。無認可の法律行為は、効力発生要件を欠き無効となる。

3—誤　一般的禁止を特定の場合に解除する行為は、「許可」である（肢1の解説参照）。また、命令的行為である許可は行政庁の自由裁量の余地が少ないが、形成的行為である特許には行政庁の自由裁量が広く認められる（**Q14**参照）。

4—誤　証明書の交付など、特定の事実または法律関係の存在を公に証明する行為は、「公証」である。ただ、確認や公証などの準法律行為的行政行為は、行政庁の意思表示を要素とせず、法令による一定の効果が生じるため、行政庁の裁量を認める余地はない（**Q15**参照）。

5—誤　営業停止など不作為義務を課すのは「禁止」、納税免除など作為義務の解除は「免除」である。下命とは命令的行為の一つであり、国民に対して一定の行為を命令し（作為・給付・受忍の命令）、国民の活動の自由を制限する作為義務を課す行政行為である。

Q14 許可・認可・特許

問 行政法学上の行政行為の分類に関する記述として、通説に照らして、妥当なのはどれか。
（地方上級）

1　許可とは、第三者の行為を補充してその法律上の効果を完成させる行為をいい、農地の権利移転の許可や建築協定の認可がこれにあたり、許可を受けないで行われた行為は、効力を生じない。
2　公証とは、特定の事実または法律関係の存否について公の権威をもって判断する行為で、法律上、法律関係を確定する効果の認められるものをいい、当選人の決定や租税の更正・決定がこれにあたる。
3　認可とは、すでに法令によって課されている一般的禁止を特定の場合に解除する行為をいい、自動車運転の免許や医師の免許がこれにあたるが、無認可の行為は、当然に無効になるわけではない。
4　確認とは、特定の事実または法律関係の存在を公に証明する行為のことをいい、選挙人名簿への登録、不動産登記簿への登記、戸籍への記載がこれにあたる。
5　特許とは、人が本来有しない権利や権利能力等を特定人に付与する行為をいい、河川の占用許可、公益法人の設立の認可、公有水面埋立の免許がこれにあたる。

PointCheck

◉命令的行為と形成的行為の特徴……【★★☆】

命令的行為：国民の本来自由な行為の規制
　→羈束（きそく）行為（行政の自由な判断の余地がない）であることが多い。
　→命令的行為に違反する行為も、公序良俗に反しない限り、私法上は有効となる。
形成的行為：特別な権利や地位の付与
　→裁量行為（行政の自由裁量が認められる）とされることが多い。
　→形成的行為に違反する行為は無効となる。

◉許可・認可・特許で問題となる相違点……【★★★】

種類	申請一前提	対象	性質	違反	強制／罰則
許可	前提とせず	事実行為／法律行為	適法要件	違法	あり
認可	前提とする	法律行為に限られる	効力要件	無効	なし
特許	前提とする	法律行為に限られる	設権行為	無効	なし

許可は命令的行為であり、公益のため禁止されていた自由の制限を解くものである。した

がって、国民からの申請なしに、職権で制限を解除する条件を設定・変更することも可能となる。また、許可に違反しても、法律行為としては有効である。例えば、無許可の事業主が営業に関してなした契約は有効であるが、適法要件であるため処罰の対象となるのである。

特許と認可は形成的行為であり、特別な権利や地位を与えるもので、法律行為に限られる。行政の側から、申請などの前提なしに権利を押し付けることはできず、原則として申請手続が必要となる。そして、特別の権利がなければ法律行為としては無効であるが、効力がないのであるから強制する必要もないのである。

【参考】命令的行為の相互関係

命令的行為は、作為義務または不作為義務の、発生または解除という分け方で、４つの分類がなされているものである。相違点も明確で、区別は難しくない。

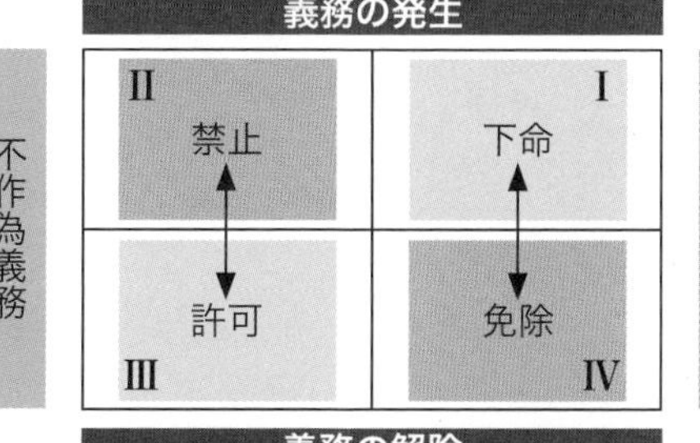

- **Ⅰ　下命**…〔作為義務〕の〔発生〕→違法建築物の除却命令
- **Ⅱ　禁止**…〔不作為義務〕の〔発生〕→営業停止命令
- **Ⅲ　許可**…〔不作為義務〕の〔解除〕→公衆浴場の営業許可
- **Ⅳ　免除**…〔作為義務〕の〔解除〕→納税の猶予

A14　正解－5

1－誤　本肢は認可の説明である。許可とは、一般的禁止を特定の場合に解除して適法に行為させる行為をいう。

2－誤　本肢は確認の説明である。公証とは、選挙人名簿への登録、戸籍への記載など、特定の事実または法律関係の存在を公に証明する行為で、法律により法律効果の発生が予定されているものをいう（**Q15** 参照）。

3－誤　肢１と逆で許可の説明である。認可とは、第三者の行為を補充して、その法律上の効力を完成せしめる行為をいう。

4－誤　肢２と逆で公証の説明である（**Q15** 参照）。

5－正　特許は、形成的行為であるから、特許を得ることなしに行った法律行為は原則として無効となる。

Q15 準法律行為的行政行為

問 行政行為のうち、いわゆる準法律行為的行政行為と呼ばれるものを、確認、公証、通知の3つに分類した場合、次の組み合わせの中で正しいものはどれか。 （地方上級類題）

1 公職選挙の当選人決定―確認
選挙人名簿への登録―公証
納税の督促―通知
2 所得税の更正決定―確認
納税の督促―公証
運転免許証の交付―通知
3 納税の督促―確認
運転免許証の交付―公証
土地台帳への登録―通知
4 選挙人名簿への登録―確認
特許出願の公告―公証
納税の督促―通知
5 土地台帳への登録―確認
公職選挙の当選人決定―公証
納税の督促―通知

PointCheck

◉準法律行為的行政行為……………………………………………………【★★☆】

法律行為的行政行為が行政庁の効果意思を要素とするのに対して、準法律行為的行政行為は行政庁の判断や認識について法が一定の効果を発生させるものである。

⑴確認

特定の事実や法律関係の存否（ないし真偽）を確認する行為を指す。公の権威で判断し、法律関係を確定する効果を持つ（効果の点からすると、下命、許可、特許に類するものなど多様であり、確認としてくくることには批判が多い）。特許法の特許は、最初の発明であることの確認行為である。

⑵公証

特定の事実や法律関係の存否を公に証明する行為のうち、法律効果の発生するものをいう（法律効果の発生しない公証行為は、単なる事実行為である）。

※確認と公証の区別：確認は、法律関係の争いや疑いを裁定するもので、公証は、特定の事実や法律関係の有無を公的に証明するもの。

⑶通知

特定の事項を相手方に知らせる行為のうち、法律効果の発生するものをいう。

⑷受理

相手方の行為を有効なものとして受領する行為をいう（具体的な法的効果は法律の定めるところによる）。従来は、不受理という運用の弊害が散見されたので、行政手続法においては申請の受理が不要になったことに注意しておこう（**Q47** 参照）。

❖準法律行為的行政行為の例

確認	特許法の特許、所得額の更正決定、建築確認、恩給権の裁定、公職選挙の当選人決定、市町村の境界の裁定
公証	選挙人名簿への登録、土地台帳の登録、住民基本台帳の住民登録、戸籍への記載、運転免許証の交付、退職者の恩給証書の交付、犬の鑑札の交付、弁護士・建築士の登録
通知	納税の督促、代執行の戒告、事業認定の告示
受理	生活保護申請の受理、不服申立ての受理、願書・届出の受理

◉行政行為の分類……【★☆☆】

行政行為
- 法律行為的行政行為
  - 命令的行為（禁止、許可、下命、免除）
  - 形成的行為（特許、認可、代理）
- 準法律行為的行政行為
  - 確認：事実や法律関係を確認する効果
  - 公証：効果の発生原因となる事実等の存在を証明
  - 通知：効果が発生する告知行為
  - 受理：有効なものとして受領

法律行為的行政行為は、行政庁の意思表示を要素として成立する行政行為であり、その意思表示に応じた効果が発生する。したがって、行政庁に裁量を認める余地があり、従たる意思表示である附款を付することができる。これに対し、準法律行為的行政行為は、行政庁の意思表示を要素とせず、法律が一定の効果を発生させる行政行為なので、従たる意思表示をつけることはできない。また、法律により一定の効果が発生するので、行政庁の裁量を認める余地はない。

A15 正解－1

1—正　選挙での名簿への登録は「公的な証明」で、当選確定は「争いの裁定」である。
2—誤　納税の督促は通知、運転免許証の交付は公証にあたる。
3—誤　納税の督促は通知、土地台帳への登録は公証にあたる。
4—誤　選挙人名簿への登録は公証、特許出願の公告は通知にあたる。
5—誤　土地台帳への登録は公証、公職選挙人の当選人決定は確認にあたる。

Q16 行政行為の効力

問 行政法学上の行政行為の効力に関する記述として、妥当なのはどれか。（地方上級）

1 行政行為の自力執行力は、行政行為によって命ぜられた義務を国民が履行しない場合に、行政庁が裁判判決を得て義務者に対し強制執行を行うことができるが、強制執行を行うためには法律の根拠が必要である。
2 行政庁は、不服申立てや取消訴訟を提起できる争訟提起期間を経過すると、当該行政行為に不可変更力が生じ、職権による行政行為の取消しや撤回をすることができない。
3 行政行為の公定力又は行政行為に対する取消訴訟の排他的管轄制度には、違法性がいかに甚だしい場合でも、相手方が適法に取消訴訟を提起し取消し判決を得ない限り、行政行為の事実上の通用に対して救済を求めることができない。
4 行政行為の公定力は、違法な行政行為によって損害を被ったことを理由とする損害賠償請求訴訟には及ばないので、裁判所が判決で行政行為を違法として損害賠償を認めても、行政行為の効力は存続する。
5 裁決庁がいったん下した裁決を自ら取消して、新たに裁決をやり直した場合、新たな裁決は、紛争を解決するための裁断作用に認められる不可争力に反して違法である。

PointCheck

◉行政行為の４つの効力 ……………………………………………【★★★】

行政行為の効力として、公定力、不可争力、自力執行力、不可変更力の４つが挙げられる。

⑴公定力

違法な行政行為であっても、それが重大かつ明白な瑕疵を帯びていない限り、国民が不服申立て・取消訴訟の手段をとって取消しを得るまでは法的に有効ということである。重大かつ明白な瑕疵があれば、取り消すまでもなく、無効な行政行為である。

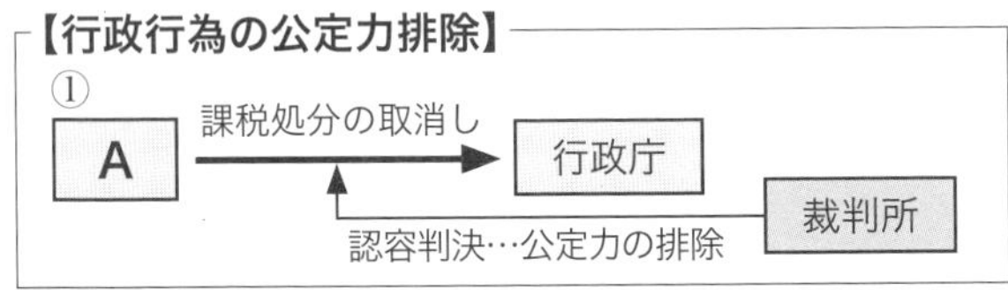

違法な行政行為であることを理由として、税金の返還を求める場合も、課税処分は一応有効であるので、①の取消訴訟により公定力を排除しなければならない。

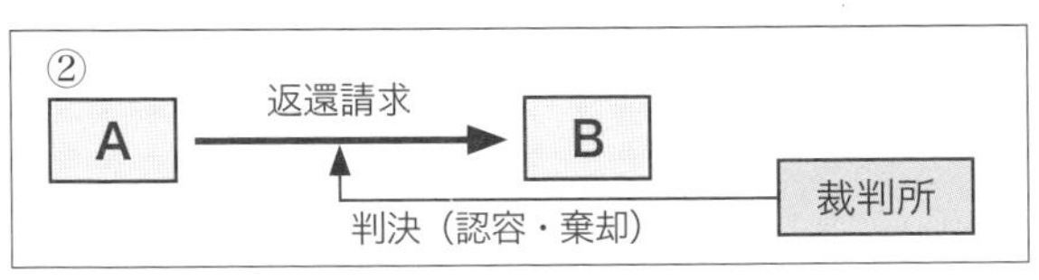

民事の返還請求であれば、②の訴訟手続の中で請求原因を審理するだけでよい。

⑵不可争力

行政行為の違法性はいつまでも争えるわけではなく、一定期間を経過してしまうと、国民の側からは争えなくなる。取消訴訟は処分を知った日から6か月以内で（行政事件訴訟法14条）、不服申立ては処分を知った日の翌日から3か月以内（行政不服審査法18条）という期間制限がある。ただし、公定力や不可争力は国民に対する効力であるから、行政の側から職権取消しは可能である。

(3)自力執行力

民事では自力救済は禁止され、自己の権利を強制的に実現するには裁判所の手を借りる（判決により執行名義を得る）必要がある。これに対し、行政行為を実現するにはいちいち執行名義を必要とせず、行政上の強制執行という手段で実現することができる（第4章参照）。当然、裁判所を迂回できるだけで、強制的実現のための法律の根拠は必要となる。

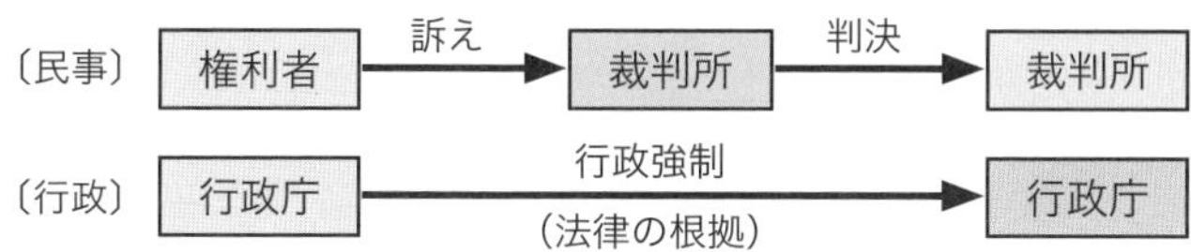

(4)不可変更力

不服申立てに対する裁決・決定のような行政の裁断作用の場合には、公権的な判断の蒸し返しは好ましくないため、行政庁がいったん下した判断を覆すことはできない。裁断作用以外の行政行為は、時機に応じた変更が要請されることもあるから、不可変更力は発生しない。

A16 正解－4

1－誤　「自力」執行というぐらいなので、裁判判決を得なくても行政が自ら義務者に強制執行することができる。ただ、行政行為の根拠法とは別に、強制実現するための法律上の根拠が必要なのである。

2－誤　争訟提起期間を経過すると「不可争力」が生じ、「国民の側」から争えなくなる（行政側の職権取消しは可能）。不可変更力については肢5を参照。

3－誤　公定力によって、正当な権限を有する機関がそれを取り消すまで、行政行為は一応有効なものとして通用し、国民を拘束する。しかし、重大かつ明白な瑕疵がある無効な行政行為は、公定力を有しない。

4－正　損害賠償は、違法な処分で生じた損失の塡補の問題であり、取消訴訟で公定力を排除する必要はない（**Q17・Q72**参照）。損害賠償が認められたとしても処分の違法性とは区別され、行政行為の効力は存続する。

5－誤　裁決・決定などの裁断作用の蒸し返しを許さない効力は「不可変更力」である。行政行為の中でも、審査請求の裁決や再調査の請求の決定のような紛争裁断作用にのみ認められる。

Q17 公定力

問 行政行為の公定力に関する記述として、妥当なものはどれか。（地方上級）

1 公定力とは、行政行為に重大かつ明白な瑕疵がある場合を除き、取消権限を有する機関によって適法に取り消されない限り、当該行政行為の効力は有効であるとするものである。
2 公定力には、行政行為の内容が実現されない場合において行政行為自体に当該行政行為の内容を実現する力があるため、行政機関はいかなるときでも強制執行することができる。
3 公定力の実定法上の根拠は、行政事件訴訟法におけるその他抗告訴訟の管轄に求められ、取消訴訟の排他的管轄には求めることができない。
4 行政行為に違反して刑事訴追された者は、公定力の効力が刑事訴訟にも及ぶため、刑事訴訟とは別に取消訴訟を提起し、当該行為の取消の判決を得なければならない。
5 行政行為によって権利利益を侵害された者は、公定力の効力のため、一定期間を経過した場合には、当該行政行為の効力を裁判上争うことができない。

PointCheck

◉公定力の限界……………………………………………………………【★★☆】

行政行為にも公定力が否定される場面がある。

⑴無効な行政行為

違法な行政行為で、重大かつ明白な瑕疵があり、取消しを待つまでもなく当然に無効と評価される場合は、公定力は生じない。

⑵国家賠償請求訴訟

違法な行政行為で損害を被った者は、国・公共団体に対して損害賠償を請求できる（国家賠償法1条1項）。この場合、あらかじめ取消訴訟を提起して、行政行為を取り消して公定力を排除する必要はなく、直接、国家賠償請求を提起することができる（最判昭36.4.21）。損害賠償請求は処分の効力とは関係がなく、違法な処分の結果として生じた損失の塡補が目的であり、先に取消判決を得ておかなければならないとする理由がないからである（学説）。

⑶刑事訴訟

違法な行政行為により義務を課せられた者が、その義務違反についての刑事裁判で無罪を主張する場合には、違法な行政行為の公定力を排除しておく必要はない。

❖判例

◉余目町個室付浴場事件（最判昭 53.6.16）

▶事案

町は個室付浴場設置を禁止する風俗営業法を利用し、規制目的で児童遊園の設置を認可した。

▶判旨

児童遊園は、児童の健康を増進し情操を豊かにすることを目的とする施設だから、許可申請、認可処分もその趣旨にそってなされるべき。個室付浴場の規制を主たる動機、目的とする児童遊園設置の認可申請を容れた認可処分には行政権の濫用に相当する違法性がある。営業を規制し得る児童福祉施設の存在の証明を欠き無罪である。

◉スピード違反公訴提起事件（最決昭 63.10.28）

▶事案

Xは人身事故を起こしたとして免停処分になったが、無罪を主張。その後、別のスピード違反行為につき、Xに処分歴があるとして、反則手続ではなく公訴が提起された。免停処分は無効だから、公訴は不適法であるとXは主張した（その後、人身事故の無罪は確定）。

▶判旨

処分庁は相当な根拠のある資料に基づき傷害を負傷したと認めたのだから、その後刑事裁判の無罪で免許停止処分が無効となるものではなく、権限ある行政庁・裁判所により取り消されてもいない以上、Xを反則者に当たらないとしてなされた公訴の提起は適法である。

A17 正解－1

1－正　公定力の正しい定義である。ただし、行政行為の瑕疵が重大かつ明白な場合には、取り消すまでもなく、その行政行為は無効と扱われ、公定力も認められない。いつでも無効の主張ができる。

2－誤　行政行為の内容を実現する力は自力執行力であり、公定力とは別の効力である。義務内容を強制的に実現するためには法律の根拠が必要である。

3－誤　公定力の根拠について、かつては、行政庁は国家の権力を代表するものであるから、その行為は一応適法であることの推定を受けると説明されたこともあった。しかし、現在では、行政行為は取消訴訟の手続きによらなければ争うことができないとすること、すなわち取消訴訟の排他的管轄が公定力の実定法上の根拠とされている。

4－誤　刑事訴訟の領域の特殊性（構成要件の解釈は公定力に関係なく独自に行われるべきである）から、公定力の効力は刑事訴訟には及ばないと解されている（最判昭 53.6.16）。よって、取消しまたは無効確認の判決を得なくても、行政行為の違法性を主張して刑事責任を免れることはできる。

5－誤　本肢が述べているのは、不可争力のことである。不可争力は、取消事由のある場合に認められる。また、無効な行政行為の場合には不可争力はない。

Q18 許可・特許・認可

問　講学上の許可、特許および認可に関する次の記述のうち、正しいものはどれか。

（国家一般）

1　認可は、第三者の法律的行為を補充し、その法律上の効力を完成させる行為であり、認可を受けないでなした行為は原則として無効である。
2　許可を受けるべき行為を許可を受けないでなしたときには、違反状態を是正するために強制執行がなされたり処罰の対象とされるのみならず、当該行為は原則として無効となる。
3　特許は、公権力により権利能力、行為能力、特定の権利または包括的な法律関係を設定するもので、その効果は公法的なものでなければならないから、私権を設定する行為は特許の対象とならない。
4　許可は、命令的行為の一種で、一般的な禁止を特定の場合に解除し、一定の行為を適法にする自由を回復する行為であって、その対象は事実行為に限られる。
5　認可は、他の法主体の法律行為を補充し、その法律上の効力を完成させる行為であるから、認可の対象となる行為に取消し原因があるときであっても、認可により当該行為の効力は有効に確定し、当該法主体は取り消すことができなくなる。

PointCheck

◉許可のポイント……………………………………………………………………【★★★】

⑴許可を受けない行為

無許可行為だとしても私法上は原則として有効となる（処罰や強制執行の可能性はある）。

❖判例

◉営業許可を受けないでなした契約の効力（最判昭35.3.18）

▶判旨

許可の有無は取引の私法上の効力に影響しない。食品衛生法上の食肉販売業の許可を受けない者のした食肉の買い入れも、無効でない。

⑵裁量の範囲

法定の拒否できる事由以外は、申請に対して許可が義務づけられる（羈束（きそく）裁量行為）。

許可のうち特に警察許可は、私人が本来は有する自由を回復させる行為で、法定の要件を充足する以上、行政庁は許可を拒否することができない。

❖判例

◉ストロングライフ事件（最判昭56.2.26）

▶事案

催涙剤を含む護身用噴霧器（ストロングライフ）を輸入しようとしたXは、厚生大臣に輸入業の登録申請をしたが拒否されたため、登録の拒否処分の取消しを求めて訴えた。

▶**判旨**

毒物および劇物取締法の登録制は、毒物・劇物の目的・用途製品については特定の場合を除き直接規制の対象としない趣旨と解される。法定の登録拒否事由はないが国民の保健衛生上の危険性があるからという理由で拒否することは許されない。

⑶競願関係

複数の許可申請がなされた場合、先に許可を受けた者が別の許可の拒否を求めることはできず、許可が重複することもある。ただ、公衆浴場法の距離制限があるような場合は、先に許可を得た者が優先される。

◉特許のポイント……………………………………【★★☆】

①特許を得ない行為は無効である。
②裁量の範囲に関しては、公益目的から判断するため、行政庁に自由裁量が認められる。
③競願関係に関しては、特許は行政庁の裁量によるので、先に特許を受けた者が優先されるわけではない。

Level up Point!

許可、特許、認可のそれぞれの特徴を、因果関係の流れで理解しておくこと。「許可」→国民がもともと持っていた自由を害悪発生の危険がないと認められる場合に回復させる→裁量の幅は狭い→許可がなくても私法上の契約としては有効。「特許」→本来は持っていない特別の権能を与える→申請に対してなす→裁量の幅は広い。「認可」→私人間の法律行為に公益の見地から有効要件として介入する→認可がない場合は無効。

A18 正解ー1

1—正　認可は、法律行為の効力要件であって、認可を受けないでなした行為は原則として無効である。
2—誤　許可を要する行為を無許可でしたときには、強制執行または処罰の対象とされることがあるにとどまり、無許可行為の効力が当然に否定されるわけではない。
3—誤　特許とは、私人に権利能力・行為能力・特定の権利または包括的な法律関係を設定する行為であり、その効果が公法的なると私法的なるとを問わないから、鉱業権の許可のように私権を設定する行為も特許の対象になる。
4—誤　警察上の一般的な禁止を特定の場合に解除し、営業をしたり、薬品の販売をすることを得しめるような場合には、法律行為に対する許可となるから、許可の対象は、事実行為に限られず、法律行為も含まれる。
5—誤　認可は、あくまで本体たる私人の法律行為を補充する行為にすぎないから、本体たる私人の法律行為に瑕疵があるときには、認可があっても、私法上有効となることはない。

Q19 行政財産の使用許可

問　A市は、市の行政財産である市民会館を有していたが、その一部をBに雑貨類の売店として使用することを許可し、Bから使用料を徴収していた。ところが、同会館に拡張する必要が生じたので、A市は、地方自治法に基づきBへの使用許可を取り消すこととし、その旨をBに通知した。この事例に関する次の記述のうち、正しいものはどれか。（地方上級）

1　Bに対し一旦なした使用許可を取り消すことは、法律に明文の根拠規定がない以上、Bに重大な法律違反やBの責に帰すべき事由がなければ許されない。

2　Bに対する使用許可は、行政財産の目的外使用の許可に当たり、その法的性質は講学上の認可である。

3　A市は、使用許可を取り消すためにはBに対して損失補償をしなければならないが、賃借権相当の使用権そのものの価格まで補償しなければならないものではない。

4　使用許可が取り消された場合に、なおBが退去しないときには、A市は行政代執行手続きをとることができる。

5　地方自治法には使用許可の取消しに際して必要な補償規定がないから、そもそもA市は使用許可を取り消すことができない。

PointCheck

◉行政財産の使用許可の撤回……………………………………………………【★★☆】

⑴行政財産の目的外使用の許可の性質

本問事例のように、市民会館の一部を雑貨類の売店として使用するのは、市民会館本来の目的のための使用ではなく、目的外使用となる。しかし、目的外使用も行政財産の本来の用途・目的を妨げない限りで、特に許可を受けたときは認められる。このような目的外使用の許可は、「特許」と解される。

⑵行政行為の撤回の可否

①侵害的行政行為の場合

撤回によって不利益を被る者はいないから、撤回は自由にできる。

②授益的行政行為の場合

勝手に撤回するとその行政行為によって利益を受けていた者に不測の損害を与える。

⒜授益的行政行為の撤回ができる場合

・撤回の必要が相手方の責に帰すべき事由によって生じた場合

・相手方が撤回に同意した場合

・撤回する公益上の必要が高い場合

⒝行政財産の目的外使用許可の撤回

行政財産本来の用途・目的のための必要が生じた場合には、撤回すべき公益上の必要が高い場合といえる（本問事例の場合、使用許可の撤回が認められる）。

(3)撤回による損失補償の要否

①公益上の理由から授益的行為を撤回する場合は、原則として補償が必要。

②行政財産の目的外使用許可の撤回の場合（最判昭 49.2.5）

「使用許可によって与えられた使用権は、それが期間の定めのない場合であれば、当該行政財産本来の用途または目的上の必要を生じたときは、その時点において原則として消滅すべきものであり、また、権利自体にそのような制約が内在している」と見ることができるから、使用権の対価の補償まではする必要はないとした。ただし、特別の事情が存する場合には、補償も認められるとした。地方公共団体の場合、地方自治法には補償規定がないので、同様の場合について補償すべきことを定めている国有財産法の規定（19 条、24 条）の類推適用によって補償を認めうるとした。

❖判例

◉公立学校施設の目的外使用（呉市学校施設使用不許可事件、最判平 18.2.7）

中学校や周辺学校・地域に混乱を招き児童生徒に教育上悪影響を与え、学校教育に支障を来すとの理由で行われた不許可処分は、明らかに合理性を欠いており、社会通念に照らし著しく妥当性を欠く。

行政行為の撤回の一般論を整理したうえで、それが行政財産の目的外使用の許可の撤回の場合にどのように表れるかに注意すること。撤回の要件については、その行政財産の本来の用途・目的のための使用の必要があれば、公益上の必要は肯定され、さらに、損失補償の要否についても、目的外使用許可という形で、その行政財産の本来の用途に差し支えない限りで使用を許可するという使用権の限界が内在していると考えているという点がポイントとなる。

A19 正解ー3

1—誤　本肢の取消しは、授益的処分の撤回に当たる。授益的処分の撤回は制限され、①撤回の必要が相手方の責に帰すべき事由によって生じた場合、②相手方が撤回に同意した場合、のほか③撤回する公益上の必要が高い場合に認められる。撤回をするのに、明文の根拠規定を必要としない（最判昭 63.6.17)。設問のような行政財産の本来の目的のために拡張する必要が生じたというのは公益上の必要があると認められる。

2—誤　B に対する使用許可は、特定の権利あるいは法律関係を設定するものであり、講学上の特許に当たる。

3—正　行政財産の使用許可の撤回の場合、損失補償が必要であるが、使用権そのものに対する補償は不要である（最判昭 49.2.5)。

4—誤　代執行をなしうるのは、代替的作為義務違反の場合に限られ、本問の場合、営業の不作為という不作為義務が存するので、代執行はなしえない。

5—誤　地方自治法に補償規定がなくても、国有財産法の類推適用によって損失補償を請求することができるから（最判昭 49.2.5)、A 市は使用許可を取り消すことは可能である。

Q20 行政行為の効力

問 行政行為の効力に関する次の記述のうち、妥当なものはどれか。 （地方上級類題）

1 行政庁がその権限の範囲内で相手方に義務を課する行政行為をすれば、法律上の根拠がなくとも当然に相手方に対し強制的にその内容を実現することができる。
2 行政行為の成立に重大かつ明白な瑕疵がある場合でも、当該行政行為は権限ある機関によって取り消されるまでその効力を有する。
3 不服申立ての申立期間または取消訴訟の出訴期間を徒過し、行政行為の相手方が効力を争うことができなくなった場合、処分庁は職権によって当該行政行為を取り消すことができなくなる。
4 行政行為が違法であることを理由として国家賠償の請求をするについては、あらかじめ当該行政行為を取消しまたは無効確認の判決を得ておく必要はない。
5 行政行為について取消訴訟が提起された場合には、その効力、その執行または手続の続行は、公共の利益を害する恐れのないかぎり、原則として停止される。

PointCheck

◉公定力の根拠……………………………………………………………………【★★☆】

違法な行政行為であっても、正当な権限ある機関の取消しがあるまでは、法的に有効である。この結果、国民や他の国家機関は、違法な行政行為であっても、それが取り消されるまでは効力を認めざるをえない。これが公定力である。これは、行政法の場合、公益の実現を使命とするので、行政の円滑性ないし安定性の見地から、違法な行政行為であっても取り消されるまでは法的に有効にしておくという法政策が採られているためである。この点、かつては、国家ないし行政庁の権威によって根拠づけられたが、このような態度は批判され、現在では、取消争訟（不服申立てまたは取消訴訟）の排他的管轄の論理的帰結として説明されている。

公定力が認められる結果、取消争訟の出訴期間が経過してしまうと、行政行為の効力は否定できないことになる。しかし、これを行政行為の瑕疵が重大かつ明白な場合にまで及ぼすのは不当であるから、重大かつ明白な瑕疵がある場合は、行政行為は当然に無効となり、公定力が生じないと解されている。

◉自力執行力と根拠法……………………………………………………………【★★☆】

(1)自力執行力の意義

自力執行力とは、行政行為によって命じられた義務を国民が履行しない場合に、行政庁が自ら強制執行を行いその義務の内容を実現することをいう。これを私人間の場合と比較すると、私人の場合には、自力救済は禁じられており、強制執行は中立的立場にある裁判所の手でやってもらわなければならないことになっているのに対し、行政行為の場合には行政庁に自力救済の権限があるというわけである。

⑵法律の留保と自力執行力

①戦前の見解

自力執行力は、かつては、行政行為には当然に備わっているもののように考えられていた。すなわち、戦前は、行政一般についての執行のための法律として旧行政執行法があったが、これにより行政上の法律関係全般にわたって強制執行が行われた結果、自力執行力は行政行為に当然に内在するものであると考えられた。さらには、下命・禁止などの義務を課す規定さえあれば、それには強制執行の権限まで含まれており、強制執行についての個別的規定はなくても自力執行はできるとまで考えられていた。

②法律の根拠の必要性

しかし、強制執行を認める法律もないのに、義務を課す規定さえあれば当然に執行力が認められるとすることは、法律の留保の原則からは許されないものである。行政行為により義務を課すだけでは、まだ直接的に国民の利益は侵害されていない。つまり、行政行為に対する法律の授権があるからといって、その法律が国民の権利・利益を侵害することまで認めているとはいえないはずである。やはり、義務の内容を強制力で実現するためには、行政行為の授権とは別に、それを根拠づける法律が必要と考えられる。

③強制執行に関する現行法

日本国憲法施行後まもなく旧行政執行法は廃止され、自力執行のための一般法としては行政代執行法が制定された。ただ、この法律はその名のとおり代執行（代替的作為債務の強制執行）に関するものであって、その他の強制執行についての一般法はない。行政上の金銭債権の執行については、国税徴収法に「強制徴収」の手続きが定められており、この法律による手続きが国税債権以外の公法上の金銭債権の強制徴収にも準用されている。その結果、国税徴収法は、行政上の金銭債権の強制執行の基本法として機能している。

公定力や自力執行力などについては、かつては、その背景に権威主義的な考えが潜んでいたということを踏まえて、現在は、それを立法権や司法権によって統制していくことが重視されていることを理解しよう。

A20 正解－4

1－誤　行政強制には、法律の根拠が必要である。

2－誤　重大かつ明白な瑕疵ある行政行為は無効である。

3－誤　不可争力が生じても、行政庁から取り消すことはできる。

4－正　公定力のある行為であっても違法な行為であることには違いはないのであるから、違法な行政行為であることを主張して国家賠償法による損害賠償の請求をなしうる。これを認めてもその行政行為の法効果を否定するわけではないからである。公定力があるということと、行為の違法性をとらえて国家賠償の請求をすることとは、両立しうると解されている。

5－誤　取消訴訟が提起されても、行政行為の執行は停止しないのが原則である。

第3章 行政行為②（附款、取消しと撤回、瑕疵）

Level 1 p48～p61　Level 2 p62～p67

1 附款の意義・種類

Level 1 ▷ Q21,Q22

(1)附款の意義 ▶p48

意思表示を要素とする行政行為（法律行為的行政行為）に付加する従たる意思表示。準法律行為的行政行為には附款を付すことはできない。

(2)附款の種類 ▶p49 ▶p50

①条件―行政行為の効果を、成否不確実な事実にかからせること（停止条件・解除条件）
②期限―行政行為の効果を、成否確実な事実にかからせること
③負担―行政行為の効果は完全に発生するが、それに付加して、特別の義務を課す場合
④撤回権の留保―義務違反などを理由として行政行為を消滅させる旨を内容とするもの
⑤法律効果の一部除外―法律効果の発生を一部につき除外すること

2 無効な行政行為と取り消しうべき行政行為

Level 1 ▷ Q23,Q24
Level 2 ▷ Q30

(1)無効な行政行為 ▶p52

瑕疵が重大でかつ明白であれば、行政行為は無効であり、相手方は拘束されない。無効な行政行為に公定力はなく、取消訴訟で公定力を排除せずに、いきなり民事訴訟を提起して不当利得の返還請求をなしうる。また、無効な行政行為に不可争力が生ずることはないから、これを争うための期間は制限されない。

(2)取り消しうべき行政行為 ▶p53 ▶p56

重大かつ明白な瑕疵があるとはいえない行政行為は、取り消すまでは公定力をもち、やがては不可争力が生じる。軽微な瑕疵の場合には、法的に無視してよい。

3 職権取消と争訟取消

Level 1 ▷ Q25

(1)職権取消 ▶p57

職権取消は、行政の側が職務権限に基づき取り消すもので、処分庁または監督庁が取り消す。

(2)争訟取消

争訟取消は、国民の側が不服申立てまたは取消訴訟により取消しを求めるもので、審査庁（不服申立て）または裁判所（取消訴訟）が取り消す。

4 取消しと撤回

Level 1 ▷ Q26,Q27

瑕疵ある行政行為の「取消し」は、講学上「取消し」と「撤回」とに区別される。法文上は「取消し」でも、講学上の「撤回」にあたる場合もある。 ▶p58

(1)取消し
①原始的瑕疵があった場合に、
②処分庁・監督庁・審査庁・裁判所が取り消すもので、
③効果は遡及する。
(2)撤回
①後発的瑕疵があった場合に、
②処分庁（だけ）が取り消す（撤回する）もので、
③効果は遡及しない（将来に向かって発生する）。
(3)取消し・撤回の制限 ▶p58 ▶p60
①授益的行政行為―原則として取消し・撤回は許されない（相手方の利益・信頼保護）
②侵害的行政行為―原則として自由（侵害の取消し・撤回は利益的処分だから）

5 瑕疵の治癒と転換

Level 1 ▷ Q24 Level 2 ▷ Q28,Q30

(1)瑕疵の治癒 ▶p54
瑕疵ある行政行為（違法な行政行為）がなされたが、その後の事情の変化によって、欠けていた適法要件が実質的に充足（追完）され、もはや取り消す必要がないと考えられるに至った場合に、その行政行為を適法と扱うことをいう。
(2)行政行為の転換（違法行為の転換） ▶p62 ▶p66
ある行政行為としては瑕疵があるために有効とできない場合に、これを他の行政行為として有効とすることをいう（死亡者に対する農地買収処分は無効だが、相続人に対する処分として効力を維持する場合）。

6 違法性の承継

Level 2 ▷ Q29

(1)問題の所在 ▶p64
先行する行政行為が違法であっても、出訴期間を経過してしまえば不可争力が生じるから、先行行為の瑕疵を争うことはできなくなる。このとき、それ自体には瑕疵のない後行行為を、先行行為の瑕疵が承継されたとして争うことはできないかが問題となる。
(2)先行行為と後行行為の連続性
２つの行政行為の間に、目的や法効果の面で同一性ないし単一性がある場合には、一方の瑕疵が他方に影響するということになる。違法性の承継が認められる場合は、行為の連続性ゆえに瑕疵が承継され、後行行為が違法の瑕疵を帯びることになる。

Q21 附款の意義

問 行政行為の附款に関する記述として、妥当なものはどれか。（地方上級）

1 附款とは、行政行為の主たる意思表示に付加される行政庁の従たる意思表示をいい、法律行為的行政行為には、附款を付すことはできないとされる。

2 附款は、国民に不利益を与えるものであるため、附款を付す場合には、常に法律に根拠が求められる。

3 附款のうち、条件とは、行政行為の効果を発生することが不確実な将来の事実にかからせる意思表示をいい、当該事実の発生によって行政行為の効果が消滅するものを停止条件という。

4 附款のうち、撤回権の留保とは、行政行為の主たる内容に付加して、特定の行政行為の撤回をなし得べき権能を留保する意思表示をいい、撤回権の留保を付すことにより、当該行政行為は無条件に撤回することができる。

5 附款に瑕疵がある場合、附款が行政行為の重要な要素でなく附款と行政行為とが可分であれば、当該附款のみの争訟を提起することができ、附款と行政行為とが不可分である場合は、当該附款のみの争訟の提起はできないとされる。

PointCheck

◉附款の意義……………………………………………………………………【★★★】

⑴従たる意思表示

附款は、意思表示を要素とする行政行為（法律行為的行政行為）に付加する、従たる意思表示である。したがって、準法律行為的行政行為に附款を付すことはできない。状況に応じて行政行為の効果を制限したり、特別な効果を発生させ、弾力的な処分を可能にするものである。

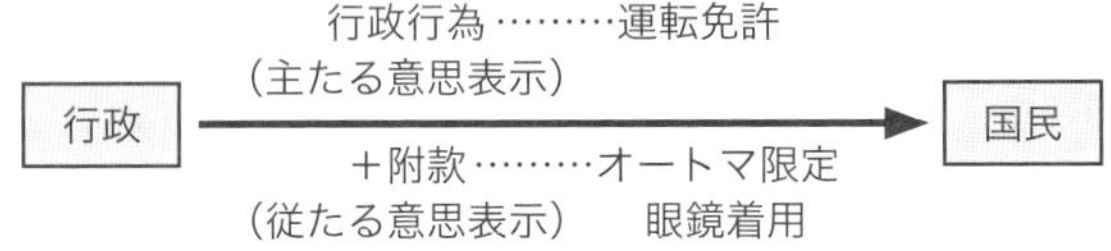

❖附款の例

道路交通法 91 条（免許の条件）

公安委員会は、道路における危険を防止し、その他交通の安全を図るため必要があると認めるときは、必要な限度において、免許に、その免許に係る者の身体の状態又は運転の技能に応じ、その者が運転することができる自動車等の種類を限定し、その他自動車等を運転するについて必要な条件を付し、及びこれを変更することができる。

※条文上は条件となっているが、学問上の分類では「負担」に属する。

⑵附款の根拠

附款を付すことができる場合は、ⓐ法律の規定があれば当然（法定附款）、ⓑ規定がなくても行政庁の裁量で附款を付しうる場合もある。

⑶附款の瑕疵

附款に瑕疵があった場合、行政行為全体が無効となるか。附款が行政行為の重要な要素になっていれば、行政行為全体が無効の瑕疵を帯びる。そうでない場合には、附款だけが無効となって、行政行為自体は無効とならない。

◉附款の種類……………………………………………………………【★★★】

⑴条件

行政行為の効果を、成否不確実な事実にかからせることをいう。

①停止条件…条件の成就によって効果が生じる。

②解除条件…条件の成就によって効果が消滅する。

⑵期限

行政行為の効果を、成否確実な事実にかからせることをいう。

具体例：自動車運転免許に記載されている「平成○年○月まで有効」など。

⑶負担

行政行為の効果は完全に発生するが、それに付加して、特別の義務を課す場合をいう。

具体例：自動車運転免許に記載される「運転の際には眼鏡を着用せよ」など。

⑷撤回権の留保

公益上の支障や相手方の義務違反が生じた場合に、それを理由として行政行為を消滅させる旨を内容とする附款をさす。

⑸法律効果の一部除外

「出張を命じるが、法定の旅費は支給しない」というように、法律効果の発生を一部につき除外することである。法律を制限するものだから、法律の明文の根拠が必要となる。

A21　正解－5

1－誤　附款は従たる意思表示なので、行政庁の意思表示を要素とする法律行為的行政行為に付す。準法律行為的行政行為は、行政庁の判断や認識について法が一定の効果を発生させるものなので、附款を付すことはできない。

2－誤　行政行為については、行政裁量が認められる場合がある（第5章参照）。裁量の範囲内であれば、法律の規定がなくても附款を付すことはできる。

3－誤　行政行為の効果が消滅するのは解除条件である。

4－誤　たとえば、許認可を与えた相手方に義務違反があった場合に撤回ができるように、撤回権を留保するのであって、実質的な理由が必要である。無条件ではない。

5－正　附款は従たる意思表示であるが、附款が行政行為の重要な要素となっている場合には、無効な附款により行政行為全体が無効となる。附款と行政行為とが不可分である場合は、行政行為全体の効力を争う必要がある。

Q22 附款の性質

問 行政法学上の行政行為の附款に関する記述として、妥当なものはどれか。（地方上級）

1 行政行為の附款に不服のある者は、その附款がなければ当該行政行為がなされなかったことが客観的にいえる場合であっても、行政行為の一部取消を求める訴訟を提起することができる。
2 期限は、行政行為の効果の発生または消滅を将来発生することが確実な事実にかからせる意思表示であり、不確定な期限を付すことができない。
3 行政庁は、法律が附款を付すことができる旨を明示している場合のほか、行政行為の内容の決定について裁量権が認められている場合に、その範囲内で附款を付すことができる。
4 法律効果の一部除外は、行政行為の効果の発生または消滅を発生不確実な将来の事実にかからせる意思表示である。
5 負担は、授益的行政行為に付加され、相手方に特別の義務を命じる意思表示であり、相手方がこれに従わないときには、行政行為の効力が当然に失われる。

PointCheck

❖附款の種類

種類	効果	内容
条件	△	発生不確実な事実にかからせる
期限	△	発生確実な事実にかからせる
負担	○	特別な義務を課す
撤回権の留保	○	特別の場合には撤回できる旨の留保
法律効果の一部除外	○	法律効果の一部を発生させない

◉負担と条件の差異……………………………………………………【★★☆】

負担による義務を履行しない場合でも、本体である行政行為に影響はない。義務を履行させるには、行政上の強制執行・行政罰が必要になる。また、本体である行政行為の効果を否定するには、別に行政行為の撤回がなされなければならない。これに対して、条件や期限の場合は、事実が発生しない場合には、本体である行政行為の効果は生じない。

負担の場合：許可＋負担不履行→許可自体は有効
条件の場合：許可＋条件不成就→許可の効力不発生

◉附款の限界……………………………………………………………【★★☆】

⑴制限の根拠

①法定附款の場合は、法律の制限の範囲内でなければならず、裁量による附款の場合は、裁量権の逸脱・濫用があってはならない。

②附款には行政比例の原則から限界があり、行政目的を達成するのに、必要最小限のものでなければならない。

③行政目的と関係のない附款を付加することはできない（他事考慮禁止）。

⑵デモ行進の許可と進路の変更指定

デモ行進での道路使用申請に対して、「表通りから裏通りへ進路を変更せよ」という指示がなされた場合の効力が問題となる。

①法的性質：附款付き許可処分（判例）

②附款の効力：物理的に表通りではデモ行進が不可能といった事情がなければ違法となる。

※重大かつ明白な瑕疵を持つとすれば許可自体が無効となるが、判例は、進路指定のみ無効とする。したがって、申請者は表通りを行進できることになる。

❖判例

◉駅前広場建築物無償撤去事件（最大判昭 33.4.9）

▶事案

建築許可に無償の建物撤去条件を付したのは憲法 29 条 3 項に反し無効と主張。

▶判旨

駅前広場設定事業は施行が確定し、建築物も事業実施に伴い除却されることは明らかである。許可の出願者らは、いかなる条件でも異議なく建物撤去を承諾していたのだから、許可に際し無償撤去を命じうる条項を付したのは必要やむを得ない制限である。

A22 正解－3

1－誤　「附款がなければ当該行政行為がなされなかった」というのは、行政行為全体が違法の瑕疵を帯びる場合なので、一部取消だけを求めることはできない。

2－誤　期限は将来発生することが確実なものであるが、その期限自体には、確定期限と不確定期限（確実に発生するが、発生時が確定しない場合）とがある。

3－正　裁量権の逸脱・濫用がなければ、附款を付すことも認められる。

4－誤　条件の説明になっている。法律効果の一部除外は、法律による効果を行政が制限するものであるから、法律が明文で認める場合でなければならない。

5－誤　従たる意思表示である負担の不履行が、本体たる行政行為の無効を招来するものではない。負担の履行を強制するか、行政行為を取り消すことになる。

Q23 無効な行政行為

問 **無効の行政行為に関する記述として、妥当なものはどれか。** （地方上級）

1　書面による行政処分が必要な時に、書面によって行われなかったとしても行政行為自体は有効である。
2　行政処分を受けた者は、当該処分があったことを知った日から６か月を過ぎた後には、その処分の無効を主張できない。
3　行政庁が無権限で行った行政処分は、瑕疵が重大かつ明白で当該処分は無効である。
4　無効の行政行為であっても公定力が働くので、無効確認訴訟においてその無効が確認されるまでは有効である。
5　意見聴取のための手続が法律上必要であるのに、これをしないでなされた処分は、常に有効要件を欠き無効である。

PointCheck

●無効な行政行為……………………………………………………………………【★★★】

⑴瑕疵ある行政行為

違法（法令違反）または不当（公益違反）な行政行為をいい、瑕疵の内容・程度によって相手方や利害関係人の救済が異なってくる。

⑵無効な行政行為

瑕疵が重大でかつ明白であれば、行政行為は無効であり、相手方は拘束されない。重大かつ明白な瑕疵があるとはいえない（取り消しうべき）行政行為は、取り消すまでは公定力を持つし、やがては不可争力が生じる。軽微な瑕疵の場合には、法的に無視してよい。

違法な行政行為	重大かつ明白な瑕疵	無効 ──→	無効確認訴訟
	重大明白でない瑕疵	取消し可能 ──→	取消訴訟
	軽微な瑕疵	法的に無視してよい	
不当な行政行為	内容が公益に反する ──→		不服申立て

無効な行政行為に公定力はないから、取消訴訟で公定力を排除せずとも、いきなり民事訴訟を提起して不当利得の返還請求をなしうる。また、無効な行政行為に不可争力が生ずることはないから、これを争うための期間は制限されない。

瑕疵の種類	取消原因	無効原因
主体	詐欺、軽度の強迫、錯誤	無権限、心神喪失
内容	公序良俗違反など	不能、不明確、事実誤認
形式	書面の不備、日付なし	法定要件を欠く
手続き	諮問なし	利害関係人保護の諮問なし

⑶無効と取消しの区別についての学説

①重大かつ明白説→無効の範囲は縮小（法的安定性を重視）

重大　明白

②重大説→無効の範囲は拡大（具体的妥当性を重視）

重大

③明白性補充要件説→無効の範囲は①と②の中間

重大　＋　明白

❖判例

◉**ガントレット氏事件**（最大判昭 31.7.18）—重大かつ明白説

▶**事案**

戦争中に内務大臣が行った旧国籍法違反の帰化許可処分の効力が争われた。

▶**判旨**

国家機関の公法的行為（行政処分）はそれが当該国家機関の権限に属する処分としての外観的形式を具有する限り、仮にその処分に関し違法の点があったとしても、その違法が重大かつ明白である場合の外は、これを法律上当然無効となすべきではない。もとの国籍を失うものとした認定に瑕疵があったとしても、帰化の許可処分は無効ではない。

◉**明白の意義についての判例**（最判昭 36.3.7）—外観上一見明白

▶**判旨**

瑕疵が明白であるというのは、処分成立の当初から、誤認であることが外形上、客観的に明白である場合を指す。

A23　正解—3

1—誤　書面の作成が法定要件となっている場合に、書面の作成を欠いた場合は、重大かつ明白な瑕疵で無効の行政行為となるのが原則である。

2—誤　無効の行政行為に不可争力は生ぜず、取消訴訟の出訴期間を経過してもなお処分の無効を主張できる。

3—正　行政庁の無権限は無効原因である。

4—誤　無効の行政行為に公定力は働かず、当初から無効である（先決問題として無効確認判決を得ておく必要もない）。

5—誤　審議会の諮問手続を欠いたとしても、諮問を要求した趣旨が利害関係人の保護にあるのでなければ、無効とはならない場合がある。

Q24 行政行為の瑕疵

問 行政行為の瑕疵に関する次の記述のうち、妥当なものはどれか。 （労働基準監督官）

1　書面によって表示される行政行為は書面の作成によって成立するから、当該行政行為について行政庁の内部的意思決定とその書面による表示行為とが相違している場合でも、その書面に表示されたとおりの行政行為があったものと解するのが判例である。
2　行政行為が当然無効であるというためには、処分に重大かつ明白な瑕疵がなければならず、ここにいう「明白」とは、処分の外形上、客観的に一見して看取しうることと解されるが、この明白性の要件は、処分の成立時において満たされている必要はないとするのが判例である。
3　先行行為と後行行為とが相結合して一つの効果を形成する一連の行政行為であっても、先行行為を独立の行政行為として、これに対する争訟の機会が設けられているときには、先行行為の違法性は当該争訟において主張すべきものであり、後行行為の争訟において主張することが許される余地はない。
4　法律の明文によって理由付記が求められる処分において、処分庁による理由の付記が不十分な場合には当該処分は違法となるが、審査請求において審査庁が当該処分を維持する裁決を行い、その中で当該処分の具体的根拠が明らかにされたときは、その瑕疵は治癒するとするのが判例である。
5　重大かつ明白な瑕疵のある行政行為については、何人も不服申立てや取消訴訟等特段の手続きを踏むことなくその無効を主張することができ、また行政庁が引き続いて当該行為を前提とした行為を行うことを予防する目的で無効確認の訴えを提起することもできる。

PointCheck

◉瑕疵の治癒……………………………………………………………………【★★★】

瑕疵の治癒とは、瑕疵ある行政行為（違法な行政行為）がなされたが、その後の事情の変化によって、欠けていた適法要件が実質的に充足（追完）され、もはや取り消す必要がないと考えられるに至った場合に、その行政行為を適法と扱うことをいう。

❖判例

◉更正処分の理由付記の不備（最判昭 47.12.5）

▶事案

法人税の増額更正処分にその理由として漠然とした抽象的理由しか付いていなかった。この更正処分に対して審査請求を行った結果、審査庁は裁決をなすにあたって裁決書に増額更正処分の理由を詳細に記載した。そこで、この審査庁の行為によって欠けていた理由が追完され瑕疵が治癒されたと認めてよいかが問題となった。

▶判旨

処分庁と異なる機関の行為によって、処分の理由不備の瑕疵が治癒されるとすれば、処分そのものの慎重・合理性を確保するという理由付記の目的にそぐわないだけでなく、相手方としても審査庁の裁決によってはじめて具体的な処分根拠を知ることとなり、それ以前の審査手続において十分な不服申立ての理由を主張することができなくなる。ゆえに、更正処分における付記理由不備の瑕疵は、後日審査庁による裁決の中でその理由が明らかにされたとしてもそれによって治癒されるものとはいえない。

A 24 正解ー1

1—正　書面によって表示される行政行為は書面の作成によって成立し、その書面の到達により、行政行為の効力が発生する。その場合、行政庁の内部的意思決定とその表示行為が不一致であっても、書面に表示されたとおりの行政行為があったものと認めるべきである、とするのが判例である（最判昭 29.9.28）。つまり、行政行為は、行政行為に錯誤があったことを理由に無効となったり取り消されたりすることはないということになる。

2—誤　判例は、「瑕疵が明白であるとは、処分の成立の当初から誤認であることが、外形上客観的に明白である場合を指す」としている（最判昭 36.3.7）。つまり、明白性の要件は、処分の成立時において満たされている必要があるとするのが判例である。

3—誤　先行行為を独立の行政行為として、これに対する争訟の機会が設けられているときであっても、先行行為と後行行為とが一定の法律効果を目指す手続きとして一連のものである場合には、後行行為の争訟において先行行為の違法性を主張しうると解されている。

4—誤　行政処分に理由を付記する目的には、①処分庁の判断の慎重・合理性を担保する、②処分に不服のある相手方に不服申立ての便宜を与える、という2つがある。この①②の目的を考えれば、審査請求において審査庁が当該処分を維持する裁決を行う中で当該処分の具体的根拠が明らかにされたとしても、それによって処分の瑕疵が治癒されたものと扱うことはできない（最判昭 47.12.5）。

5—誤　無効確認の訴えは、行政庁が引き続いて当該行為を前提とした行為を行うことにより損害を受けるおそれのある者が提起できる。よって、「何人」でも提起できるわけではない。また、行政処分が無効であれば、その処分を前提として行われた現在の法律関係について民事訴訟や当事者訴訟を提起し、その中で当該行政処分の無効を主張すればいいのであるから、上記のような者でも、無効確認の訴えを提起しうるのは、このような方法によっては目的を達成することができない、という場合に限られる（行政事件訴訟法 36 条）。

Q25 行政行為の無効と取消し

問 行政行為の瑕疵に関する次の記述のうち、正しいものはどれか。 （国家一般）

1 無効の行政行為というためには、行政行為に内在する瑕疵が重要な法規違反であることが必要であるが、その要件が満たされれば足り、必ずしも瑕疵の存在が外観上明白であることは要しない。

2 無効の行政行為に対して不服のあるものは、常に直接裁判所に訴えてその効力を争うことができるが、その訴えの提起には一定期間の制限があり、その期間経過後においては、もはやこれを争うことはできない。

3 無効の行政行為は、その効力の点においては全く行政行為のなされなかったのと同様であり、何人もこれに拘束されることはない。

4 取り消しうべき行政行為は、公定力により、取消しがなされるまではその行政行為の相手方はこれに拘束されるが、処分庁および他の行政庁はこれに拘束されることはない。

5 取り消しうべき行政行為がなされた場合に、行政庁がそれを執行してきた場合には、その行政行為の相手方は、自己の判断においてこれを拒否してもいかなる責任を負うことはない。

PointCheck

◉取消原因と無効原因の具体例……………………………………………………【★★★】

⑴行為者に関する瑕疵

無効：①行政庁に行政権限がない（国道の使用許可を無権限の市長が行う場合）
※ただ、例外的に法的安定性・国民の信頼保護から無権限でも有効とされる場合がある（最判昭 35.12.7）。
②心神喪失中・強度の強迫による行為

取消し：①賄賂による行為
②詐欺・軽度の強迫による行為
※行政庁の錯誤は、法令違反がない限り有効となる（最判昭 29.9.28）。

⑵内容に関する瑕疵

無効：①実現可能性がない（存在しない土地に対する収用裁決）
②内容が不明（対象となる土地が明確でない農地買収、最判昭 26.3.8）
③重大な事実誤認（人違いの懲戒処分）

取消し：不適法な行政行為で無効原因の程度まで至らないもの

⑶形式に関する瑕疵

無効：法定要件を欠く行為（口頭による裁決、行政庁の署名・捺印なし）

取消し：書面の記載の不備、内容の不備

⑷手続に関する瑕疵

無効：利害関係人の保護を目的とした聴聞等の事前手続を欠く行為

取消し：公正、公益上の必要からの手続を欠く行為（一般的な諮問なし）

※手続的瑕疵が処分内容に影響がない場合は取消事由にもならない（通説）。

◉職権取消しと争訟取消し……………………………………………………………【★★☆】

職権取消しと争訟取消しは、取消しの主体に関する区別である。国民がアクションを起こして始めるのが争訟取消しで、行政の側がアクションを起こすのが職権取消しである。すなわち、職権取消しは、行政の側が職務権限に基づき取り消すもので、処分庁または監督庁が取り消す。争訟取消は、国民の側が不服申立てまたは取消訴訟により取消しを求めるもので、審査庁（不服申立て）または裁判所（取消訴訟）が取り消す。

争訟取消しには期間制限があるが（期間経過により不可争力を生じる）、職権取消しには期間制限がない（不可争力を生じない）。

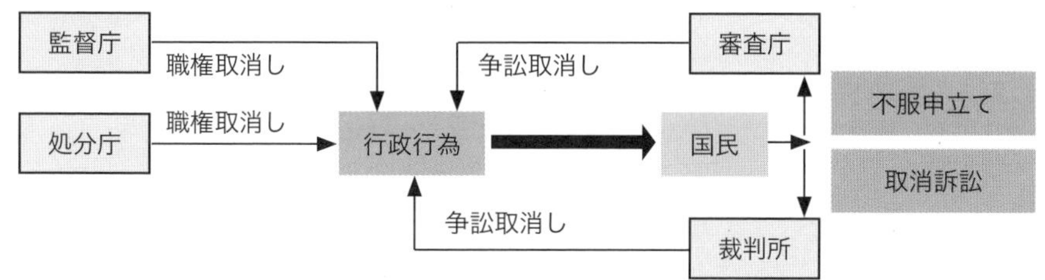

A25 正解－3

1－誤　無効な行政行為とは、重大かつ明白な瑕疵を有するものをいうとするのが判例である（最判昭31.7.18）。

2－誤　無効な行政行為は、公定力は当然、不可争力も有しない。したがって、国民は取消手続きを踏むまでもなく、常に処分の無効を主張し、そのことを前提として直接自己の権利を主張することができる。

3－正　無効の行政行為は、いかなる法的効果も生じないから、処分の相手方である国民は不服申立てや取消訴訟を提起するまでもなく、これを無視することができることは無論、何人もこれに拘束されることはない。

4－誤　公定力とは、行政行為は仮に違法であったとしても、取消権限のある者によって取り消されない限り、何人もその効力を否定することはできないことをいうのであって、処分の相手方のみならず、処分庁、第三者、他の国家機関も公定力により当該行政行為に拘束される。

5－誤　行政行為は公定力を有しているから、取り消しうべき行政行為も、取消権限のある者（監督庁、裁判所）により取り消されるまでは有効であるから、処分の相手方は、自己の判断においてそれを拒否することはできない。

Q26 行政行為の取消し・撤回

問　講学上の行政行為の取消しおよび撤回に関する次の記述のうち、正しいものはどれか。

（国税専門官）

1　行政行為の取消しは、処分庁だけでなく、上級監督庁その他法律上正当な権限を有するものがこれをすることができるが、行政行為の撤回は原則として処分庁のみがこれをなしうる。

2　行政行為の取消しも、行政行為の撤回も、その行使の効果は原則として行政行為の成立のときに遡るため、それらが行使された場合には初めから行政行為がなされなかったのと同様の状態に復することになる。

3　審査請求についての裁決のように、争訟手続を経て行われた場合においても、その行政行為について瑕疵がある場合には、裁決庁は職権でこれを取り消すことができる。

4　瑕疵ある行政行為は、その行為を取り消すと公共の福祉に重大な影響を与えることがあるとしても、権限ある行政庁はこれを取り消すことができる。

5　許可や特許のような行政行為に、「公益上の必要があると認めるときは、いつでも取り消すことができる」と予め附款が付されている場合には、行政庁は自由に撤回権を行使し、その行政行為を撤回することができる。

PointCheck

◉取消しと撤回……………………………………………………………………【★★★】

瑕疵ある行政行為の「取消し」は、講学上「取消し」と「撤回」とに区別される。法文上は「取消し」でも、講学上の「撤回」にあたる場合もある。たとえば、交通事故を理由とする運転免許の取消し（道路交通法103条2項）は、撤回の意味である。

a. 取消し……　①原始的瑕疵があった場合に、
②処分庁・監督庁・審査庁・裁判所が取り消すもので、
③効果は遡及する。

b. 撤回………　①後発的瑕疵があった場合に、
②処分庁（だけ）が取り消す（撤回する）もので、
③効果は遡及しない（将来に向かって発生する）。

◉取消し・撤回の制限…………………………………………………………【★★☆】

取消し・撤回は、先行する行政行為の効力を奪う別個の行政行為である。特に、授益的行政行為（営業の許可、補助金の交付など）の取消し・撤回は、一種の「不利益処分」であり、行政制裁としての機能を持つ。そこで、取消しや撤回を自由になしうるかという問題が論じられるようになった。

先行行為	取消し・撤回の性質	取消し・撤回の可否・制限
侵害行為	利益処分	自由
授益行為	不利益処分	自由（←法治主義を重視）
		制限（←福祉主義を重視）

違法な行政行為の効力を奪うのは当然と考えると（法治主義を重視すれば）、侵害行政でも授益行政でも、取消し・撤回は自由になしうることになる。関係者の信頼保護や福祉主義を重視すれば、授益行政の取消し・撤回は（不利益処分ゆえ）制限的に解される。一般的には、既得の権益の侵害を正当化するだけの公益上の必要がある場合に、取消し・撤回が可能とされている。

また、取消しにより公共の福祉に重大な影響を与える特別の事情のある場合には、自由な取消しは許されない（行政事件訴訟法31条類推）。さらに、不可変更力が働く不服申立てに対する裁決・決定については職権取消は認められない。

A26 正解－1

1—正　上級行政庁が監督権の行使として取消権を持つかどうか争いがあるが、通説はそれを肯定するので、職権取消は処分庁のみならず監督庁もなしうるが、撤回権は監督権の範囲に入らないため、撤回は処分庁のみがなしうる。

2—誤　撤回は、瑕疵なく成立した行政行為につき、その維持が公益上不適当となった場合に、その効力を失わせる行為であるから、その効力は将来に向かってのみ効力を発する。

3—誤　行政行為に瑕疵があったとしても、当該行政行為が不服申立てその他の行政審判手続などの争訟手続を経て発せられたものである場合には、その行為には不可変更力が認められ、裁決庁はこれを取り消すことができない。審査請求の裁決といった「争訟裁断行為」に撤回を認めることは、いたずらに紛争を蒸し返すことになるからである。

4—誤　処分は違法であっても、これを取り消すと公共の利益に重大な支障を生ずる特別の事情のある場合には、取消しは制限される。例えば、土地収用の手続きの一部に違法があっても、これを取り消すとダム建設が台無しになるような場合には、収用処分を取り消すことはできない。

5—誤　撤回には実質的な事由が必要であるから、撤回権の留保を盾にむやみに撤回権を行使しても、撤回権の留保は例文と解され、撤回が当然に適法となるわけではない。

Q27 行政行為の撤回

問 行政法学上の行政行為の撤回に関する記述として、妥当なものはどれか。（地方上級）

1 行政行為の撤回とは、有効に成立した行政行為の効力を、行政行為の成立当初の違法性又は不当性を理由として行政庁が失わせることをいい、交通違反を理由とする運転免許の取消しは行政行為の撤回ではなく、職権取消である。
2 侵害的行政行為の場合に比較すると、授益的行政行為については、相手方の利益又は信頼の保護のため原行為の存続に対する要請がより強く働くため、授益的行政行為の撤回には、必ず法律に撤回を許容する明文の規定が必要である。
3 行政行為の撤回の権限を有するのは、行政行為を行った行政庁であり、指揮監督権を有する上級行政庁であっても撤回はできない。
4 行政行為の撤回は、職権取消と同様に、その概念上遡及効を有し、行政行為の効力をその成立時に遡って消滅させる。
5 授益的行政行為の撤回を行うについては、行政手続法に定める不利益処分の手続が適用されることはない。

PointCheck

◉職権取消しとその制限……………………………………………………………【★★★】

⑴授益的行為の職権取消し

相手方などの利益・信頼保護の見地から、虚偽の申請があった場合などを除いて、原則として許されないと解される（通説）。

❖判例

◉農地賃貸借の更新拒絶（最判昭 28.9.4）

申請者側に詐欺等の不正行為があったことが顕著でない限り、処分をした行政庁もこれに拘束され処分後には取消しができない。

⑵侵害的行為の職権取消し

制限がないのが原則（通説）。ただし、第三者の利害を考慮して職権取消しを制限すべき場合もある。また、争訟裁断行為については、不可変更力により職権取消しが制限される。

❖判例

◉農地買収計画・売渡処分の取消し（最判昭 43.11.7）

処分の取消しによって生ずる不利益と、取消しをしないことによってかかる処分に基づきすでに生じた効果をそのまま維持することの不利益とを比較衡量し、しかも当該処分を放置することが公共の福祉の要請に照らし著しく不当であると認められるときに限り、これを取り消すことができる。

❖判例

◉裁決の取消制限（最判昭 29.1.21）

農地の買収計画についての異議申立て却下に対する訴願を認容した裁決は、行政処分であることはいうまでもないが、実質的にみればその本質は法律上の争訟を裁判するものである。かかる性質を有する裁決は、他の一般行政処分とは異なり、特別の規定がない限り、裁決庁自らにおいて取り消すことはできない。

⑶取消しが不利益処分として行われる場合…聴聞手続が必要（行政手続法 13 条 1 項 1 号）

◉撤回権とその制限……………………………………………………………【★★★】

⑴授益的行為の撤回

原則として法律の根拠なくしては許されない。ただし、相手方に何らかの義務違反があった場合、元の行政行為に撤回権を留保する附款が付されていた場合、相手方の同意がある場合などには、法律の根拠なくして撤回できる。

❖判例

◉実子あっせん事件（最判昭 63. 6 .17）

指定の撤回による相手方の不利益を考慮しても、なおそれを撤回すべき公益上の必要性が高いと認められる場合には、直接明文の規定がなくとも、指定医師の指定の権限を付与されている医師会は、その権限において指定を撤回することができる。

⑵侵害的行為の撤回…原則として自由にできる。
⑶撤回と補償…公用収用に準じた補償が必要（通説）。
⑷撤回が不利益処分として行われる場合…聴聞手続が必要（行政手続法 13 条 1 項 1 号）

A27 正解－3

1－誤　行政行為の成立に違法性（瑕疵）があることを理由としてなすのは、「取消し」である。撤回は後発的に生じた事情の変化を理由とするもので、交通違反を理由とする運転免許取消しは撤回にあたる。

2－誤　授益的行政行為の相手方となった国民には一種の既得権が発生しており、撤回には原則的に法律の根拠が必要である（学説はさらに補償も必要とする）。しかし、公益上の必要性や相手方の義務違反がある場合は、法律の根拠なしに撤回することも可能とされる。

3－正　撤回権は、処分をする権限の中に含まれている権限であると解されている。よって、撤回をなし得るのは、処分庁だけである。

4－誤　撤回は、有効に成立した行政行為について、公益上効力を存続させられない新たな事情が生じたためになされるのであるから、撤回の効果は将来に向かってその行政行為の効力を失わせるだけである。

5－誤　「許認可等を取り消す不利益処分」（行政手続法 13 条 1 項 1 号イ）として、聴聞手続が必要となる。

Q28 瑕疵の治癒・転換

問 行政行為の瑕疵に関する次の記述のうち、妥当なものはどれか。 （国家一般）

1　行政機関としての権限を著しく越える行為や、行政機関の行為であっても注意、勧告等行政行為とは認めがたい行為等は、非行政行為と呼ばれ、無効な行政行為とは区別されるため、行政事件訴訟法の無効等確認訴訟の対象とはならない。

2　行政行為の無効原因たる瑕疵が明白であるとは、当該行政行為成立の当初から誤認であることが外形上客観的に明白であることに加え、行政庁に調査すべき資料を見落とした等何らかの過誤が存することが必要であるとするのが判例である。

3　行政行為の瑕疵が重大で、それによって被る当事者の被害が著しく、かつ、第三者の信頼保護を考慮する必要のない場合であっても、その瑕疵が明白とはいえないときは、これを無効とすることは許されないとするのが判例である。

4　行政行為は、それが行政庁の権限に属する処分としての外観的形式を具備する限り、仮に当該処分に関し違法の点があったとしても、その違法が重大かつ明白である場合のほかは、法律上当然無効とすべきではないとするのが判例である。

5　行政行為の瑕疵の治癒とは、無効な行政行為や取り消しうべき行政行為が、その後の事情の変化により、適法なものとして取り扱われることをいう。

PointCheck

◉瑕疵の治癒と転換……………………………………………………………【★★★】

行政行為の瑕疵の程度が軽微なものだったり、後日事情が変化するなどして、結局は有効と扱われることがある。これが行政行為の瑕疵の治癒である。裁判所からみると、当初は瑕疵のあった行政行為でも、裁判の時点で瑕疵が治ったと評価できるということになる。

これに対し、行政行為の転換（違法行為の転換）というのは、ある行政行為としては瑕疵があるために有効とできないのだが、これを他の行政行為として有効とする場合をいう。例えば、死亡者に対する農地買収処分は無効だが、これを相続人に対する処分として効力を維持する場合などである。法治主義の観点からは問題だが、いずれ同じ処分が繰り返されるのであればいちいち取り消しておくのも効率的ではない。処分の同一性があれば転換を認めた方が、行政行為をやり直すよりも、法的安定性に資すると考えるものである。

❖判例

◉農地買収計画に対する訴願棄却裁決を待たずになした農地買収処分の瑕疵
（最判昭 36.7.14）

▶事案

自作農創設特別措置法は、農地の買収に対して、それを不服とする訴願を認め、訴願が提起されたときは、それに対する裁決を経たうえでその後の手続きを進めるように規定していたが、訴願に対する棄却がなされないうちに、棄却がなされることを停止条件として買収処分がなされた。その後、訴願の棄却裁決がなされた。この場合、買収処分の瑕疵は治癒されるか。

▶判旨

農地買収計画につき、訴願の提起があるにもかかわらず、これに対する裁決を経ないでそれ以後の手続きを進行させたという違法は、買収処分の無効原因となるものではない（→取消原因）。本件においては、訴願に対する裁決がまだなされていなかった段階であるが、農地買収処分の手続きは、訴願の棄却裁決がなされることを停止条件として行われたものであり、その後、訴願棄却の裁決が行われたというのである。このような場合、訴願棄却の裁決のなされる前に買収手続を進行させたという瑕疵は、その後の訴願棄却裁決によって治癒されたと解すべきである。

◉理由の差替え……【★★☆】

これは、行政処分の時に示していた理由を訴訟の段階で変更して、処分の適法性を主張しうるかという問題である。従来は、取消訴訟の審理の対象は、処分の違法性であるとして、処分の理由の追加や差替えは自由にできるとする見解が大勢であったが、判例には、これに疑問を呈したものもある。

❖判例

◉青色申告更正処分理由変更（最判昭 56.7.14）

▶判旨

「更正の理由と異なるいかなる事実でも主張できるかどうかはともかく」本件の理由の差替えは認められるとした。

Level up Point! 判例からの出題が多い分野。判例のポイントさえ押さえておけば得点源となる。

A28 正解－4

1—誤　行政機関の内部的意思決定の行為や、重大な瑕疵のある行為について、「不存在」の行政行為という概念を使用する見解もある。無効の行政行為と区別するためであるが、通常はこれも無効に含めて考えている。当然、行政行為の不存在についても、無効等確認の訴えにおいて争いうる。

2—誤　判例は、行政庁が怠慢により、調査すべき資料を見落としたかどうかは、処分に外形上客観的に明白な瑕疵があるかどうかの判定に直接関係を有するものではない、としている（最判昭 36.3.7）。

3—誤　判例の中には、明白性の要件に言及することなく、瑕疵の重大性から無効を認めたものがある（最判昭 48.4.26）。

4—正　ガントレット氏事件（最大判昭 31.7.18）における判例の重大かつ明白説である。

5—誤　無効な行政行為の瑕疵は重大・明白であり、それが治癒されることはない。

Q29 違法性の承継

問 行政行為の瑕疵に関する次の記述のうち、妥当なものはどれか。（国家一般）

1　課税処分とそれに引き続く滞納処分のように、それぞれが別個の目的の実現を目指すものとみられる場合には、先行する行政行為である課税処分に違法の瑕疵があっても、後に行われる滞納処分が、それを理由に違法となるものではない。

2　いったんなされた行政行為には公定力があり、行政行為に対する国民の信頼を保護する必要があるから、当初から瑕疵のある行政行為を行政庁が職権で取り消す場合にも取消しの効果は処分時には遡らないのが原則である。

3　裁量行為について取消訴訟が提起された場合において、裁量権の逸脱・濫用とまでいえなくとも、公益上、より適切な他の手段があったと認められるときには、裁判所は瑕疵ある行政行為としてその処分を取り消すことができる。

4　行政行為は、裁判所等によって取り消されない限り、その効力を有するから、行政行為の瑕疵が重大かつ明白である場合であっても、取消訴訟の手続を経ないまま当該行政行為の無効を前提とした法律関係を主張することはできない。

5　取消訴訟の対象となった行政行為に違法の瑕疵がある場合であっても、これを取り消すことにより、公益上、著しい障害を生ずるときには、裁判所は当該行政行為の違法性を否定して、請求を棄却することができる。

PointCheck

◉違法性の承継……………………………………………………………【★★★】

⑴問題の所在

先行する行政行為が違法であっても、出訴期間を経過してしまえば不可争力が生じるから、先行行為の瑕疵を争うことはできなくなる。このとき、それ自体には瑕疵のない後行行為を、先行行為の瑕疵が承継されたとして争うことはできないかが問題となる。例えば、瑕疵ある農地買収計画に基づいて買収処分がなされたが、買収計画の違法は期間制限で争えない場合に、計画に続く買収処分が違法を引き継いでいるかといったことである。

⑵先行行為と後行行為の連続性

違法性の承継とは、行為の連続性ゆえに瑕疵が承継された場合をいい、後行行為が違法の瑕疵を帯びることになる。これについて実体面からとらえると、２つの行政行為の間に、目的や法効果の面で同一性ないし単一性がある場合には、一方の瑕疵が他方に影響するということになる。農地の買収処分は、買収計画の執行としての性格を持っているから、「連続」を認めてよいとされている（最判昭 25.9.15）。課税処分と滞納処分はまったく別個の手続きで行われ、課税処分の瑕疵を争うことなく不可争力を発生させた国民に、滞納処分の取消訴訟の中で課税処分の違法を主張させる必要はなく、「連続」は認められない。

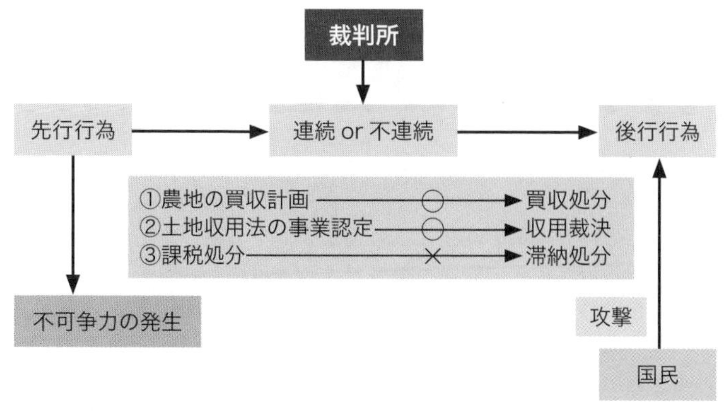

「連続性」の有無は、実際には裁判の場面で訴訟経済を考慮して決せられることが多い。例えば、土地収用法の事業認定は都道府県知事が事業の公益性の認定を行うもので、収用委員会がなす収用区域や補償額についての収用裁決とは性格を異にする。とすると「連続」は認められないようにも思われるが、収用計画全体の公益性の瑕疵は、後行行為の収用裁決が下りた段階で争わせればいいとの考慮が働けば、「連続」を認めた方がいいのである。

❖判例

◉建築確認処分取消請求事件（最判平21.12.17）

東京都建築安全条例に基づく「安全認定」を受けた上での「建築確認」の取消訴訟で、安全認定の違法性が承継されることを認めた。

Level up Point!

連続性の有無は次のように考えることもできる。例えば、課税処分と滞納処分の間で違法性の承継が認められないのは、課税処分があれば当然に滞納処分になるというわけではなく、納税されればそこで終わる。納税がなされないという事態が発生して初めて滞納処分が検討されるのである。だから両者は別の処分なのだと見ることができる。

A29 正解－1

1－正　課税処分の違法は、滞納処分に承継されない。

2－誤　職権取消にせよ、取消しは原始的瑕疵の存する行政行為の効力を、行為時に遡って消滅させるものである。

3－誤　取消訴訟では、行政裁量の違法は争えても、当・不当は争い得ない。

4－誤　無効の行政行為には公定力がなく、ある法律関係の先決問題として行政行為の無効を確定しておく必要はない。

5－誤　事情判決は、行政行為の違法性は認めたうえで、原告の請求を棄却する判決である。

Q30 行政行為の瑕疵

問 行政行為の瑕疵に関する記述として、妥当なものはどれか。 （国家一般）

1　違法な行政行為が、その後の事情の変化により適法要件を具備した場合であっても、行政行為の成立に瑕疵がある限りその瑕疵が治癒されることはなく、瑕疵ある行政行為としていつでもその取消しを求めることができる。
2　ある行政行為が１つの理由によれば違法であるが、他の理由によれば適法とされる場合、両者の間に処分の同一性が認められるとしても、その処分を適法なものとして扱うことは、法律による行政の原理に反するから認められない。
3　行政行為の瑕疵が重大であり、瑕疵の存在が外観上明白である場合には、正当な権限のある行政庁または裁判所の判断を待つまでもなく、何人もその行政行為の無効を主張することができる。
4　無資格者が公務員に選任され外観上公務員として行った行為は、無権限者の行為であるからたとえ相手方が公務員のしたものと信じるだけの相当の理由があったとしても、その行為が有効になることはない。
5　法律上一定の形式を備えた書面によることを必要とする行政行為を書面によらずに行った場合でも、その行為は無効ではなく取り消しうべき行政行為にとどまるから、相手方は権限のある行政庁または裁判所の取消しがあるまでは、これを有効なものとして扱わなければならない。

PointCheck

◉違法行為の転換……………………………………………………………………【★★☆】

違法行為の転換は、いったんなされた行政行為の効力をなるべく維持するために行われる解釈テクニックである。判例としては、自作農創設特別措置法による農地買収計画を、当初適用された根拠条文との関係では違法としたが、別の根拠条文を適用して適法としたものがある（最大判昭 29.7.19）。

◉「明白性」の要件に触れることなく「無効」とした判例 ………………………………【★★☆】

❖判例

◉名義無断借用土地課税事件（最判昭 48.4.26）

▶事案

勝手に他人の名義で不動産の登記をなした者が、その他人名義のままで、書類を偽造して、第三者に売却した。税務署長が、その名義人である「他人」に対して、所得税の課税処分を行った。このような処分は無効か。

▶判旨

課税処分は課税庁と被課税者との間にのみ存するもので、処分の存在を信頼する第三者の存在を考慮する必要のないものである。このことを考慮すれば、課税処分における内容上の過誤が課税要件の根幹についての過誤であって、徴税行政の安定とその円滑な運営の要請を斟酌してもなお、不服申立期間の徒過による不可争的効果の発生を理由として被課税者に右処分による不利益を甘受させることが著しく不当と認められるような例外的な事情のある場合には、当該処分を当然無効ならしめる。

※この判例は、「明白性」に言及しないまま、課税処分の無効を認めた。

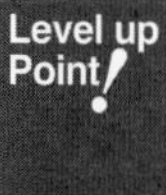

行政行為の瑕疵は、無効原因、取消原因、軽微な瑕疵に分けられる。このうち、軽微な瑕疵のある行政行為は、そのまま有効であるから何ら問題はない。普通の瑕疵がある場合には取消原因となり、公定力が一応認められてくる。瑕疵が、重大で「かつ」明白なものである場合にだけ無効原因となる。この場合には公定力はない。無効原因は暗記事項である。

A30 正解－3

1―誤　違法な行政行為が、その後の事情の変化により適法要件を具備した場合には、瑕疵の治癒が認められる。なお、瑕疵が軽微であって、取消訴訟によって取り消してもらうに値しない場合までも瑕疵の治癒として説明されることがあるが、これは、厳密には瑕疵の治癒とは区別すべきである。軽微な瑕疵は、取り消しうべき瑕疵ではないのであるから、そのままで有効と扱われる。

2―誤　本肢のような場合を違法行為の転換という。例えば、死者を名宛人としてなされた処分をその相続人に対する処分として扱う場合である。違法行為の転換は、行政の無駄な手続きを省くという行政経済の見地から承認されている。しかし、これを安易に認めることは、行政の便宜に偏ることとなり行政手続きの公正にもかかわるので、厳格な要件の下にのみ認めるべきとされている。

3―正　本肢のように、行政行為の瑕疵が重大であり、瑕疵の存在が外観上明白である場合は行政行為は当然に無効となる。このような場合にまで、取消原因となるにすぎないとすれば、公定力を認めることとなり、不当な扱いとなるからである。瑕疵が重大でかつ明白であれば、取消訴訟の裁判所以外の裁判所であっても無効と判断できるわけであり、取消しを待つまでもなく、当然に無効としてよいのである。

4―誤　本肢のような場合を「事実上の公務員」という。すなわち、無資格者であるにもかかわらず、正規の手続きによって、公務員に選任された場合である。このような場合には、相手方が公務員のしたものと信じるだけの相当の理由があったときに限って、その行為を有効と扱う（事実上の公務員の理論）。

5―誤　法律上一定の形式を備えた書面によることを必要とする行政行為を書面によらずに行った場合は、重大かつ明白な瑕疵と考えられている。したがって、その行政行為は無効となる。

第4章 行政強制と行政罰

Level 1 p70～p83　Level 2 p84～p89

1 行政活動の実効性確保の手段

Level 1 ▷ Q31　Level 2 ▷ Q40

⑴事前の義務あり ▶ p70

①行政上の強制執行

行政行為で国民に課した義務が自発的に履行されない場合に強制的に実現する方法

→代執行、執行罰、直接強制、強制徴収

②行政罰

義務違反に対する制裁

→行政刑罰、秩序罰

⑵事前の義務なし ▶ p71

①即時強制…事前に義務を課さず、国民の身体・財産に実力を加えて目的を達成

②行政調査…行政目的達成のための調査（情報収集）

⑶新しい手法

①公表…制裁的公表

②諸手段の転用…給付拒否、許認可の停止・取消し

2 行政上の強制執行

Level 1 ▷ Q32　Level 2 ▷ Q38

⑴代執行…行政庁・第三者が代わって義務履行（行政代執行法） ▶ p72

〔要件〕①代替的作為義務の不履行があること

②他の方法では履行の確保が困難であること

③不履行の放置が著しく公益に反すること

⑵執行罰…期限までに履行されない場合、過料の納付を命じる（砂防法36条）

※将来の履行を確保するための間接強制の手法（法的性質は刑罰ではない）

⑶直接強制…義務者に実力行使（出入国管理法39条）

※人権侵害のおそれも大きく、実例は少ない

⑷強制徴収…財産に実力行使（国税徴収法の強制徴収）

3 即時強制と行政調査

Level 1 ▷ Q33,Q35,Q36　Level 2 ▷ Q39

⑴即時強制 ▶ p74

事前に行政上の義務を命じる余裕がなかったり、義務を課すと行政上の目的を達成できない場合に、公益を実現するためになされる有形力の行使

①身体に対する即時強制（強制検診、不法入国外国人の収容）

②財産に対する即時強制（破壊消防活動、不衛生食品の廃棄）

⑵行政調査 ▶p75 ▶p78 ▶p80

行政調査は任意的な手法であり、犯罪捜査を目的とするものではない。

｛個別調査（許認可事務のための調査）
　一般的調査（国勢調査）

｛任意調査（罰則なし：警察官職務執行法の職務質問）
　強制調査（相手方の抵抗を排除、拒否に対する罰則：国税犯則調査・立入検査）

①職務質問・所持品検査

職務質問は任意処分だが、制止や追跡なども合理的な範囲内での実力行使が認められる（最決昭 29.12.17）。職務質問に付随する所持品検査も、判例はこれを肯定する（最判昭 53.6.20）。

②自動車一斉検問

判例は、相手方の任意の協力を求める形で、自動車利用者の自由を不当に制約しない方法・態様で行われる限り許されるとした（最判昭 55.9.22）。

4 行政罰

Level 1 ▷ **Q34**

⑴行政刑罰…刑法の刑 ▶p76

行政上の義務違反に対して、刑法の刑名 (懲役、禁錮、罰金、拘留、科料、没収) を科す。

⑵秩序罰…軽い義務違反（過料） ▶p77

直接的に行政目的の障害とはならない、軽い義務違反について科す。

❖刑罰の分類

懲戒罰		特別権力関係（一方が懲戒権を有する）				
刑事罰		一般権力関係	自然犯（傷害・盗犯）→刑法　→刑事訴訟法			
行政罰	行政刑罰		法定犯	刑法の刑名	刑法総則	刑事訴訟法
	秩序罰			過料	× 刑法総則	非訟事件

⑶過料の種類 ▶p77

①執行罰としての過料―将来の履行を図る間接強制

②懲戒罰としての過料―統制・懲罰権に基づく懲戒

③秩序罰としての過料―軽い義務違反に対する金銭罰

5 その他の制裁手法

Level 1 ▷ **Q37**

⑴加算税・課徴金 ▶p82

特別な目的のために別途義務違反行為などに法律で科すもの。

⑵授益的行政行為の撤回

実質的な制裁としての手法（相手方の利益・信頼保護の見地から制限されるべき）。

Q31 行政活動の実効性確保

問　行政上の強制執行に関する記述として、妥当なものはどれか。　　（地方上級）

1　行政上の強制執行とは、行政上の義務の不履行に対し、行政庁が国民の身体・財産等に有形力を行使して強制的に義務の実現を図る作用のことである。

2　代執行の対象となるのは、非代替的作為義務および代替的不作為義務であり、代替的作為義務はその対象とならない。

3　強制徴収は、行政庁が行政上の義務違反に対し、その義務者を処罰することにより義務の履行を担保する手段である。

4　行政上の強制執行を行うことができるのは、法律にその根拠がある場合に限られ、条例が根拠になることはない。

5　行政上の強制執行により損害を受けた場合、その違法を理由として損害の賠償を請求することはできるが、取消しの訴えを起こすことはできない。

PointCheck

◉行政強制と行政罰について……【★★☆】

行政からの一方的な行為はそれが国民に受け入れられないこともある。そこで、公益実現を使命とする行政活動の実効性を確保するため、強制的に実現する手段（行政強制）や、制裁（行政罰）が不可欠の手段として準備される。

⑴行政上の強制執行

行政行為により国民に課した義務が、自発的に履行されない場合に、強制的に実現する方法。行政上の強制執行には、法律の根拠が必要である。

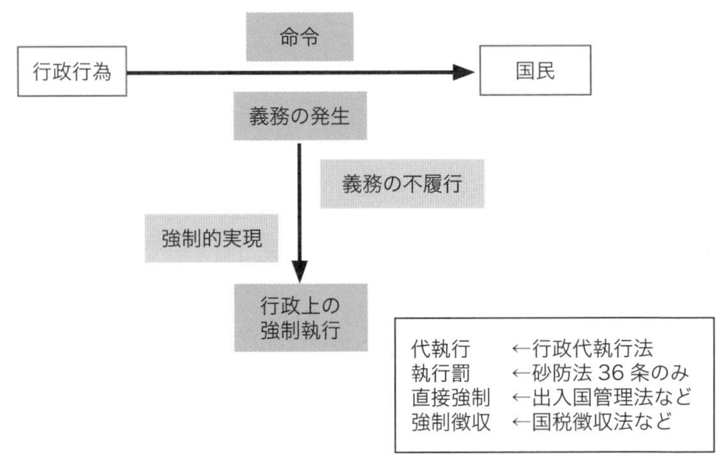

(2)行政罰

義務違反に対する制裁（処罰）。

行政罰
→ 重い：行政刑罰
→ 軽い：秩序罰

(3)即時強制・行政調査

義務のないところに、行政上必要な状態を実現していく、即時強制や行政調査という方法がある。

事前の義務なし
→ 強制的実現：即時強制（←法律）
→ 任意で実現：行政調査

即時強制が権力的な事実行為であるのに対し、行政調査は任意的な事実行為である。

◉行政活動の実効性確保の手段（標準的な分類）……………………………………【★★★】

義務あり	行政上の強制執行	代執行	行政庁・第三者が代わって義務履行
		執行罰	過料による間接強制
		直接強制	義務者に実力行使
		強制徴収	財産に実力行使（差押え・公売処分）
	行政罰	行政刑罰	刑法の刑
		秩序罰	軽い義務違反（過料）
義務なし	（事実行為）	即時強制	事前に義務を課す余裕がなかったり、義務を課すと行政目的を達成できない場合
		行政調査	行政目的達成のための調査（情報収集）
新しい手法		公表	制裁的公表
		諸手段の転用	給付拒否、許認可の停止・取消し

A31 正解－4

1―誤　直接強制だけの説明になっている。行政上の強制執行には、他にも代執行や執行罰、強制徴収がある。

2―誤　代執行の対象となるのは、代わって行える代替的作為義務に限られる。

3―誤　強制徴収は金銭債務の「履行を強制する手段」であり、「違反行為に対する制裁」としての行政罰とは異なる。

4―正　条例では行政上の強制執行をなし得ないと解されている。

5―誤　代執行の手続きにおける「戒告」は取消訴訟の対象となるし、権力的な手法である行政上の強制執行を「処分」に見立てて取消訴訟の対象とすることができないわけではない。

Q32 行政上の強制執行

問 行政上の強制執行に関する次の記述のうち、正しいものはどれか。 （国税専門官）

1 代執行とは、行政上の代替的作為義務が履行されない場合に、私人のなすべき行為を、行政庁が自らなす、または第三者をしてこれをなさしめる制度であり、その適用については、代替的作為義務を創出する根拠法で個別に規定されていなければならない。
2 直接強制とは、義務者の身体または財産に直接実力を行使して、義務の履行があった状態を実現するものであるが、それは人権侵害のおそれが大きいため、直接強制を認めた法律は全くない。
3 私人が、法律に基づき行政庁から代替的作為義務を命じられたにもかかわらず、当該行政義務を履行しない場合には、それが他の手段によって履行を確保しうるときであっても、行政庁は、義務不履行を理由としてただちに代執行の手段をとることができる。
4 執行罰とは、不作為義務・非代替的作為義務に対する強制手続であって、義務の不履行に対して一定額の過料を科すことを通告して間接的に義務の履行を促し、義務を履行しないときには、これを強制的に徴収する義務履行確保の制度である。
5 国税徴収法の定める国税債権の徴収にかかわる手続きは、国税以外の私人に対する国の金銭債権についても、個別の法律で国税徴収法の適用を除外する旨の規定がない限り適用される。

PointCheck

◉行政上の強制執行の種類……………………………………………………【★★★】

行政行為には、自力執行力があるが、その具体例が代執行や直接強制などの方法である。

代執行	代替的作為義務	→義務者の代わりに行政庁か第三者が履行
執行罰	その他の義務	→間接強制の手法（刑罰ではない）
直接強制	どんな義務でも	→直接実力を行使（例は少ない）
強制徴収	金銭債務	→差押え・公売処分

⑴代執行

代替的作為義務が履行されないときは、行政庁が自ら、または第三者に命じて、義務を履行して、それに要した費用を義務者本人から徴収する制度である（行政代執行法２条）。

〔要件〕①代替的作為義務の不履行があること
②他の方法では履行の確保が困難であること
③不履行の放置が著しく公益に反すること

〔手続き〕①代執行の戒告
②代執行令書による通知
③代執行の実施

〔費用の徴収〕「国税滞納処分の例による」（行政代執行法6条）

⑵執行罰

期限までに履行されない場合に「過料」の納付を命じ、義務の実現を図る方法。将来の履行を確保するための間接強制の手法であり、罰と表されるが、性質は刑罰ではない（**Q34**の行政罰と区別すること）。

⑶直接強制

義務者の身体・財産に直接実力を行使し、履行を確保する方法。人権侵害のおそれも大きく、実例は少ない（出入国管理法39条など）。義務者に対する強制である点で、義務のない即時強制とは異なる。

⑷強制徴収

行政上の金銭給付義務を履行しない者に対し、その財産に実力を加え（差押え、公売処分など）、金銭債務が履行されたのと同一の状態を実現する制度。国税については国税徴収法、地方税については地方税法に、強制徴収の規定がある。

⑸民事上の強制執行の可否

行政上の強制執行ができる場合には、民事上の強制執行によることはできない。

A32 正解ー4

1—誤　代替的作為義務の強制手段である代執行については、一般法である行政代執行法がある。その適用については、代替的作為義務を創設する根拠法で個別に指示されることを要せず、他に特別の定めのない限り、行政代執行法が適用される。

2—誤　直接強制については、現行法は一般的制度としては認めていない。しかし、性病予防法による受診命令や入院命令の強制、出入国管理法に基づく退去強制のための収容など、個別法で最小限、直接強制は認められている。

3—誤　代執行は、①代替的作為義務の不履行がある場合に、②他の手段によってその履行を確保することが困難であり、③その履行を放置することが著しく公益に反すると認められるときになしうる（行政代執行法２条）。

4—正　執行罰は義務履行確保、行政罰は義務不履行の制裁である。

5—誤　国税徴収法の定めは国税債権の徴収にかかわる手続きを定めるものであって、国税以外の行政上の金銭債権の徴収に当然適用される一般法的な定めではない。

Q33 即時強制

問 即時強制と行政調査に関する次の記述のうち、妥当なものはどれか。 （国家一般）

1 即時強制は、行政上の必要性が極めて高い場合における緊急の措置として認められるものであるから、特に法律の根拠がなくても当然に許容されるが、行政調査については、いかなる場合であっても、法律の根拠が必要である。

2 即時強制の手続を定めた法律に行政代執行法があり、法律により又は法律に基づき行政庁から命ぜられた代替的作為義務を義務者が履行しない場合に、行政庁が自ら義務者のなすべき行為を行い、又は第三者にこれを行わせ、その費用を義務者から徴収する手続を定めている。

3 即時強制は事実行為であるため、権力的法行為である行政行為の取消しを目的として制度化されている取消訴訟は機能しにくいが、人の収容、物の留置といった継続的性質を有する即時強制については、違法であることを確認するための取消訴訟が意味を有する。

4 刑事責任の追及を目的としない行政調査については憲法第35条の保障が及ぶことはあり得ないから、行政庁は、必要があると認める場合には、令状なくして相手方の住居に立ち入り、書類の捜索、押収をすることができるとするのが判例である。

5 罰則により実効性が担保される行政調査にあっては、事前の告知が法律上一律の要件とされており、実施の日時、場所、調査の理由及び必要性が事前に対象者に告知されていない限り、当該行政調査によって収集された証拠に基づく行政処分は違法性を有するとするのが判例である。

PointCheck

◉即時強制の意義……………………………………【★★★】

即時強制とは、義務を命じることなく、国民の身体や財産に実力を加えて目的を実現する手法である。事前に行政上の義務を命じる余裕がなかったり、義務を課すと行政上の目的を達成できない場合に、公益を実現するためになされる有形力の行使である。

◉即時強制の具体例……………………………………【★★☆】

⑴身体に対する即時強制

①警察官職務執行法による質問・保護、犯罪の予防、武器の使用

②性病予防法による性病罹患者の強制検診

③出入国管理および難民認定法による不法入国外国人の収容

⑵財産に対する即時強制

①消防法による破壊消防活動

②食品衛生法による不衛生食品の廃棄

③道路交通法による違法駐車車両のレッカー移動

◉即時強制と行政上の強制執行との区別……………………………………【★★☆】

⑴義務の有無

行政目的達成のため国民の身体・財産に実力行使する面では、即時強制と行政上の強制執行は同じである。しかし、即時強制は、行政上の強制執行と異なり、行政処分としての義務の賦課が前提とならず、法律の定めに基づき即時に行われるものである。

⑵直接強制との区別

直接強制は義務を前提とするが、現実に直接強制か即時強制かの区別は困難である。例えば、違法駐車車両のレッカー移動では、運転者に車両移動の義務がある場合と、義務なく即時強制として行われる場合があり、明確に区別できないこともある。

◉行政調査……………………………………………………………【★★☆】

即時強制が権力的な手法であるのに対し、行政調査は任意的な手法である。また、犯罪捜査を目的としているわけではない。ただし、税務調査や職務質問などは、行政調査といっても、犯罪の発見に結び付くこともありうるので、令状主義などの憲法の条項の適用の余地がないとはいえない。

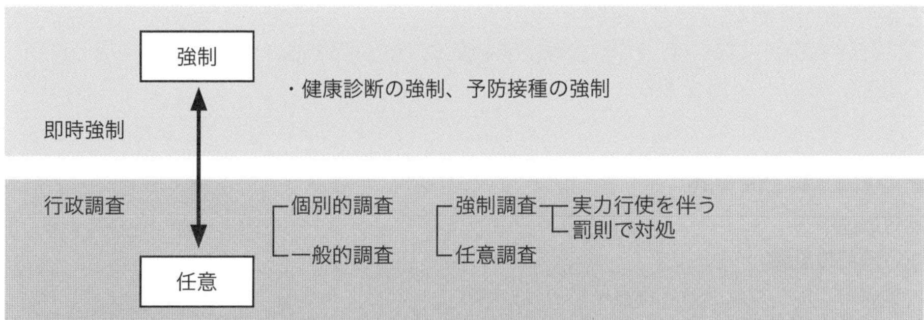

A33 正解－3

1—誤　即時強制についての一般法はなく、個別に即時強制を認める法律が必要である。また、行政調査は任意調査である場合は法律の根拠は不要である。

2—誤　本肢は行政代執行の説明である。即時強制は、行政処分としての義務の賦課なしに、行政上の必要性が高い場合に、国民の身体・財産に実力行使する緊急措置である。

3—正　義務を前提としない事実行為なので、即時に行われてしまえば取消しの意味はない。継続的な有形力の行使の場合に取消訴訟が機能することになる。

4—誤　義務者の身体・財産に実力を行使するもので、人権侵害のおそれもあるので、即時強制にも、令状主義の（類推）適用が必要な場合もある。

5—誤　事前に日時や場所を通告してしまっては、調査の目的を果たせないこともある（所得税の立入検査等）。判例は、実施の日時、場所、調査の理由および必要性の事前告知は、法律上一律の要件ではないとした（最決昭 48.7.10）。

Q34 秩序罰

問　行政上の秩序罰について、妥当なものはどれか。　　　　　　　　　　　　　(地方上級)

1　行政上の秩序罰は、行政上の義務違反を取り締まるために過料を科すものであり、このため裁判は命令状を必要とする。
2　行政上の秩序罰は、非代替的作為義務の不履行がある場合に一定の期限を切って義務の履行を促し、それまでに義務が履行されないときは過料を科すと通告し、その心理的圧力で義務の履行を確保するものである。
3　行政上の秩序罰は、反社会行為に対して道義責任追及のために科せられるもので、違反行為者だけでなくその使用者にも科せられるものである。
4　行政上の秩序罰は、行政上の義務違反に対し、非訟事件手続法に基づいて科せられるものと、地方自治法により地方公共団体の長が制定する規則に基づいて科せられるものがある。
5　行政上の秩序罰は、行政庁内部の秩序を維持するために行われる地方公務員法に基づく懲戒免職処分のことである。

PointCheck

◉行政罰……………………………………………………………………【★★☆】

⑴行政罰の意義

行政罰とは、行政上の義務違反に対し、制裁として科される罰である。行政上の強制執行が、義務の履行を目指すものであるのに対して、行政罰は過去の行政上の義務違反に対する制裁である。

⑵刑罰の分類

懲戒罰		※特別権力関係（一方が懲戒権を有する）				
刑事罰		一般権力関係	自然犯（傷害・盗犯）→刑法　→刑事訴訟法			
行政罰	行政刑罰		法定犯	刑法の刑名	刑法総則	刑事訴訟法
	秩序罰			過料	×刑法総則	非訟事件

行政罰は、行政主体が有する一般的権力関係に基づいて制裁を科すものであり、公法上の特別権力関係に基づく懲戒罰とは区別される。

行政罰は、刑法の刑罰を科す行政刑罰と、比較的軽微な義務違反である秩序罰に分けられる。

◉行政刑罰…………………………………………………………………【★☆☆】

行政上の義務違反に対して、刑法の刑名（懲役、禁錮、罰金、拘留、科料、没収）を科すものを行政刑罰という（死刑は適用されない）。自然犯・刑事犯と異なり、行政上の義務違反に対する制裁であるが、科刑手続は刑法総則・刑事訴訟法が適用される（ただし、道路交通法には反則金制度や即決裁判手続という特別の処理手続がある）。

◉秩序罰……………………………………【★★★】

直接的に行政目的の障害とはならない、軽い義務違反について科される罰を、秩序罰という。行政上の義務の中でも、届出・登録義務の違反などに対して、金銭罰が科せられる場合である。この金銭罰を過料（かりょう・あやまちりょう）というが、過料は刑罰ではなく、刑法総則・刑事訴訟法の手続によらない。

◉過料……………………………………【★☆☆】

過料の種類
- 執行罰としての過料―将来の履行を図る間接強制
- 懲戒罰としての過料―統制・懲罰権に基づく懲戒
- 秩序罰としての過料―軽い義務違反に対する金銭罰

秩序罰としての過料は、法律に基づき国が科すほかに、地方公共団体が条例に基づき科すこともできる。地方自治法14条、15条は、普通地方公共団体の長は条例・規則に違反した者に対し5万円以下の過料を科する旨の規定を設けることができるとし、行政処分として地方公共団体の長が過料を科すことになる（同法255条の3）。

A34 正解―4

1―誤　裁判官による命令状は必要なく、過料の裁判は、検察官の命令により執行される（非訟事件手続法208条1項）。

2―誤　間接強制の手法である執行罰も、期限までに履行されない場合に「過料」の納付を命じ、義務の実現を図る。しかし、執行罰は将来の履行を確保するための間接強制であり、すでに義務違反となっている秩序罰とは異なる。

3―誤　行政罰としての行政刑罰は、行政犯に対するもので、道義的責任追及といった自然犯に対して科せられるものではない。また、使用者・法人に対する「両罰規定」も多く存在するが、特別の定めが必要であり、一般的に使用者も罰せられるわけではない。

4―正　法令に基づく秩序罰は、裁判所が非訟事件手続法に基づいて科す。地方自治法により地方公共団体の長が制定する規則に基づいて科すものについては、地方自治法15条、255条の3に基づくことになる。

5―誤　行政庁内部の秩序を維持するために行われる懲戒免職処分とは、懲戒罰である。一般的権力関係の下で科される秩序罰とは異なる。

Q35 行政調査

問 行政調査に関する記述として、妥当なものはどれか。 (地方上級)

1 行政調査は、行政機関が行政目的を達成するために必要な情報を収集する活動であり、行政調査には、報告の徴収、物件の収去、質問などがあるが、立入検査は行政調査に含まれない。
2 行政調査を実施する場合には、法律の根拠が必要であり、行政調査に応じるか否かを当該調査の相手方が任意に決定できる場合であっても、法律の根拠なく行うことは許されない。
3 最高裁判所は、警察官が交通取締の一環として行う自動車検問は、相手方の任意の協力を求める形で行われ、自動車の利用者の自由を不当に制約することにならない方法、態様で行われる限り、適法なものと解すべきであると判示した。
4 最高裁判所は、行政調査は刑事責任の追及を目的とする手続ではないことから、所持人の承諾なく行われた警察官による所持品検査が許容される余地はないと判示した。
5 最高裁判所は、犯則嫌疑者に対する国税犯則取締法に基づく調査によって収集された資料を、同人に対する課税処分及び青色申告承認の取消処分を行うために利用することは、調査資料の目的外使用となるため、許されないと判示した。

PointCheck

◉行政調査の意義……【★★☆】

⑴意義

行政調査とは、行政機関によって行われる、行政目的達成のための調査（情報収集活動）をいう。

※伝統的学説においては、行政調査は即時強制の一種として論じられていたが、目的や緊急性の点で即時強制とは異なることから、独立して論じられるようになってきた。

⑵分類

{ 個別調査（許認可事務のための調査）
  一般的調査（国勢調査）

{ 任意調査（罰則なし：警察官職務執行法の職務質問）
  強制調査（相手方の抵抗を排除、拒否に対する罰則：国税犯則調査・立入検査）

◉行政調査の問題点……【★★★】

⑴法律の根拠の要否

実力行使や罰則が認められる強制調査については法律の根拠が必要だが、任意調査については法律の根拠は不要とされる（通説）。

⑵比例原則・人権の尊重

罰則で行政調査に強制力を持たせている場合には、それ以上の実力行使（立入り、臨検等）は認められないのが原則である。

※ただし、食中毒の被害が拡大しているような状況で、疑わしい飲食店が立入りを拒むときなど、緊急の必要性がある場合には、強制的な立入調査も認められる可能性はある。

⑶令状主義（憲法35条）の準用

行政手続にも令状主義の適用の余地がある。

❖判例

◉川崎民商事件（最大判昭47.11.22）

▶事案

税務調査に対して、Xは「事前通知がなければ調査には応じられない」として拒否し、検査拒否罪で起訴された。

▶判旨

検査拒否に対する罰則は、所得税の公平確実な賦課徴収のために必要な資料を収集することを目的とする手続で、刑事責任の追及を目的とする手続ではない。

憲法35条1項の規定は、本来、主として刑事責任追及の手続における強制について、司法権による事前の抑制の下におかれるべきことを保障した趣旨であるが、当該手続が刑事責任追及を目的とするものでないとの理由のみで、その手続における一切の強制が当然に右規定による保障の枠外にあると判断することは相当ではない。

しかし、旧所得税法70条10号、63条に規定する検査は、あらかじめ裁判官の発する令状によることを要件としないからといって、憲法35条に反するとはいえない。

⑷行政調査の瑕疵と処分の違法

調査に瑕疵があっても、調査を参考にしないで処分が行われる場合もあり得るので、当然に行政処分が違法となるものではない。

※ただし、更正処分についてまったく調査をしなかったときは、そもそも処分ができないはずだったのであるから、調査を欠いた処分は違法となる。

A35 正解ー3

1—誤　立入検査も行政調査に含まれる。ただし、任意的な行政調査において強制的に実力を行使することは許されず、比例原則等の一般的な制約もある。

2—誤　相手方の意に反する立入検査のような場合には、相手方に対する強制力を伴うものであるから法律の根拠を要する。しかし、相手方の任意の協力による任意調査の場合は法律の根拠は不要とされる。

3—正　一斉検問も、相手方の任意の協力を求める形で行われ、自動車の利用者の自由を不当に制約することにならない方法、態様で行われる限り、適法である。

4—誤　所持品検査の必要性、緊急性、害される個人の法益と保護されるべき公共の利益との権衡などを考慮し、具体的状況のもとで相当と認められる限度で許容される（**Q36**参照）。

5—誤　判例は、本肢のような課税処分および青色申告承認の取消処分を行うために利用することも許されるとしている（最判昭63.3.31）。

Q36 所持品検査・一斉検問

問 行政調査に関する次の記述のうち、妥当なものはどれか。 （地方上級）

1 警察官職務執行法に基づく職務質問に付随する所持品検査は、所持人の承諾を得てその限度で行うことが許容されるものであるから、所持品について質問することや、任意の提示を求めることは許されないとするのが判例である。
2 憲法35条の令状主義は、行政手続きについては一切適用がないとするのは相当でなく、刑事責任の追及をその目的としない所得税法上の質問検査にも裁判官の発する令状を要するとするのが判例である。
3 自動車の一斉検問については、それが相手方の任意の協力を求める形で行われ、自動車の利用者の自由を不当に制約することにならない方法・態様で行われる限り、適法であるとするのが判例である。
4 行政手続法は、情報収集のために報告や物件の提出を求める処分についても、同法の適用除外とせず、事前の意見聴取を要求している。
5 行政調査は、行政上の即時強制の一種であるから、法律によって行政調査権限が認められている場合には、実力行使によって抵抗を排除することが当然に認められるとするのが通説である。

PointCheck

◉職務質問・所持品検査……………………………………………………………【★★★】

警察官は、挙動不審者に対して停止させて質問することができ、その場での質問が本人に不利であったり、交通の妨げになる場合は、付近の警察署等への同行を求めることができる（警察官職務執行法２条）。

この職務質問は、対象者の協力が前提となる任意処分なので、身柄拘束や強制連行までは認められない。ただし、対象者が停止に応じない場合、肩に手をかけて引き止めたり、追跡するなど、合理的な範囲内での実力行使が認められている（最決昭29.12.17）。職務質問に付随して行う所持品検査が許されるかについて、判例はこれを肯定している（最判昭53.6.20）。

❖判例

◉米子銀行強盗事件（最判昭53.6.20）

▶事案

強盗事件の検問で、職務質問に黙秘した男のバッグを承諾なく開け、帯封のある大量の札束を確認したので、強盗の容疑で緊急逮捕した。

▶判旨

所持品検査は、任意手段である職務質問の付随行為として許容されるのであるから、所持人の承諾を得てこれを行うのが原則である。しかしながら、所持人の承諾のない限り所持品検査は一切許容されないと解するのは相当ではない。捜索に至らない程度の行為は、強制にわたらない限り、所持品検査においても許される場合があると解すべきである。ただ、憲法35条は、所持品について捜索および押収を受けることのない権利を保障する。所持品検査は、捜索に至らない程度の行為であっても、これを受ける者の権利は害されるから、所持品検査の必要性、緊急性、害される個人の法益と保護されるべき公共の利益との権衡などを考慮し、具体的状況のもとで相当と認められる限度で許容される。

◉自動車一斉検問……………………………………………………………【★★☆】

自動車の一斉検問は、なかば強制的に車両を停車させ、交通違反・犯罪捜査を行う。これについて判例は、相手方の任意の協力を求める形で、自動車利用者の自由を不当に制約しない方法・態様で行われる限り許されるとした（最判昭55.9.22）。

❖判例

◉自動車一斉検問事件（最判昭55.9.22）

▶事案

交通違反取締り目的の自動車一斉検問で、酒気帯び運転により検挙された被告が、違法な検問として収集された証拠の証拠能力を争った。

▶判旨

警察法2条1項は、交通の取締りを警察の責務としていることから、交通の安全および交通秩序の維持などに必要な警察の諸活動は、強制力を伴わない任意手段による限り、一般的に許容される。ただ、国民の権利・自由の干渉にわたるおそれのある事項は、任意手段だからといつて無制限に許されるわけではない。自動車の運転者は、自動車利用の当然の負担として、合理的に必要な限度で行われる交通の取締りに協力すべきである。一斉検問も、相手方の任意の協力を求める形で行われ、自動車の利用者の自由を不当に制約することにならない方法、態様で行われる限り、適法である。

A36 正解－3

1－誤　所持人の承諾を得て行う任意の手段である以上、それが強制にわたらない限り、質問や提出を求めることはできる（最判昭53.6.20）。

2－誤　所得税法上の質問検査に裁判官が予め発する令状を要しないとしても、憲法35条に反するものではない（最判昭47.11.22）。

3－正　運転者の協力は当然の負担と考えられる（最決昭55.9.22）。

4－誤　「報告または物件の提出を命ずる処分その他その職務の遂行上必要な情報の収集を直接の目的としてされる処分および行政指導」は、行政手続法の適用除外とされている(同法3条1項14号)。事前の理由の提示や弁明の機会の付与は、行政調査の目的を損なうこともあるからである。

5－誤　近時の学説によれば、行政調査と行政強制は区別されるべきで、行政調査をなし得る場合であっても、当然に実力の行使が許されるわけではないとする。

Q37 その他の制裁手法

問 行政上の義務の履行確保に関する次の記述のうち、妥当なものはどれか。

（国税専門官類題）

1 所得税法をはじめとする各税法に規定されている各種加算税は、経済的負担を課すことによって申告および納付義務の不履行を防止するために設けられた行政上の措置であり、各税法上の義務違反に対する制裁ではない。

2 行政上の勧告や命令に従わない者がある場合に、社会的制裁を期待してその事実を情報公開の一環として公表し、行政への協力を促す手法がとられることがある。その公表は、公表される者にとっては実質的に不利益処分に当たるので、これらの者に対して弁明等の事前手続を行うことが義務付けられている。

3 違法建築物について、A市が建築基準法違反の状態を是正させる目的でBの給水装置新設工事申込みの受理を事実上拒絶し、申込書を返戻した措置は、A市が当該申込みの受理を最終的に拒否する旨の意思表示をしたものではないものであっても、水道法に違反し、市は損害賠償責任を負う。

4 加算税の制度は、実質的にみれば納税の実を挙げるための行政上の措置を超える制裁であるから、これと刑事罰を併科することは許されないとするのが判例である。

5 ある町が人口増加による水不足を考慮して、マンション分譲業者との間で給水契約をすることを拒否した行為は、たとえその給水契約の申込みが適正かつ合理的な水の供給契約によって対応することができないものであったとしても、そのような事情は水道法が給水拒絶を認める「正当の理由」には当たらない。

PointCheck

◉行政罰以外の制裁……………………………………………………………【★☆☆】

行政目的を確保するための制裁手段には、加算税・課徴金のように、特別な目的のために別途法律で科せられるものがある。また、授益的行政行為の撤回（**Q26** 参照）のように、実質的な制裁としての手法が使われる場合があり、国民の権利保護の観点から、これらの処理・手続きの可否が問題となる。

◉加算税・課徴金……………………………………………………………【★★☆】

⑴加算税

加算税とは、税法上の義務違反に課される制裁をいい、納税義務違反の発生を防止する趣旨である。国税通則法は脱税に対し罰金と加算税を科すが、罰金は反社会的・反道徳的行為に対する制裁で、性質が異なるため二重処罰の禁止（憲法39条後段）に反しない（最判昭33.4.30）。

⑵課徴金

課徴金とは、法令違反の行為に基づく経済的利益を、行為者から回収するために科せられるものである。独占禁止法に反して不当な利益を得た場合には、事業者に対して国が課徴金を科し徴収する。

◉制裁的公表……………………………………………………【★★☆】

公表とは、行政庁の勧告や指導に従わない場合に、違反事実や名称を公表することをいう。男女雇用機会均等法・国土利用計画法などに公表の規定があり、違反者に圧力を加え、間接的に義務履行を促したり、社会的制裁（評価・信用の低下）を期待するものである。

◉新しい制裁手法に関する判例……………………………………【★★★】

給付拒否・停止（**Q10**「要綱について」参照）

❖判例

◉武蔵野市給水拒否事件（最決平1.11.8）

▶事案

武蔵野市は宅地開発等に関する要綱で、15戸以上の建設計画には教育施設負担金の寄付を規定し、要綱に従わない事業主に上下水道の供給を拒否した。

▶判旨

給水契約を締結して給水することが公序良俗違反を助長するような事情がないにもかかわらず、市の宅地開発指導要綱を遵守させるための圧力手段として、マンション建設業者らとの給水契約の締結を拒んだ場合には、水道法15条1項にいう「正当な理由」は認められない。

A37 正解－1

1—正　税法上の申告義務違反などに課される加算税の目的は、これにより過少申告などに対して心理的圧迫を加えて、納税を間接的に強制するための措置ということができ、制裁を加えるものではない。

2—誤　現行法上、弁明等の事前手続を行うことを義務付けた規定はなく、この点で本肢は正しくない。

3—誤　判例は、本肢のような場合に関して、建物の建築基準法違反状態を是正して建築確認を受けたうえで申込みをするよう一応の勧告をしたものにすぎず、市は損害賠償責任を負わないとした（最判昭56.7.16）。

4—誤　判例は、加算税は、過少申告・不申告を防止して、納税の実を挙げるための行政上の措置であり、これに対し、刑罰は脱税者の反社会性・反道徳性に対する制裁として科すものであるから、両者は趣旨・性質において異なり、両者を併科することは許されるとしている（最大判昭33.4.30）。

5—誤　本肢のような場合について、判例は「正当の理由」にあたるとした（最判平11.1.21）。

Q38 行政強制

問　行政代執行法に規定する代執行に関する記述として、妥当なものはどれか。（地方上級）

1　行政庁は、他の手段によって履行を確保することが容易にできる場合であっても、不履行を放置することが著しく公益に反するときには、第三者にその履行をさせ、要した費用を義務者から徴収することができる。
2　代執行のために現場に派遣される執行責任者は、その者が執行責任者たる本人であることを示すべき証票を携帯する必要はなく、要求があったときは、事後にこれを呈示すればよい。
3　行政庁は、期限までに履行がなされないときは代執行をなすべき旨を、予め文書で戒告しなければならないが、この戒告に対して不服のある者は、行政不服申立てをすることはできるが、取消訴訟を提起することはできない。
4　行政庁は、代執行に要した費用については、義務者に対し文書でその納付を命じなければならないが、義務者がこれを履行しないときは、国税滞納処分の例により徴収することができ、国税及び地方税に次ぐ順位の先取特権を有する。
5　非常の場合又は危険切迫の場合において、代執行の急速な実施について緊急の必要があり、代執行令書を義務者に通知する手続をとる暇がないときでも、その手続を経ないで代執行をすることはできない。

PointCheck

◉行政代執行の諸問題……………………………………………………………………【★★☆】

⑴対象

代替的作為義務に限る（行政代執行法２条）。

※不作為義務は、代替性がない。

※非代替的な作為義務（土地や建物の明け渡し義務など）は、代執行の対象とならない。

⑵条例

「行政上の義務の履行確保に関しては、別に法律で定めるものを除いては、この法律の定めるところによる」（行政代執行法１条）

↓

１条の法律の中には条例は含まれず（２条ではわざわざ「条例」という言葉を明示している）、行政強制を行うには法律の根拠が必要と解される。

※実際、青少年保護条例において、有害なポスター等の広告物を撤去できる旨の規定があっても、強制撤去等の手段は規定されていない。

⑶戒告の性質

代執行の戒告（行政代執行法３条）は、新たに義務を課すものではないから、その性質は「事実行為」である。

しかし、代執行の戒告は抗告訴訟の対象となる（学説）。

⑷民事執行との関係

行政上の強制執行ができる場合には、民事上の強制執行によることはできない。

❖判例

◉農業共済保険料強制徴収事件（最大判昭 41．２.23）

▶判旨

農業共済組合が、法律上独自の強制手段を与えられながら、この手段によることなく、民事訴訟法上の強制執行の手段によってこれらの債権の実現を図ることは、許されない。

行政代執行法は全６条の短い法律であるが、その全部が出題対象として重要である。戒告→代執行令書による通知→代執行の実施→費用の徴収の流れにそって、その規定の内容を確認しておこう。

A38 正解ー4

1—誤　代執行の要件は、①代替的作為義務の不履行があること、②他の方法では履行の確保が困難であること、③不履行の放置が著しく公益に反すること、である。他の手段によって履行を確保することが容易にできる場合は、代執行はできない。

2—誤　代執行のために現場に派遣される執行責任者は、その者が執行責任者たる本人であることを示すべき証票を携帯し、要求があるときは、何時でもこれを呈示しなければならない（行政代執行法４条）。

3—誤　代執行の戒告は事実行為であり行政行為ではないが、処分性を認め取消訴訟の提起が可能である。これは一連の手続きが、実質的に国民の権利を制限する効果を発生させるもので、その中で戒告が重要な手続きと考えられるからである。

4—正　費用の徴収は、国税滞納処分の例による（行政代執行法６条１項）。代執行に要した費用については、行政庁は、国税および地方税に次ぐ順位の先取特権を有する（同法同条２項）。

5—誤　行政代執行法３条３項は、「非常の場合又は危険切迫の場合において、当該行為の急速な実施について緊急の必要」があるときは、戒告・代執行令書による通知の手続きを経ないで代執行をすることができると規定する。

Q39 行政調査

問 行政調査に関する次の記述のうち、正しいものはどれか。 （国家一般）

1 行政調査は、後続行政処分の要否、内容を決定するための情報収集であるから、行政調査が違法である場合には、後続する行政行為もまた当然に違法となる。
2 行政調査を行うには、法律上の根拠を必要とするが、当該調査の態様・必要性、相手方の利益の性質等により行政調査の要件、手続きは異なるため、これらを一般的に定める規定はなく、行政手続法も適用されることはない。
3 所得税法に基づいてなされる行政調査は、刑事責任の追及を目的とするものでなく、課税要件事実を認定して公平な課税を図るためのものである以上、その調査の手続きの強制については、当然に刑事手続きにおける令状主義を規定した憲法35条1項の保障の枠外にあるとするのが判例である。
4 行政調査により収集された情報は、調査目的以外に利用できないから、国税犯則取締法に基づく犯則調査によって得た資料を、課税処分や青色申告承認取消処分のために利用することは許されないとするのが判例である。
5 任意調査は、任意の協力を求めるもので、相手方の自由を不当に制約しない方法・態様で行われる限り、国民の権利・自由を干渉するおそれのある事項についても、これを行うことができるとするのが判例である。

PointCheck

◉行政調査の違法と後続する行政処分……………………………………………………【★★☆】

行政調査は、それ自体が行政目的実現行為なのではなく、後続する行政活動のための準備として行われるものである。そこで、行政調査が違法であった場合に、後続の行政行為にどのような影響を及ぼすかが問題となる。この点については、一般に次のように解されている。すなわち、行政調査の結果を見て、後続の行政行為を行うかどうかが判断されるのであるから、行政調査と後続の行政行為とはそれぞれ独立したものといえる。したがって、調査の違法がただちに行政行為の違法につながるものとはいえない。なお、手続的適正の重要性が認められていることから、行政調査の過程における重大な違法は後続の行政行為の違法性をもたらすとする見解も有力になってきている。

◉任意調査と強制調査……………………………………………………………………【★★★】

⑴任意調査

相手方の承諾を得て行うもので、法律の根拠（作用法上の根拠）は不要（通説）。

①職務質問に付随する所持品検査の限界（最判昭53.9.7）

判例は、「捜索に至らない程度の行為は、強制にわたらない限り、所持人の承諾がなくても、所持品検査の必要性、緊急性、これによって侵害される個人の法益と保護されるべき利益との権衡などを考慮し、具体的状況のもとで相当と認められる限度において許容される場合もある」とする。

②自動車の一斉検問（最決昭 55.9.22）

「組織法としての警察法2条1項が『交通の取締』を警察の責務として定めていることに照らして」一斉検問は、それが「相手方の任意の協力を求める形で行われ、自動車の利用者の自由を不当に制約することにならない方法、態様で行われる限り」適法である。

(2)強制調査

強制の程度・態様にはいくつかのものがある。すべて法律の根拠が必要である。

①調査を行うにあたり抵抗されれば実力行使ができる場合

「国税犯則取締法」「出入国管理および難民認定法」などが実力行使を認めている。

国税犯則の調査は、刑事告発ないし通告処分が予定されており、刑事手続に密接に関連している。したがって、憲法35条の趣旨により令状が必要となる。

②罰則による強制のある場合

所得税法などが、質問に対して答弁をしない者に対し、刑罰の制裁を加えることによって、間接的強制をしている。

③刑罰以外の制裁が用意されている場合

例えば、生活保護法が資産状態や健康状態についての調査に協力しない者に対して、申請の却下などを定めているものがこれに当たる。

Level up Point!

任意調査の場合には、任意といえる限界が問題となる。これに対し、実力行使や罰則による間接強制を伴う強制調査にあっては、憲法35条の令状主義や38条の供述拒否権が問題となる。行政調査は、任意調査と強制調査という視点から整理しておくと、問題点の所在が理解しやすい。

A39 正解ー5

1—誤　行政調査と後続の行政行為は相対的に独立した制度であるので、調査の違法は当然には行政行為の違法を構成しない。

2—誤　強制調査を行うには法律の根拠が必要であるが、相手の任意の協力を待ってなされる行政調査については、法律の根拠は必要でない。

3—誤　所得税の検査制度につき、判例は、「当該手続きが刑事責任追及を目的とするものでないとの理由のみで、その手続きにおける一切の強制が当然に右規定による保障の枠外にあると判断することは相当ではない」とした（最判昭 47.11.22）。

4—誤　国税犯則取締法に基づく犯則調査によって得た資料を、課税処分や青色申告承認取消処分のために利用することは許される（最判昭 63.3.31）。

5—正　国民の権利・自由の干渉にわたるおそれのある事項についても、任意の協力を求めるもので、相手方の自由を不当に制約しない方法・態様で行われる限り、任意調査は可能である（最判昭 55.9.22）。

Q40 行政上の強制手段

問　行政強制に関する記述として、妥当なものはどれか。　　（地方上級）

1　代執行とは、代替的作為義務の不履行があり、他の手段によっては、その履行を確保することが困難である場合に、義務者のなすべき行為を行政庁が自らなすことをいうが、行政庁はその費用を義務者から徴収することはできない。
2　直接強制とは、行政上の義務を義務者が履行しない場合に、行政庁が義務者の身体または財産に直接実力を加え、義務が履行されたのと同一の状態を実現することをいい、個別法に根拠がある場合のみ認められる。
3　行政庁の強制徴収とは、行政上の金銭給付義務が履行されない場合に、行政庁が一定の期限を示して過料を予告することで義務者に心理的圧迫を加え、その履行を将来に向けて間接的に強制することをいう。
4　執行罰とは、過去の義務違反に対し、行政庁が義務者の財産に実力を加えて、義務が履行されたのと同一の状態を実現することをいい、反復して課すことができる。
5　行政上の即時強制は、国民の身体または財産に対する重大な侵害行為であるので、行政庁があらかじめ国民に対して行政上の義務を命じていなければ、行うことはできない。

PointCheck

◉行政上の強制執行と民事上の強制執行……………………………………………【★★☆】

行政上の強制執行ができる場合に民事上の強制執行手続を利用することができるであろうか。これについては、バイパス理論が重要である。バイパスとは、交通量が多く渋滞しやすい箇所を迂回するために作られる迂回路のことであるが、行政上の強制執行は、法律が行政権のために作ったバイパスだと考えるのである。このような専用道路がある以上、行政権はそこを通るべきであって、一般道に入り込んで渋滞に巻き込まれるべきではないというのである。

❖判例

◉農業共済保険料強制徴収事件（最大判昭 41.2.23）

▶事案

県農業共済組合連合会が、構成員たる市の農業共済組合の組合員の掛け金の滞納に対し、支払いを求めて民事訴訟を提起し、行政上の強制執行によらないことの適法性が問題となった。

▶判旨

法は、農業共済組合が組合員に対して有する保険料債権について、一般の債権には見られない特別の取扱いを認め、租税に準ずる簡易迅速な行政上の強制徴収の手段によることを認めている。その趣旨は、農業共済組合は、農業災害に関する共済事業を行うものであり、公共性のあるものである。そこでその財源を確保すべく、組合員の強制加入を認め、加入した組合員からの金員の収納に関し、簡易迅速な収納を実現しようとしたものである。

法がこのように規定しているにもかかわらず、農業共済組合が、法律上与えられた独自の強制手段を用いることなく、一般の私法上の債権と同様に、訴えを提起し、民事上の強制執行の方法によってその債権の実現を図ることは、法の趣旨に反し、公共性の強い農業共済組合の権能行使の適正を欠くものであって許されない。

Level up Point!

行政強制の中の行政上の強制執行の手段である、代執行、執行罰、直接強制、行政上の強制徴収の４つは、民事上の債権の強制執行の場合にも同様の手段が認められている。代執行は代替執行と呼ばれ、執行罰は間接強制と呼ばれる。行政上の強制徴収は金銭債権の強制執行として責任財産の競売が行われる。したがって、これらについては、民法での学習と並行的に理解してよい。これに対し、民事上の強制執行ではありえないのが即時強制である。即時強制は、義務なしに強制されるものであって、公益実現のために活動する行政権ならではのものである。

A40 正解－2

1－誤　本肢の前半の記述は正しい。誤っているのは、行政庁はその費用を義務者から徴収することはできない、という点である。代執行の費用は、義務者から徴収することができる（行政代執行法２条）。

2－正　直接強制の意義は、本肢のとおりである。これは、国民の身体や財産に直接に実力を加える点で人権侵害の危険性が高く、これを認める個別法はほとんどない（「成田国際空港の安全確保に関する緊急措置法」が、工作物の除去を認めているのがこの例に当たる）。

3－誤　本肢が述べているのは、執行罰の定義である。行政上の強制徴収とは、私人が負う公法上の金銭給付義務に対して、行政庁が強制的にその義務が履行されたのと同様の結果を実現する作用をいう。国税徴収法による国税滞納処分、地方税法による地方税滞納処分がこれに当たる。

4－誤　執行罰の定義が正しくない。執行罰とは、義務者に対してあらかじめ義務不履行の場合には過料を課す旨を予告しておくことによって、義務の履行を促す間接強制の方法をいう。執行罰は何度でも課すことができ、義務の不履行の都度過料の徴収を行うことができる。

5－誤　即時強制は、国民に義務を課してその履行を待つというのではなく、相手方の意思に関係なくいきなり強制するものである。したがって、即時強制は、あらかじめ義務を命じておく余裕のない場合や事柄の性質上義務を課すことが相当でない場合などに認められている。直接強制との違いは、直接強制はまず義務を課しておいて、任意の履行がなされない場合に強制するという点にある。

第5章 行政契約・行政指導・行政裁量・行政手続法

Level 1 p92～p105　Level 2 p106～p111

1 行政契約

Level 1 ▷ Q41　Level 2 ▷ Q48

(1)行政契約の意義 ▶ p92

行政主体がその活動の過程において締結する契約の総称

(2)行政契約の分類（塩野説） ▶ p106

①準備行政における契約（物的手段を整備する行為）

②給付行政における契約

③規制行政における契約―公害防止協定（議論あり）、建築協定、緑化協定

④行政主体間の契約

2 行政指導

Level 1 ▷ Q42,Q43　Level 2 ▷ Q49

(1)行政指導の意義 ▶ p94

行政機関がその任務または所掌事務の範囲内において、一定の行政目的を実現するため、特定の者に一定の作為または不作為を求める指導、勧告、助言その他の行為であって、処分に該当しないものをいう（行政手続法２条６号）。

(2)行政指導の統制 ▶ p96

①法律の根拠―作用法の根拠不要、組織法上の根拠は必要

②一般法理の制約―信義則・平等原則・比例原則という一般法理に拘束される。

③救済法の適用―原則処分性なし（国家賠償による救済）

※処分性が認められる場合

(a)負担金を納付しない業者との給水契約締結を拒否した措置は違法（最判平5.2.18）。

(b)行政指導に応じられない意思を明確に表現したのに６か月にわたり建築確認を留保した措置は違法（最判昭60.7.16）。

3 行政裁量

Level 1 ▷ Q44,Q45

(1)羈束（きそく）行為 ▶ p98 ▶ p100

裁量の余地はないので、司法統制は全面的に及び、法規に違反していれば違法となる。

(2)裁量行為

①羈束裁量（法規裁量）

羈束裁量は、いわば通常人の感覚で法を執行する際の裁量であり、判断の自由度は狭い。

②自由裁量（便宜裁量）

自由裁量とは、行政が専門家としての感覚で活動する際の裁量であり、基本的には司法審査にはなじまない。

⑶裁量権の逸脱・濫用 ▶ p99

①行政事件訴訟法 30 条（裁量権の逸脱・濫用法理）

事実誤認、目的違反（動機の不正・他事考慮）、平等原則違反、比例原則違反など

②手続的な裁量統制

4 行政手続法

Level 1 ▷ Q46,Q47　Level 2 ▷ Q50

⑴行政手続法の目的 ▶ p102

「処分、行政指導及び届出に関する手続並びに命令等を定める手続に関し、共通する事項を定めることによって、行政運営における公正の確保と透明性の向上を図り、もって国民の権利利益の保護に資すること」（行政手続法第 1 条）

⑵ 行政手続法の対象 ▶ p104

①処分、②行政指導、③届出、④命令等（行政立法）の 4 つであり、処分については、(a) 申請に対する処分と (b) 不利益処分が規定される。

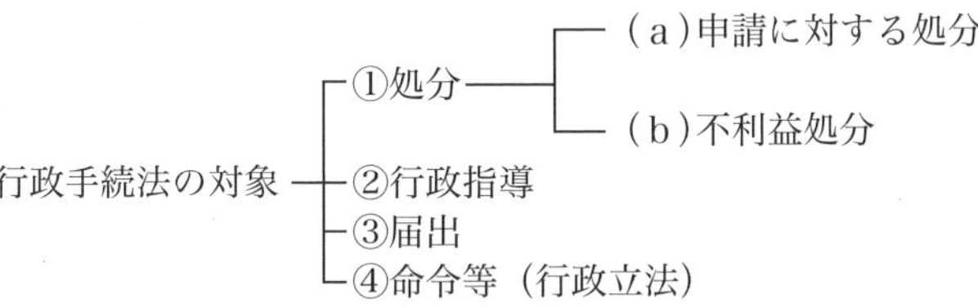

⑶定義（行政手続法 2 条）

①処分：行政庁の処分その他公権力の行使に当たる行為

(a) 申請：許認可等、利益付与処分を求める行為で、行政庁が諾否の応答をすべきもの

(b) 不利益処分：行政庁が特定者に義務を課し、権利を制限する処分

②行政指導：行政目的実現のための指導、勧告等の行為で処分に該当しないもの

③届出：行政庁に対し一定事項の通知をする行為で、法令により義務付けられているもの

④命令等：法律に基づく命令・規則、審査基準、処分基準、行政指導指針

⑷行政不服審査法の改正に伴う行政手続法の一部改正

①行政指導に対する中止の求め（36 条の 2）

行政指導（法律に根拠があるものに限る）を受けた者は、当該行政指導が法律の要件に適合しないと思う時に、行政指導の中止等を求めることができる制度が新設された。

②処分・行政指導の求め（4 章の 2、36 条の 3）

何人も、書面で具体的な事実を摘示して、法令違反の是正のためになされるべき処分または行政指導を求めることができる制度が新設された。

Q41 行政契約

問 **行政契約に関する次の記述のうち、正しいものはどれか。** （地方上級）

1 行政契約は、行政主体が当事者となるので、公法上の契約となり、これに一般私法たる民法が適用される余地はない。

2 行政契約も契約である以上、行政主体が、契約内容の決定について相手方に強制するようなことは許されず、両当事者は対等の立場で契約内容を決定する。

3 行政契約も、行政主体が当事者となる行政作用の1つであるから、法治主義の支配を受けるため、法律に明文の根拠がなければ契約を締結できないとする点に争いはない。

4 行政契約は、行政庁がその裁量権に基づいて任意に締結する契約であって、契約内容の決定について、公法的な規制を受けることはない。

5 行政契約は、基本的に私的自治の原則に基づいて締結するもので、その紛争の処理についても、すべて民事訴訟法手続きによる。

PointCheck

◉行政契約の意義……………………………………………………………………【★☆☆】

行政契約とは、行政主体がその活動の過程において締結する契約の総称である。伝統的学説は、公法と私法の区別を前提として「公法上の契約」と呼んできたが、近時は、公法契約と私法契約を峻別することなく、行政が一方の当事者となる契約と考える立場が有力である。

◉分類（塩野説）……………………………………………………………………【★☆☆】

⑴準備行政における契約（物的手段を整備する行為）―特別の法理なし

→民法上の契約、国有財産法等、民事特別法

⑵給付行政における契約―明文がない限り契約方式と推定される。

※補助金の交付決定は法律で行政行為と構成される。

⑶規制行政における契約―公害防止協定（議論あり）、建築協定、緑化協定

⑷行政主体間の契約

①国有財産である土地の地方公共団体への売り払い→民法上の契約

②行政主体間の事務の委託→法律の根拠必要（行政庁の権限の移譲）

◉行政契約についての法律の根拠の要否………………………………………………【★★★】

⑴原則―法律の根拠不要

非権力的な活動形式である行政契約には、原則として法律の根拠は不要である。ただ、補助金の交付決定が行政行為とされる例もあり（生活保護法19条、補助金適正化法6条）、法律の要否は一様に決められない。

⑵公害防止協定の法的性質

行政契約かどうかが問題となったものに、地方公共団体と企業の間で結ばれる「公害防止協定」があり、紳士協定説・行政指導説・行政契約説が対立している。行政契約と構成すれば、協定に違反した企業を相手に煤煙排出等の差止訴訟等を提起できるという実益がある（通説）。

❖判例

◉公害防止協定の効力（最判平 21.7.10）

公害防止協定において、事業や処理施設を将来廃止する旨を約束することは、処分業者自身の自由な判断で行えることであり、産業廃棄物最終処分場の使用期限条項は廃棄物処理法の規定に抵触するものではない（行政契約としての拘束力を認める）。

⑶公務員採用の法的性質

公務員の採用については、行政契約と解する立場もあるが、相手方の同意を要件とする行政処分（特許）と解するのが通説である。

◉行政契約に対する法的統制……………………………………………………………【★★☆】

行政契約は当事者の合意に基づく非権力的な行為であるとしても、行政活動の一環として用いられるので、公益的観点から特殊な規制が加えられていることが多い。民商法の規制を受けるほか、民主国家における行政にふさわしい憲法的規律に服し、差別的取扱いが禁じられたり、行政主体に正当理由がない限り契約締結が義務的になる場合がある（水道法 15 条、**Q37** 参照）。救済法の場面では、取消訴訟は提起できないので、民事訴訟ないし行政事件訴訟法の当事者訴訟の形式で争うことになる。

A41 正解－2

1－誤　行政契約においては、平等原則に基づく公正取扱いの要請、解除の制限など一定の変容を受けるが、原則として民法が適用される。

2－正　行政契約の内容は両当事者が対等の立場で決定するものであるから、行政庁は国民に対し特定の契約内容を強制することはできない。

3－誤　法律に明文のあるなしを問わず、資金交付行政やサービス提供行政は契約によって行われている。行政契約は、国民の権利・自由を一方的に制限するものではないから、法律の根拠がなくても契約を締結することができる。

4－誤　行政契約は、その内容が法律または条例で具体的に定められていることが多く、また、平等原則に基づく公正取扱いの要請から、そのほとんどが行政の定める供給条件に即して締結される附合契約の形態をとっているのが通常である。

5－誤　行政契約については、それが公法上の法律関係に関する場合には、行政事件訴訟法における当事者訴訟の手続きによることになる。

Q42 行政指導

問　行政指導に関する次の記述のうち、最も妥当なものはどれか。　(地方上級類題)

1　行政指導は、受動的な性質を有するので、相手方の要請がなければ行うことができない。
2　行政指導は、非権力的な行政活動であって、法的拘束力を有しない。
3　行政指導は、国民に対して助成・促進などを目的として行われるものに限られることになる。
4　行政指導は、法律や条例の明文に根拠がない場合には、行うことができないとされる。
5　行政指導は、行政行為の一つであって、単なる事実行為とは区別される。

PointCheck

◉行政指導の意義……【★☆☆】

行政指導とは、行政機関がその任務または所掌事務の範囲内において、一定の行政目的を実現するため、特定の者に一定の作為または不作為を求める指導、勧告、助言その他の行為であって、処分に該当しないものをいう（行政手続法２条６号)。

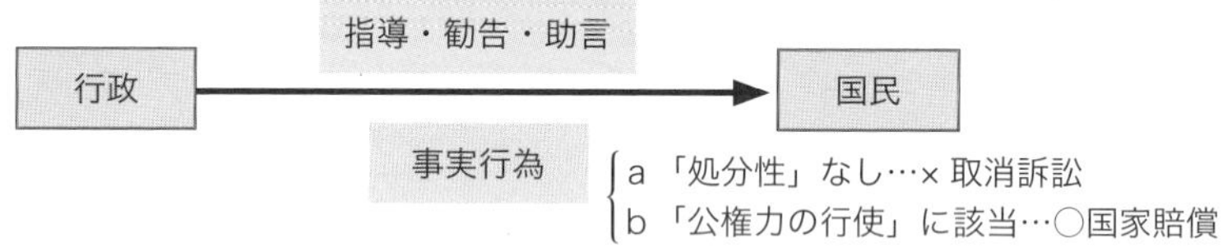

◉行政指導についての法律の根拠の要否……【★★☆】

⑴原則―作用法の根拠不要

行政指導を行うには、作用法上の根拠は不要だが、組織法上の根拠は必要であるといわれる。これは、個別の法律で「指導･勧告ができる」等の明文がなくても行政指導はできるが、所掌事務の範囲内でしか行政指導はできないという意味である。

⑵一般法理の制約

行政指導は事実行為であるが、法令に違背することはできず、信義則・平等原則・比例原則という一般法理に拘束される。

◉救済の可能性……【★★★】

⑴原則―処分性なし

行政指導は、法的な拘束力のない、非権力的な事実的活動（事実行為）であることを特色とする。要するに、役所が「～するように」と指導しても、強制ではないから国民が任意に従ったことになり、取消訴訟による救済のルートには乗らない（違法な行政指導でも、効力問題は生じない）。考えられるのは、原則的に、国家賠償による救済である。

⑵処分性が認められる場合

行政指導は、紛争回避文化の法原則として柔軟な運用は評価されてよいが、事実上の強制力を背景として行われることもあるので、国民の救済にも目配りが必要であろう。例えば、市町村が開発業者に対し「負担金」なるものを納付するように指導していることがよくあるが、法律的な強制力はないのに、しぶしぶ従ってしまうとすれば問題である。

①教育施設負担金

市が開発指導要綱を制定して、開発業者に教育施設負担金の寄付を求める指導を行い、指導に従わない事業者には上下水道の利用に協力を行わないこと等を定め、負担金を納付しなかった業者との給水契約の締結を拒否した措置は違法であるとした判例がある（最判平5.2.18、**Q10**参照）。

②建築確認の留保

建築主事が建築主と付近住民との間の建築紛争を調整する間、建築主が行政指導に応じられない意思を明確に表現したのに、約6か月にわたって建築主の建築確認を留保した措置を違法とした判例がある（最判昭60.7.16）。

❖判例

◉建築確認留保事件（最判昭60.7.16）

▶事案

Xはマンションを建築するため、建築確認申請を東京都建築主事に対して行った。付近住民が日照阻害等を理由に建築確認に反対していたため、建築主事は付近住民との話し合いを指導して、建築確認を留保。Xが、損害賠償を求めて出訴。

▶判旨

地域の生活環境の維持、向上を図るため、建築計画につき一定の譲歩・協力を求める行政指導を行い、建築主が任意に応じているものと認められる場合には、社会通念上合理的と認められる期間、建築主事が申請に係る建築計画に対する確認処分を留保し、行政指導の結果に期待したとしても、これをもって直ちに違法な措置であるとまではいえない（一般論であり、事案の留保は違法とした）。

A42 正解－2

1—誤　行政指導は、行政機関がその任務または所掌事務の範囲内において、行政が主導して行うものである。

2—正　指導、勧告、助言その他の行為であって、法的な拘束力はない。国民が自発的に指導に従うという形をとる。

3—誤　指導の内容には、規制的行政指導や調整的行政指導もある。

4—誤　行政指導を行うのに、組織法上の根拠は必要であるが、作用法上の根拠は不要とされる。

5—誤　行政指導は、処分（行政行為）に該当しない。事実行為である。

Q43 行政指導の統制

問　行政指導に関する次の記述のうち、正しいものはどれか。　（国家一般）

1　行政指導は、行政庁が法律の不備を補って新しい行政需要に機敏に対応し、行政責任を全うするところにメリットがあるものであるから、具体的な法律上の根拠を有する行政指導というものはない。

2　行政指導は、助言・指導といった非権力的な手段で国民に働きかけ、協力を求めるという形で一般的には行われるものであるが、戒告や警告といった法令上の強制措置を伴う規制的な行政指導もある。

3　抗告訴訟の対象となる行政庁の処分は、いわゆる講学上の行政行為に限られず、必ずしもそれ自体において直接の法効果を生ずるものであることを要しないから、行政指導も抗告訴訟の対象となるとするのが判例である。

4　行政指導の相手方が当該指導への不服従の意思を表明している場合に、相手方に対する許認可等の処分を留保することは、許認可の趣旨とは別の目的のために処分権限を留保するものであるし、また、当該指導への服従を強制するものであるから、適法とされる余地はないとするのが判例である。

5　工場誘致の行政指導を信頼して多大の資金を工場建設に投入した企業が、政策が変更されると社会観念上看過できない積極的損害を被る場合には、損害の補償等の代償措置を講ずることなく当該政策を変更することは、それがやむをえない客観的事情によるのでない限り、違法であるとするのが判例である。

PointCheck

◉行政手続法での行政指導の統制……【★★☆】

⑴行政指導の一般原則（32条）

①行政機関の任務または所掌事務の範囲を逸脱してはならない。
②行政指導の内容が相手方の任意の協力によってのみ実現されることに留意する。
③相手方が行政指導に従わないことを理由に不利益な取扱いをしてはならない。

⑵申請に関連する行政指導（33条）

申請者が行政指導に従わない旨を表明した場合は、当該行政指導を継続すること等により申請者の権利の行使を妨げてはいけない。

⑶許認可等の権限に関連する行政指導（34条）

権限を有する行政機関は、その権限を背景に相手方に行政指導に従うことを余儀なくさせるようなことをしてはならない。

⑷行政指導の方式（35条）

①行政指導の趣旨および内容並びに責任者を明確に示さなければならない。
②行政指導をする際に、許認可等の権限それに基づく処分権限を行使し得る旨を示すとき

は、(a) 根拠となる法令の条項、(b) 条項の要件、(c) その要件に該当する理由を明示しなければならない。

③行政指導が口頭でされ、相手方から書面の交付を求められたときは、特別の支障がない限り、これを交付しなければならない。

⑸複数の者を対象とする行政指導（36 条）

複数の者に対する行政指導では、行政機関は、あらかじめ行政指導指針を定め、かつ特別の支障がない限り、これを公表しなければならない。

◉行政不服審査法の改正に伴う行政手続法の一部改正

平成 26 年 6 月の行政不服審査法の改正に合わせて、不服申立ての対象とならない処分前の手続や行政指導に関する手続について、行政手続法の改正が行われた（平成 27 年 4 月 1 日施行）。

⑴法令違反の行政指導に対する中止の求め（36 条の 2）

法律の要件に適合しない行政指導を受けたと思う場合に中止等を求めることができ、行政機関は必要な調査を行い中止その他必要な措置をとらなければならない。

⑵法令違反是正のための処分・行政指導の求め（36 条の 3）

何人でも、法令に違反する事実を発見した場合は、行政に対して是正するための処分または行政指導（法律の根拠があるものに限る）をすることを求める申出ができる。

A43 正解－5

1―誤　行政指導には、法律の根拠を欠く法定外の行政指導だけでなく、法律の定めに従って行われる法定の指導が存在する。

2―誤　行政指導はあくまでも法的拘束力のない事実上の協力要請行為であるにすぎないから、行政庁が公権力を発動して指導の内容を強制することは許されない。したがって、法令上の強制措置である戒告や警告を用いることは許されない。

3―誤　抗告訴訟の対象たる「処分」につき、判例は、それを講学上の行政行為と解し、行政指導は国民に何らの義務を課し、もしくは権利行使を妨げるものではないので、その対象とはならないとする（最判昭 38.6.4）。

4―誤　行政指導による建築確認の留保につき、判例は、行政指導への不協力・不服従の意思が表明されている場合には「当該建築主が受ける不利益と右行政指導の目的とする公益上の必要性とを比較衡量して右行政指導に対する建築主の不協力が社会観念上正義の観念に反するものといえるような特段の事由が存在しない限り、行政指導が行われているとの理由だけで確認処分を留保することは、違法である」（最判昭 60.7.16）としているから、適法とされる余地はある。

5―正　工場誘致施策の変更につき、判例は、「地方公共団体において右損害を補償するなどの代償的措置を講ずることなく施策を変更することは、当事者間に形成された信頼関係を不当に破壊するものとして違法性を帯び」るとする（最判昭 56.1.27）。

Q44 自由裁量・羈束（きそく）裁量

問 行政裁量に関する記述として、通説に照らして、妥当なものはどれか。 (地方上級)

1　要件裁量説は、便宜裁量と法規裁量を区別する基準として、行政行為の効果に着目し、行政庁の裁量はもっぱら行政行為の決定ないし選択に存在するとする考えで、国民に権利を付与する行為の決定は、法規裁量であるとする。
2　裁量権収縮論は、規制行政に関して行政権を発動するかどうかの判断は行政庁の裁量判断に委ねられるべきものであり、行政行為の発動の時期については、いかなる場合であっても行政庁に自由な選択の余地があるとする理論である。
3　行政事件訴訟法は、行政庁の裁量処分については、裁量権の範囲をこえ又は裁量権の濫用があった場合に限り、裁判所は、その処分を取り消すことができると定めている。
4　裁量行為は、法規裁量行為と便宜裁量行為とに分けられ、便宜裁量行為については裁判所の審査に服するが、法規裁量行為については裁判所の審査の対象となることはない。
5　行政庁に行政裁量を認める裁量条項の執行に関して、裁量行為の不作為ないし権限不行使があっても、それは当不当の問題となるにとどまり、違法となることは一切ない。

PointCheck

◉行政裁量（司法審査の可否）……………………………………………………【★★★】

⑴羈束行為

行政の判断の自由度にはさまざまなレベルがある。最も拘束された状態を「羈束行為」という。裁量の余地はないので、司法統制は全面的におよび、法規に違反していれば違法であるというように、チェックを受ける。

⑵裁量行為

①裁量行為の分類

行政の判断の余地がある場合を「裁量行為」といい、程度の問題だが、羈束裁量と自由裁量とに分類されている。

②羈束裁量（法規裁量）…運転免許の取消し、農地賃借の承認

羈束裁量は、いわば通常人の感覚で法を執行する際の裁量であり、判断の自由度は狭い。つまり、裁量に基づく行為の違法性も司法審査になじみやすい。

③自由裁量（便宜裁量）…公務員の懲戒処分、旅券の発給、生活保護基準の認定

自由裁量とは、行政が専門家としての感覚で活動する際の裁量であり、基本的には司法審査にはなじまない。ただ、自由裁量でもその逸脱・濫用があれば、その違法性は明らかだから、司法審査できる（判例が形成した裁量権の逸脱・濫用法理は、行政事件訴訟法30条に結実した）。

❖行政行為を行う際の裁量

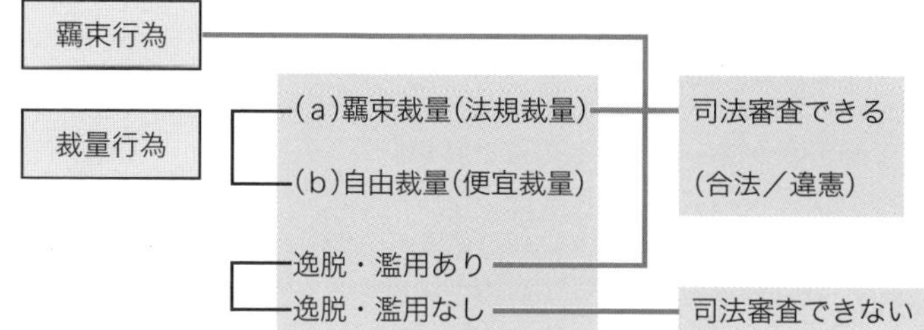

※裁量権の逸脱・濫用の法理（行政事件訴訟法30条）により、羈束裁量と自由裁量の区別は相対化している。

◉裁量権の逸脱・濫用……【★★☆】

⑴行政事件訴訟法30条（裁量権の逸脱・濫用法理）

事実誤認、目的違反（動機の不正・他事考慮）、平等原則違反、比例原則違反など。

❖判例

◉小田急線連続立体交差事業事件（最判平18.11.2）

基礎とされた重要な事実に誤認があること、事実に対する評価が明らかに合理性を欠くこと、判断の過程において考慮すべき事情を考慮しないことなどで、判断の内容が社会通念に照らし著しく妥当性を欠く場合に限り、裁量権の範囲を逸脱し又はこれを濫用したものとして違法となる（高架式の採用には裁量権の逸脱・濫用はない）。

⑵手続的な裁量統制

行政手続（処分にいたる過程）に問題がある場合、裁判所が行政手続の公正さを担保するために、統制を加える（事後的に違法とする）場合がある。個人タクシー事件（最判昭46.10.28）の判例は、行政庁は「事実の認定につきその独断を疑われるような不公正な手続をとってはならない」とした。

A44 正解－3

1—誤　かつては法規裁量と便宜裁量の区別について、要件裁量説（法文の要件解釈は法規裁量で、要件がない場合は便宜裁量）と、効果裁量説（権利侵害効果は法規裁量で、権利付与効果は便宜裁量）があった。本肢はどちらの立場からも妥当ではない。

2—誤　裁量権収縮論とは、行政権行使は行政庁の裁量判断に委ねられるが、権限行使の緊急度が高まるに従い、権限を行使するか否かについての行政庁の裁量権は収縮するというものである。肢1、肢2ともに学説を問う形になってはいるが、用語の意味を考えれば文章が成り立っていない。このような誤答肢にも対応できるように、落ち着いて読む訓練をしておこう。

3—正　行政事件訴訟法30条に規定されている。

4—誤　法規裁量は司法審査に服し、便宜裁量も裁量権逸脱・濫用は審査対象となる。

5—誤　権限の不行使についても違法となる場合がある（最判平7.6.23）。

Q45 行政裁量

問　裁量行為に関する次の記述のうち、妥当なものはどれか。　(地方上級)

1　裁量行為における裁量とは、効果法規における裁量であり、要件法規においては行政庁の裁量の余地が認められず、不確定概念によって要件を規定することはできない。
2　裁量行為には、便宜裁量と法規裁量があり、便宜裁量行為については司法審査の対象となるが、法規裁量行為については、司法審査の対象外とされている。
3　行政事件訴訟法は、違法な裁量行為として、裁量権の範囲を超えた場合および裁量の濫用があった場合の2つを定めており、これらの場合に限り、裁判所は、当該処分を取り消すことができる。
4　マクリーン事件において、最高裁判所は、在留期間の更新不許可処分における行政庁の判断は、法の本来の趣旨からして本来考慮すべきでない事項を考慮している点で、裁量権の範囲を超えているため、当該処分は違法であると判示した。
5　群馬中央バス事件において、最高裁判所は、バス路線免許交付の拒否は行政庁の裁量権に属するとしたが、免許申請の審理手続に瑕疵があったため、免許申請の却下処分は違法であるとした。

PointCheck

◉羈束(きそく)裁量と自由裁量の区別……【★★☆】

以前は、羈束裁量には司法審査が及び、自由裁量については司法審査が及ばないとされてきたので、その区別が大きな問題であった。しかしその後、自由裁量行為にも裁判所が判断を及ぼすようになり、さらに行政事件訴訟法30条が「行政庁の裁量処分については、裁量権の範囲をこえまたはその濫用があった場合に限り、裁判所は、その処分を取り消すことができる」としたので、現在では羈束裁量と自由裁量の区別は相対的なものと考えられている。羈束裁量でも自由裁量でも、裁量権の行使に逸脱・濫用があった場合に、当該処分は違法となり、裁判所による取消しの対象となるのである。

◉羈束裁量（法規裁量）と自由裁量（便宜裁量）の判例……【★★★】

(1)羈束裁量

①皇居外苑の使用許可（最大判昭28.12.23）
②農地所有権・賃貸借の設定・移転の承認（最判昭31.4.13）
③運転免許の取消し（最判昭39.6.4）

(2)自由裁量

①公立大学生の懲戒（退学）処分（最判昭29.7.30）
②温泉掘さくの許可（最判昭33.7.1）
③旅券の発給（最判昭44.7.11）

④汚物取扱業の許可（最判昭 47.10.12）
⑤公務員の懲戒処分（神戸税関職員懲戒免職事件、最判昭 52.12.20）
⑥在留許可の更新（マクリーン事件、最大判昭 53.10.4）
⑦宅地建物取引業者の業務停止・免許取消（最判平 1.11.24）
⑧教科書検定における合否判定（最判平 5.3.16）

❖判例

◉マクリーン事件（最大判昭 53.10.4）→要件の裁量について政治的判断を認めた。

▶判旨

法務大臣は、在留期間の更新の許否を決するにあたっては、外国人に対する出入国の管理および国益の保持の見地に立って、申請者の申請事由の当否のみならず、当該外国人の在留中の一切の行状、国内の政治・経済・社会等の諸事情、国際情勢など諸般の事情を斟酌し、時宜に応じた的確な判断をしなければならない。

◉伊方原発訴訟（最判平 4.10.29）→要件の裁量について専門技術的判断を認めた。

▶判旨

原子炉施設の安全性に関する審査は、極めて高度な最新の科学的、専門技術的知見に基づく総合的判断が必要とされ、各専門分野の学識経験者等を擁する原子力委員会の科学的、専門技術的知見に基づく意見を尊重して内閣総理大臣の合理的な判断にゆだねられる。

A45 正解－3

1—誤　現在の判例は、法規の効果の面だけでなく、要件の面についても自由裁量を認めている。例えば、マクリーン事件では、在留期間の更新事由の有無の判断（要件の判断）について、法務大臣の裁量を認めている（最大判昭 53.10.4）。

2—誤　法規裁量が司法審査の対象外というのは明白に誤り。法規裁量は司法審査の対象となる。便宜裁量については、原則として司法審査の対象とはならないものの、裁量権の逸脱・濫用の場合には対象となる。

3—正　行政事件訴訟法 30 条が本肢のように規定している。この規定によって、たとえ自由裁量行為であったとしても、裁量権の逸脱または濫用の場合には違法とされることになる。

4—誤　マクリーン事件の判例は、外国人の在留期間の更新について法務大臣の裁量を広く認めたもので、法務大臣の政治的裁量を肯定したものである。本肢の「本来考慮すべきでない事項を考慮し」たという記述は、この判例に真っ向から反するものである。

5—誤　群馬中央バス事件で判例は、バス路線の免許申請の審理手続に瑕疵があったことを認めつつ、本件では、仮に適正な審議がなされていたとしても申請人において審議会の判断を左右するほどの意見・資料の提出の可能性はなかったとして、免許申請の却下処分は違法ではないとした（最判昭 50.5.29）。

Q46 行政手続法

問 行政手続法に関するア～オの記述のうち、妥当なもののみをすべて挙げているのはどれか。
（国家一般）

ア 行政手続法の目的は、行政運営における公正の確保と透明性の向上のための手続及び公法上の権利関係に関する訴訟の手続を定め、もって公法上の権利関係の保護に資することである。

イ 行政手続法は、処分に関する手続について、申請に対する処分と不利益処分に区分し、それぞれについてその手続を規定している。

ウ 行政手続法は、処分を行う場合の手続に関し、処分の名あて人の意見を聴く手続として、聴聞と弁明の機会の付与の二つの手続を定めているが、不利益処分を行う場合には、必ず聴聞を行わなければならないこととしている。

エ 行政手続法は、処分、行政指導及び届出に関する手続に関して規定しているものであり、府省令又は規則を定める際の意見公募に関する手続については規定していない。

オ 地方公共団体の機関が行う処分のうち、その根拠となる規定が条例又は地方公共団体の規則に置かれているものについては、行政手続法に定める手続は適用されない。

1 ア、イ　**2** ア、エ　**3** イ、オ　**4** ウ、エ　**5** ウ、オ

PointCheck

◉行政手続法の構成と対象……………………………………【★★★】

⑴行政手続法の目的と内容

行政手続法第１条は、同法の目的として、「処分、行政指導および届出に関する手続並びに命令等を定める手続に関し、共通する事項を定めることによって、行政運営における公正の確保と透明性の向上を図り、もって国民の権利利益の保護に資すること」とする。

行政活動の事前手続に対する法的統制は、行政機関に慎重な対応を求め、違法不当な活動から権利を守るためにある。内容としては、裁量基準の策定・公表、告知・聴聞、文書閲覧、審議会・公聴会の開催、理由付記などで、行政活動により手続きに求められるものが異なる。

第１章	総則（第１条～第４条）
第２章	申請に対する処分（第５条～第11条）
第３章	不利益処分（第12条～第31条）
第４章	行政指導（第32条～第36条）
第４章の２	処分等の求め（第36条の３）
第５章	届出（第37条）
第６章	意見公募手続等（第38条～第45条）
第７章	補則（第46条）

※それぞれの詳細については、**Q47**参照

⑵行政手続法の対象

①処分、②行政指導、③届出、④命令等（行政立法）の４つであり、処分については、(a) 申請に対する処分と(b)不利益処分の２つの規定が用意されている。

※「行政計画」策定手続は対象とはされておらず、残された課題となっている。

⑶定義（行政手続法２条）

①処分：行政庁の処分その他公権力の行使に当たる行為

(a)申請：許認可等、利益付与処分を求める行為で、行政庁が諾否の応答をすべきもの

(b)不利益処分：行政庁が特定者に義務を課し、権利を制限する処分

②行政指導：行政目的実現のための指導、勧告等の行為で処分に該当しないもの

③届出：行政庁に対し一定事項の通知をする行為で、法令により義務付けられているもの

④命令等：法律に基づく命令・規則、審査基準、処分基準、行政指導指針

⑷行政手続法と他の法律との関係

行政手続法は、国が行う行政手続に関する一般法である（適用除外について同法３条、４条）。したがって、地方公共団体が条例または規則に基づき行う行政手続に直接には適用されないし、個別法の規定が優先することもある（同法１条２項）。ただし、同法46条は、地方公共団体にも「行政運営における公正の確保と透明性の向上を図るため必要な措置を講ずる」ことを求めている。

⑸行政不服審査法の改正に伴う行政手続法の一部改正（平成27年４月１日施行）

第４章の行政指導に、法令の要件に適合しない行政指導に対する中止の求め（36条の２）が規定され、また第４章の２として、法令違反是正のための処分・行政指導の求めが新設された。

A46 正解－３

ア—誤　行政手続法１条には、公法上の権利関係に関する「訴訟の手続」「権利関係の保護」は規定されていない。

イ—正　申請に対する処分については、標準処理期間の設定と公開のみならず、申請に関する審査基準を定め、これを原則として公にすべきことを規定している（行政手続法５条）。不利益処分については、処分基準の設定・公表（努力義務）と、意見陳述手続（聴聞・弁明）を規定している（同法12条）。

ウ—誤　不利益処分をしようとする場合の、意見陳述のための手続きは、聴聞と弁明の機会に分けられ、許認可等を取り消す不利益処分をする場合には、原則として聴聞手続が執られなければならない（行政手続法13条１項）。しかし、不利益の程度が小さい場合は、弁明による書面手続で意見陳述を行う。

エ—誤　行政手続法が対象としているものは、処分、行政指導、届出、命令（行政立法）であり、行政立法を行う場合の意見公募手続についても規定されている。ちなみに、行政計画はその対象となっていない。

オ—正　地方公共団体の条例・規則に基づく処分については、行政手続法は適用されない。ただ、法律または命令に基づく処分については、地方公共団体であっても行政手続法が適用される。

Q47 行政手続法の内容

問　行政手続に関する次の記述のうち、妥当なものはどれか。　（国税専門官）

1　行政庁は、申請により求められた許認可等をするかどうかを判断するための審査基準を定める際には、当該許認可等の性質に照らしてできる限り具体的に定めなければならないが、審査基準をあらかじめ公表する必要はない。
2　行政庁は、申請に対する処分であって、申請者以外の者の利害を考慮すべきことが当該法令において許認可等の要件とされているのものを行う場合には、必ず公聴会を開催しなければならない。
3　聴聞は、行政庁が指名する職員その他政令で定める者が主宰し、当該聴聞の当事者、参加人または参加人以外の関係者は、主宰者となることができない。
4　弁明の機会の付与手続は、書面主義が採られており、不利益処分の名宛人となる当事者が、弁明書、証拠書類等を提出することによって防御権を行使することになるが、聴聞手続と同じように当事者には文書閲覧権が認められている。
5　弁明の機会の付与手続を経てなされた不利益処分は、処分の名宛人となる当事者が意見陳述をした上で決められた処分であるため、当事者は行政不服審査法による審査請求をすることはできない。

PointCheck

◉行政手続法の内容……………………………………………………………【★★★】

⑴申請に対する処分

申請前：①審査基準の設定＋公表、②標準処理期間の設定＋公表
→申請後：①速やかな審査の開始・応答、②情報の提供・公聴会開催の努力
→拒否処分における理由の提示

審査基準の設定を具体的に明らかにし公にすることを規定していることに注意（5条）。

⑵不利益処分

処分前：処分基準の設定＋公表（努力義務）
意見陳述のための手続き（聴聞・弁明の機会の付与）を要求
→（処分なし）、あるいは 不利益処分における理由の提示

不利益処分の名宛人に対しては、聴聞・弁明の機会を与えなければならない（13条）。聴聞は、不利益の程度が大きい場合にとられる慎重な口頭手続であり、弁明は、不利益の程度がさほどではない場合の簡略な書面手続である。

⑶行政指導

一般原則については32条が、個別的な行政指導については、33条（申請に関連する行政指導）および34条（許認可等の権限に関連する行政指導）が規定している。行政指導の方式につき35条は、相手方に対し、行政指導の趣旨・内容・責任者、許認可権限等の根拠

法令・要件・適合理由を明示しなければならず、口頭で行った行政指導について文書を要求された場合には、特別の支障がない限り交付しなければならない。

⑷届出

届出については、行政庁の側に内容的な審査権限はなく、形式上の要件が備わっている場合には、到達時に手続上の義務が履行されたものとされる（37条）。

⑸命令等（行政立法）

従来、命令等の行政立法は一方的に行政機関が定めていたが、民主的な行政実現のため国民の意見を反映させる手続きが必要とされ、平成17年の行政手続法改正により、新たに意見公募手続（パブリックコメント制度）に関する規定が置かれた。広く一般の意見や情報の公募を行うための手続きとして、命令等の案や関連資料を事前に公示し、30日以上の意見提出期間をおく（39条）。さらに、意見や情報を考慮し、意見や情報の内容、これらの考慮の結果などを公示するとしている（42条・43条）。

❖判例

行政手続法施行前の重要判例

◉個人タクシー事件（最判昭46.10.28）

▶判旨

行政庁は事実認定につき独断を疑われるような不公正な手続きをとってはならず、聴聞を考慮すれば判断が異なる可能性がないとはいえない以上、処分は違法である。

◉群馬中央バス事件（最判昭50.5.29）

▶判旨

上告人が運輸審議会の認定判断を左右する意見・資料を追加提出し得る可能性がない場合は、審理手続の不備に、道路運送法の趣旨に反する重大な違法はない。

A47　正解－3

1－誤　申請に対する処分についての「審査基準」を「できる限り具体的に」定めることと、それを「公」にすることは、行政庁の義務とされている（行政手続法5条）。

2－誤　公聴会の開催は義務ではなく、「努めなければならない」という努力義務になっている。また、この努力義務が課せられるのは、当該法令において「申請者以外の者の利益を考慮」すべきことが、許認可の要件となっている場合に限られる（行政手続法10条）。

3－正　本肢の通りに行政手続法19条が規定している。

4－誤　文書閲覧権というのは、不利益処分の原因となる資料の閲覧権であるが、これが認められるのは、慎重な手続である聴聞だけである。

5－誤　行政手続法27条は、「聴聞の規定に基づく処分・不作為」について審査請求できないとしており、「弁明」ではない。かつ、この規定は聴聞手続き自体への不服申立ての制限であり、その結果決定した不利益処分に対しては審査請求が可能である。

Q48 行政契約

問 行政契約に関する次の記述のうち、妥当なものはどれか。 （国家一般）

1 行政契約には、行政主体と私人との間に締結されるもののみではなく、行政主体相互間において締結されるものも含まれ、例えば、複数の地方公共団体による一部事務組合の設立行為のように、同一方向の意思の合致により成立する法律行為も行政契約として位置付けられる。

2 各種の国公営サービスの利用関係や、官庁用建物の建築請負契約のように、行政主体が私人との間に個別的・具体的な法律関係を設定する場合には、一方的な行政行為によって私人に義務を課したり権利を与えたりするのではなく、私人との合意に基づいて公法上の契約によってこれを行う。

3 行政主体が私人との契約によって行政活動をすることには、私人の意思を尊重し契約締結を私人の任意に委ねるという側面はあるものの、いったん契約が結ばれればその範囲内で私人の活動の自由を拘束するものであるから、行政契約は行政指導のような非権力的活動とは異なり、権力活動に分類される。

4 行政契約を結ぶかどうかについては、行政主体の側にも私人の側にも選択の余地があるから、水道事業者たる地方公共団体が宅地開発要綱に基づく行政指導に従わなかった建築業者の建築物に関して、それを理由として給水契約の締結を拒否したとしても、給水拒否に公益上の必要性が認められる限りは許される。

5 行政庁の公権力行使の権限について、法律上裁量が認められている場合であっても、いかなる場合にも権限の行使はしない旨の合意を私人との間に交わすことは違法であり、行政庁に対して法的拘束力を持たない。

PointCheck

◉行政契約の分類……【★☆☆】

❖伝統的学派―公法契約説…公法の区別を前提とする

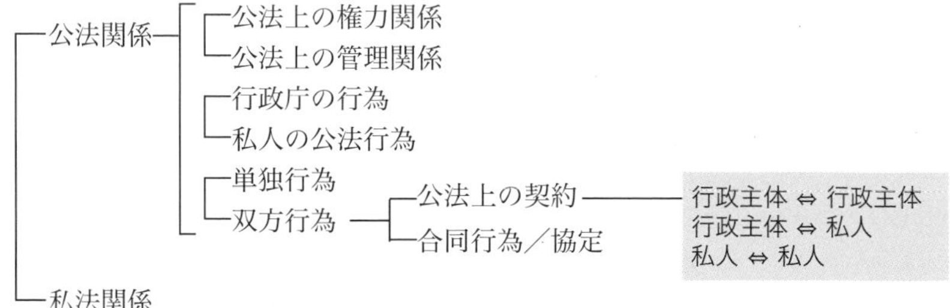

❖最近の学説━行政契約説…公法・私法の区別を前提としない

行政契約┬行政主体 ⇔ 行政主体
　　　　└行政主体 ⇔ 私人
　　　　　　├①行政サービス提供にかかわる契約
　　　　　　├②行政の手段調達のための契約
　　　　　　├③財産管理のための契約
　　　　　　└④規制行政の手段としての契約

◉随意契約……………………………………………………………………【★☆☆】

行政契約に対する法的統制として、地方自治法は、地方公共団体が締結する契約に地方議会の議決を必要とすることがある（地方自治法 96 条 1 項 5 号）。また、土木建築の請負契約・物品の納入契約は、公開の競争入札による契約が原則となる（地方自治法 234 条）。

これに対して、行政主体が、契約の目的や性質から適当と判断する相手方と契約を締結する場合を随意契約という。この随意契約がどのような場合に可能となるかが問題となる。

❖判例

◉ごみ処理施設建設請負契約事件（最判昭 62.3.20）

▶判旨

「性質または目的が競争入札に適しないもの」とは、契約の性質または目的に照らして、競争入札による契約の締結が不可能または著しく困難な場合であるが、必ずしもこのような場合に限定されない。価格の有利性を犠牲にしても、契約に相応する資力、信用、技術、経験等を有する相手方を選定し契約締結をすることが、当該契約の性質または目的からより妥当で、地方公共団体の利益の増進につながると合理的に判断される場合も含まれる。これは、個々具体的な契約ごとに、契約の種類、内容、性質、目的等諸般の事情を考慮して、地方公共団体の合理的な裁量判断により決定される。

行政契約に対する一般法規制は存在しない。しかし、随意契約と不正な行政活動との結び付きが指摘されるように、公益性という観点から適切な規制が必要という視点が重要となる。

A48 正解ー5

1―誤　合同行為は、行政契約とは区別される。

2―誤　行政契約が、私法上の契約により行われることも多いし、そもそも公法・私法二分論を前提とした公法契約説に対しては批判が多い。

3―誤　行政契約は、非権力的な活動形式である。

4―誤　行政指導への不服従に対する制裁として、給水契約の締結を拒否することは違法である（最判平 1.11.8）。

5―正　行政契約も憲法的規律に従うから、「いかなる場合にも」というような不平等を招来する取決めを、一部の国民と行うことはできない。

Q49 行政指導

問 行政指導に関する次の記述のうち、妥当なものはどれか。 （国家総合類題）

1 事業者団体がその構成員である事業者の発意に基づき事業者の従うべき基準価格を団体の意思として協議決定した場合においても、その後これに関する行政指導がなされ、各事業者がこれに従って基準価格を相当程度下回る販売価格を定めるに至ったときには、右行政指導により独占禁止法８条１項１号にいう競争の実質的制限が消滅したものと解されるとするのが判例である。

2 当該地域の生活環境の維持、向上を図るために、建築主に対し、建築物の建築計画につき一定の譲歩、協力を求める行政指導を行い、建築主が任意にこれに応じているものと認められる場合においては、社会通念上合理的と認められる期間、建築主事が申請にかかわる建築計画に対する確認処分を留保し、行政指導の結果に期待することがあったとしても、これをもって直ちに違法な措置であるとまではいえないとするのが判例である。

3 行政指導には、国民へのサービスとして行われ、相手方に利益に働く助成的行政指導と、行政行為の代替的機能を有するものとして行われ、相手方に不利益に働く規制的行政指導とがあり、助成的行政指導には法律の根拠は必要ないが、規制的行政指導には法律の根拠が必要であるとするのが判例である。

4 指導要綱が法律上の根拠または授権に基づかない行政機関内部の単なる訓令にすぎないものであるとしても、指導要綱の目的を達成するために適切な行政指導を実施することは望ましいことであるから、開発者に対し一定の基準により算出された協力金の納付を求めることも許され、開発者はいったん納付した協力金の返還を求めることは許されないとするのが通説である。

5 石油業法に直接の根拠を持たない価格に関する行政指導は、これを必要とする事情がある場合に、これに対処するため社会通念上相当と認められる方法によって行われ、かつ、「一般消費者の利益を確保するとともに、国民経済の民主的で健全な発達を促進する」という独占禁止法の究極の目的に実質的に寄与する場合にのみ許容されるとするのが判例である。

PointCheck

◉行政指導の種類……………………………………………………………………【★☆☆】

⑴助成的行政指導（中小企業に対する経営指導、税務相談など）
行政が知識や情報を提供し私的活動を助成する機能

⑵調整的行政指導（マンション建設紛争での周辺住民への助言など）
国民・企業間の利害衝突・紛争を解決する機能

⑶規制的行政指導（違法建築物の是正命令に先立つ警告など）
私的活動を規制する機能

◉行政指導と独占禁止法……………………………………………………【★★☆】

❖判例

◉第一次石油連盟事件（最判昭 57.3.9）

▶判旨

事業者団体が、各事業者の従うべき基準価格を協議決定した場合には、当該団体が決定を明瞭に破棄したと認められるような特段の事情のない限り、行政指導の結果値上げ幅が押さえられたとしても、独占禁止法８条１項１号の競争の実質的制限が消滅したとはいえない。

◉石油やみカルテル事件（最判昭 59.2.24）

▶判旨

石油業法に直接の根拠を持たない価格に関する行政指導であっても、これを必要とする事情があり、社会通念上相当と認められる方法によって行われ、「一般消費者の利益を確保するとともに、国民経済の民主的で健全な発達を促進する」という独占禁止法の究極の目的に実質的に抵触しないものである限り、これを違法とすべき理由はない。価格に関する事業者間の合意が、形式的に独占禁止法に抵触するように見える場合でも、それが適法な行政指導に従って行われたものであるときは、違法性が阻却される。

行政指導においては、本来法律に基づいて行われるべき規制が行政指導によって事実上強制されてしまうという危険がある。そこで、行政手続法が行政指導に対する規制をしている（32条以下)。同法ができる前からの判例にも注意すること。

・品川マンション事件→行政指導に従わせるための建築確認留保は違法（最判昭 60.7.16）

・武蔵野マンション事件→行政指導に従わないことを理由とする給水拒絶は違法(最決平 1.11.8)

A49 正解ー2

1—誤　判例（最判昭 57.3.9）は、「…その後これに関する行政指導があったとしても、当該事業者団体がその行った基準価格の決定を明瞭に破棄したと認められるような特段の事情がない限り、右行政指導があったことにより当然に前記独占禁止法８条１項１号にいう競争の実質的制限が消滅したものとすることは許されない…」としている。

2—正　あくまでも「社会通念上合理的」な期間の場合である（最判昭 60.7.16)。

3—誤　規制的行政指導には法律の根拠が必要であるとするのが通説だが、判例は消極的である（最判昭 60.7.16)。

4—誤　協力金の返還を請求できないというのでは事実上寄付の強要となってしまうので、返還を求めることはできる（通説)。

5—誤　判例（最判昭 59.2.24）は、独禁法の究極目的に「実質的に抵触しない」ものであれば違法ではないとする。

Q50 行政手続法における不利益処分

問 行政手続法における不利益処分に関する次の記述のうち、妥当なものはどれか。

（国家一般改題）

1 行政庁は、不利益処分をするかどうかまたはどのような不利益処分とするかについて判断するために必要とされる基準（処分基準）を、法令の定めに従って定め、かつこれを公にしておくよう努めなければならない。

2 「聴聞」または「弁明の機会の付与」のいずれの事前手続とするかについては、行政処分の不利益度が強いかどうかではなく、不利益処分に係る事実関係が複雑で、行政庁側とのやりとりの機会を保障して事実評価を行うことが望ましいかどうかを考慮して、専ら行政庁が判断するとされている。

3 行政庁は、不利益処分をする場合には、その名宛人に対し、必ずその処分と同時に、当該不利益処分の理由を示さなければならない。

4 「聴聞」を経てなされた不利益処分については、処分庁が事前に慎重な手続をとっていることから、当該不利益処分の相手方は、行政不服審査法による審査請求をすることは認められない。

5 「聴聞」手続に比べ略式の手続きである「弁明の機会の付与」手続は、簡易迅速の手続を確保すること等の理由により、弁明書、証拠書類等の書面の提出によって防御権を行使することとなっているから、当該手続において、口頭による意見陳述がなされることはない。

PointCheck

◉不利益処分の行政手続法の統制……………………………………………………【★★☆】

⑴処分基準の設定・公表の努力義務

行政庁は、できる限り具体的な処分の基準を定め、かつこれを公にしておくように努めなければならない（12条）。不利益処分は、事案による個別的判断が多く、公表により脱法行為の生じるおそれもあるので、処分基準の設定・公表は努力義務としたのである。

⑵不利益処分の理由の提示

行政庁は、不利益処分をする場合には、その名宛人に対し、同時に、当該不利益処分の理由を示さなければならない（14条1項）。また、不利益処分を書面でするときは、理由も書面により示さなければならない（14条3項）。

◉不利益処分についての意見陳述のための手続……………………………………【★☆☆】

⑴聴聞

①聴聞が必要な場合―許認可取消、資格・地位剥奪、法人役員解任など（13条1項1号）
※相手に対する不利益が大きい場合

②聴聞手続

(a)聴聞手続の構成

主宰者―行政庁が指名する職員その他政令で定める者（19条1項）

聴聞の当事者（処分の名宛人）―代理人の選任もできる（16条1項）

参加人（利害関係を有する者）―主宰者が必要と認めるとき（17条1項）

(b)行政庁から相手方への書面での通知（15条1項）

(c)文書等の閲覧請求（18条）

当事者・参加人は、不利益処分の原因を証する資料閲覧を、行政庁に求めることができる。

(d)聴聞の審理の方式　原則非公開（20条6項）

(e)聴聞調書および報告書の作成・提出（24条）

(f)聴聞を経た不利益処分の決定（26条）

行政庁は、調書の内容および報告書に記載された主宰者の意見を十分に参考にして、不利益処分の決定をしなければならない（調書や報告書に法的に拘束されない）。

(g)審査請求の制限

聴聞の手続きにおける処分又はその不作為については、審査請求をすることができない(27条)。事前手続きである聴聞での不服申立てを制限し、迅速・円滑な処理を行うためである。

(2)弁明の機会の付与

聴聞で掲げる場合以外（不利益が小さい場合）で、行政庁が口頭ですることを認めた場合を除いて、弁明書を提出して行う（29条1項）。

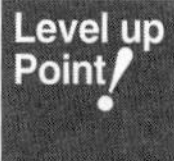

審査基準・標準処理期間・理由の提示など条文の内容が出題される。細かい規定だが、行政手続法5～8条、10条、12～14条、17～19条、26条、27条、29条、35条を確認すること。

A50 正解－1

1—正　行政手続法12条1項。なお、これは努力義務であって、法律上の義務とはされていない点（「努めなければならない」）にも要注意。

2—誤　聴聞手続をとるべき場合は法定されており行政庁が判断するのではない。聴聞手続をとるべき場合は、不利益度の強い処分の場合であり、弁明手続をとるべき場合は、免許の停止など不利益度の軽い場合である（弁明手続の方が略式）。

3—誤　不利益処分の理由の提示は、不利益処分と同時にしなければならないが（行政手続法14条1項本文）、例外として、当該理由を示さないで処分をすべき差し迫った必要がある場合は、理由は後から示してもよい（同但書・2項）。

4—誤　以前は異議申立てを制限する規定があったが、改正により削除された。不利益処分に対する審査請求は当然可能で、ただ「聴聞手続き自体の処分等への審査請求」が制限されている。

5—誤　弁明手続においても、行政庁が口頭ですることを認めた場合には、口頭で意見陳述をすることができる（行政手続法29条1項）。

第6章 行政事件訴訟

Level 1 p114～p127　Level 2 p128～p133

1 行政訴訟制度の沿革

Level 1 ▷ Q51　Level 2 ▷ Q58

(1)明治憲法の下の行政裁判所（大陸法系）

出訴事項についての列挙主義、訴願（不服申立て）前置主義

(2)日本国憲法の下の行政事件訴訟（英米法系）

司法裁判所の行政裁判権（法律上の争訟）、行政訴訟の多様化

取消訴訟の出訴事項について概括主義、行政上の不服申立てとの自由選択主義

2 行政訴訟の概念

Level 1 ▷ Q51

私法上の救済	行政救済法			
	行政争訟		国家補償	
民事訴訟	行政訴訟	不服申立て	国家賠償	損失補償

▶p114

3 行政訴訟の類型

Level 1 ▷ Q51,Q52

(1)主観訴訟—国民個人の権利利益の保護・救済を目的とする ▶p115

①抗告訴訟

(a)処分の取消訴訟、(b)裁決の取消訴訟、(c)無効等確認訴訟、(d)不作為の違法確認訴訟、(e)義務付け訴訟、(f)差止訴訟

②当事者訴訟

実質的当事者訴訟、形式的当事者訴訟

(2)客観訴訟—客観的な法秩序維持のため

①民衆訴訟

②機関訴訟

4 抗告訴訟

Level 1 ▷ Q54～Q57　Level 2 ▷ Q59,Q60

(1) 取消訴訟の手続 ▶p120

①要件審理（訴訟要件）

(a) 処分性、(b) 原告適格、(c) 狭義の訴えの利益

→「却下判決」

②本案審理（行政処分の違法性）

→違法性なし「棄却判決」、違法性あり「認容判決」

⑵ 処分性 ▶p121 ▶p125

「行政庁の処分とは、公権力の主体たる国または公共団体が行う行為のうち、その行為によって、直接国民の権利義務を形成しまたはその範囲を確定することが、法律上認められているもの」(最判昭 30.2.24)

①「公権力の行使」か

②国民に対する法的効果を伴うか

③紛争の成熟性があるか

⑶原告適格（訴えの利益の主観的側面） ▶p122

「法律上の利益」を有する者（「反射的利益」にすぎない場合は原告適格なし）

⑷訴えの利益（訴えの利益の客観的側面） ▶p124

「回復すべき法律上の利益」(行政処分の取消しそのものが意味を失っても、他に取消しを求めるべき何らかの実益があれば、訴えの利益が認められる)

⑸その他の訴訟要件 ▶p126

①被告適格：行政主体

②出訴期間の制限：処分を知って 6 か月以内、処分から 1 年以内

⑹執行不停止の原則と内閣総理大臣の異議 ▶p132

執行不停止（仮処分禁止）→裁判所の決定による執行停止→内閣総理大臣の異議

⑺取消訴訟の判決 ▶p127

①既判力：後訴の裁判で同一事項については矛盾した判断を拒む。

②形成力：処分庁が取り消すまでもなく、処分は遡及的に効力を失う。

③拘束力：処分庁その他の関係行政庁を拘束する。

5 当事者訴訟

Level 1 ▷ Q53

当事者訴訟とは、対等な法律関係を争うための訴訟。 ▶p118

①形式的当事者訴訟—当事者の法律関係を確認または形成する行政処分に関する訴訟（行政事件訴訟法 4 条前段)

②実質的当事者訴訟—公法上の法律関係に関する確認の訴え・その他の公法上の法律関係に関する訴訟（行政事件訴訟法 4 条後段)

6 客観訴訟

Level 1 ▷ Q53

⑴民衆訴訟 ▶p119

自己の法律上の利益にかかわらず、行政機関の違法行為の是正を求めて提起。

⑵機関訴訟

行政機関相互の適正な権限行使を確保するため、裁判所の関与を認める。

Q51 行政事件訴訟の分類

問 **行政事件訴訟は、抗告訴訟、当事者訴訟、民衆訴訟および機関訴訟に分類されるが、次のうち、抗告訴訟に該当するものとして正しいものはどれか。** (地方上級類題)

1 土地収用に基づく損失補償額についての収用委員会の裁決の効力を争う訴訟。
2 公衆浴場の営業許可処分に関して不許可処分を受けた者が提訴する処分の無効確認訴訟。
3 法定受託事務に関して主務大臣が提訴する代執行訴訟。
4 処分の無効を前提とする国立学校の学生の地位身分確認訴訟。
5 地方公共団体の議会の議員の当選の効力に関する訴訟。

PointCheck

◉行政訴訟の概念……【★☆☆】

行政訴訟は、行政活動に関連する紛争について裁判所が解決するための制度である。国民の権利救済としては、民事訴訟で権利保全を図ることもできるが、行政活動の公益性を考慮して別の訴訟制度が設けられている。行政訴訟は、違法行為の是正をめざす点で、金銭的解決をめざす国家補償の制度(国家賠償、損失補償)とは異なる。また、紛争解決機関が裁判所であるという点で、行政機関が裁断する不服申立ての制度とも区別される。

<table>
<tr><td rowspan="2">私法上の救済</td><td colspan="4">行政救済法</td></tr>
<tr><td colspan="2">行政争訟</td><td colspan="2">国家補償</td></tr>
<tr><td>民事訴訟</td><td>行政訴訟</td><td>不服申立て</td><td>国家賠償</td><td>損失補償</td></tr>
</table>

◉行政訴訟の類型……【★★★】

<table>
<tr><td colspan="4">民事訴訟　※争点訴訟</td><td rowspan="9">主観訴訟</td></tr>
<tr><td rowspan="10">行政訴訟</td><td rowspan="6">抗告訴訟</td><td rowspan="2">取消訴訟</td><td>処分の取消訴訟</td></tr>
<tr><td>裁決の取消訴訟</td></tr>
<tr><td colspan="2">無効等確認訴訟</td></tr>
<tr><td colspan="2">不作為の違法確認訴訟</td></tr>
<tr><td colspan="2">義務付け訴訟</td></tr>
<tr><td colspan="2">差止訴訟</td></tr>
<tr><td rowspan="2">当事者訴訟</td><td colspan="2">実質的当事者訴訟</td></tr>
<tr><td colspan="2">形式的当事者訴訟</td></tr>
<tr><td colspan="3">民衆訴訟</td><td rowspan="2">客観訴訟</td></tr>
<tr><td colspan="3">機関訴訟</td></tr>
</table>

⑴主観訴訟と客観訴訟

①主観訴訟―国民個人の権利利益の保護・救済を目的とする
抗告訴訟（行政庁の公権力の行使に関する不服の訴訟）
当事者訴訟（対等な法律関係を争うための訴訟）
※争点訴訟：民事訴訟の中で行政行為の存否・効力が争点となっているもの
②客観訴訟―客観的な法秩序維持のため
民衆訴訟（国民や住民が自己の法律上の利益にかかわらない資格で提起）
機関訴訟（適正な権限行使を確保するための機関相互の訴訟）
※客観訴訟は、権利の救済を旨とする司法裁判所の本来の役割ではないから、法律の規定がある場合にのみ認められる。

⑵抗告訴訟

抗告訴訟とは「行政庁の公権力の行使に関する不服の訴訟」のことをいう（行政事件訴訟法３条１項）。行政庁の公権力の行使に当たる行為を「行政処分」（≒行政行為）といい、抗告訴訟は、この処分の取消しや無効の確認を求めたり、処分の不作為を不服としたりする訴訟類型である。行政事件訴訟法は、①処分の取消訴訟、②裁決の取消訴訟、③無効等確認訴訟、④不作為の違法確認訴訟、⑤義務付け訴訟、⑥差止訴訟という６つの類型を設けている。

◉行政訴訟制度の沿革……【★★☆】

明治憲法の下では、大陸法的な裁判管轄が採られ、行政事件は行政裁判所が裁判権を持っていた。しかも、行政裁判所への出訴事項についての列挙主義や、訴願（不服申立て）前置主義が採られていたため、権利救済制度としては不十分であった。日本国憲法の下では、英米法的な裁判管轄が採られ、すべての法律上の争訟に対し、司法裁判所が裁判権を持つこととなった。さらに、行政訴訟の類型が多様化され、そのうちの取消訴訟の出訴事項について概括主義が採られたため、広く「行政処分」について争えるようになった。訴願前置主義も採用されず、行政上の不服申立てにつき自由選択主義が採られた（行政事件訴訟法８条１項）。

◉仮処分の禁止と権利保護……【★★☆】

行政の停滞を防ぐため、行政事件訴訟では民事保全法の「仮処分」を禁じている（行政事件訴訟法44条）。その代わり、処分の取消訴訟では「執行停止」制度が認められており（裁決の取消し、無効確認訴訟にも準用）、また、改正によって追加された義務付け訴訟、差止訴訟についても、仮の義務付け・仮の差止めが認められた（行政事件訴訟法37条の5）。

A51 正解―2

１―誤　対等な法律関係を争う当事者訴訟（形式的当事者訴訟）に該当する。
２―正　補充的無効確認訴訟であり、公権力行使に対する抗告訴訟となる。
３―誤　機関相互の関係なので「機関訴訟」に該当する。
４―誤　対等な法律関係を争う当事者訴訟（実質的当事者訴訟）に該当する。
５―誤　自己の法律上の利益に関係ない、民衆訴訟に該当する。

Q52 無効等確認・不作為の違法確認

問　行政事件訴訟法における無効等確認の訴え又は不作為の違法確認の訴えに関する記述として、妥当なものはどれか。（地方上級）

1　無効等確認の訴えは、処分又は裁決の存否又はその効力の有無の確認を求める訴訟であり、いかなる場合であっても当該処分等を行った行政庁を被告として提起しなければならない。

2　無効等確認の訴えは、無効等確認の訴え以外の訴訟によって目的を達することができる場合であっても、処分又は裁決に続く処分により損害を受けるおそれのある者に限り、無効等確認の訴えを提起することができる。

3　不作為の違法確認の訴えは、行政庁が法令に基づく申請に対し、相当の期間内に何らかの処分又は裁決をすべきであるにもかかわらず、これをしないことについての違法の確認を求める訴訟である。

4　不作為の違法確認の訴えにおいて違法確認判決が出た場合、行政庁は、裁判所の判断に拘束されるため、直ちに申請者の利益となる行政処分を行わなければならない。

5　最高裁判所は、原子炉許可処分に対して無効等確認の訴えが提起された事件において、原告適格の要件である法律上の利益を有する者の範囲を取消訴訟より狭く解し、原告の適格性は認められないと判示した。

PointCheck

◉裁決の取消訴訟（行政事件訴訟法３条３項）……………………………………………【★★☆】

裁決とは、不服申立てに対する審査庁の判定のことである。裁決の取消訴訟とは、国民が不服申立てを行い棄却された場合に、それを不服とする国民が棄却裁決の取消しを求めて提起する訴えのことをいう。棄却裁決の取消訴訟では、裁決に固有の違法だけを争うことができ、もともとの処分（原処分）の瑕疵を争うことはできない。原処分の瑕疵を争うなら、原処分に対する取消訴訟を提起する必要がある（原処分主義：行政事件訴訟法10条２項）。なお、原処分の瑕疵を争う場合に棄却裁決の取消訴訟を提起すべきとする方式は、裁決主義といわれ、個別の法律で裁決主義が採られていることもある。

◉無効等確認訴訟（行政事件訴訟法３条４項）……………………………………………【★★★】

(1)意義

無効等確認訴訟とは、行政処分・裁決・決定の存否またはその効力の有無の確認を求める訴訟のことである。そのうち最も重要なのは、行政処分の無効確認訴訟である。無効な行政行為に公定力はなく、相手方を拘束しないはずだが、行政機関の方で有効であるかのごとく扱うことがある。そこで、無効な行政行為の効力を争う手段として認められているのである。

⑵他の訴訟との関係

無効な行政行為に対しては、無効確認訴訟だけでなく、取消訴訟を提起することもできるが、出訴期間の制限や、不服申立ての前置が義務付けられていることもあり、この場合に取消訴訟を提起できなかった者も無効確認訴訟を提起できる。無効確認訴訟は、取消訴訟を補完するものということができる。したがって、無効確認訴訟の原告適格には、取消訴訟の原告適格と同様に、「法律上の利益」が必要となる（**Q55** 参照）。また、無効な行政行為に公定力や不可争力は生ぜず、民事訴訟の中で処分の無効を争うこともできる（争点訴訟）。行政行為に対しては、まず取消訴訟で公定力を排除しておいて、返還請求権等を行使するのが常態なのだが、無効確認訴訟においては、公定力を排除しておく手間が省けるのである。

⑶原告適格（行政事件訴訟法 36 条）

①積極的要件

⒜処分または裁決に続く処分により損害を受けるおそれがある者（予防的無効確認訴訟）
具体例：建物除却命令に対する無効確認訴訟を提起して強制執行停止を求める。

⒝処分または裁決の無効等の確認を求める法律上の利益がある者（補充的無効確認訴訟）
具体例：公衆浴場の営業許可に関し、不許可処分を受けた者が提訴する処分の無効確認。

②消極的要件（補充性）

処分・裁決を前提とする現在の法律関係に関する訴え（争点訴訟、当事者訴訟）では目的を達することができない。

◉不作為の違法確認訴訟（行政事件訴訟法 3 条 5 項）……………………………【★★☆】

不作為の違法確認訴訟とは、行政庁が、法令に基づく「申請に対して不作為」でいることの違法の確認を求める訴訟である。訴えることができるのは、申請をした者に限られる（行政事件訴訟法 37 条）。不作為が続く限り、出訴期間の制限はない。

A52 正解－3

1－誤　取消訴訟は、行政主体である国または地方公共団体を被告として提起する（行政事件訴訟法11条1項）。無効等確認の訴えについても同条を準用するので（同法 38 条 1 項）、被告は処分を行った行政庁ではなく行政主体となる。

2－誤　無効等確認の訴えには補充性があるとされ、「現在の法律関係に関する訴え」（実質的当事者訴訟・争点訴訟）では救済目的を達することができないときに利用される（行政事件訴訟法 36 条）。すなわち、他の訴訟類型で救済できる場合は無効確認の訴えは提起できないと解されている。

3－正　何らかの処分をすべき場合に、行政庁が処分をせずに放置することは、違法な処分をしたのと同じであるとして、その違法性を確認する訴訟である。

4－誤　違法確認の判決により行政庁は何らかの処分が義務付けられるが（行政訴訟法 38 条）、申請者の利益となる行政処分を義務付けられるわけではない。

5－誤　判例は、無効確認訴訟の原告適格は、取消訴訟同様の「法律上の利益」が必要として、原子炉周辺の居住民の原告適格を認めている（最判平 4.9.22）。

Q53 当事者訴訟・客観訴訟

問 行政事件訴訟法に規定する行政事件訴訟に関する次の記述のうち、妥当なものはどれか。
(地方上級)

1 機関訴訟は、国又は公共団体の機関相互間における権限の存否又はその行使に関する紛争についての訴訟であり、訴えの提起は法律に明文の規定がある場合に限られない。
2 抗告訴訟は、行政庁の公権力の行使に関する不服の訴訟であり、行政庁が法令に基づく申請に対し、相当期間内に何らかの処分又は裁決をすべきにもかかわらず、これをしないことについての違法の確認を求める訴訟を含む。
3 民衆訴訟は、国又は公共団体の機関の法規に適合しない行為の是正を求める訴訟で、自己の具体的な権利や利益に直接関係のある事柄について提起するものである。
4 争点訴訟とは、私法上の法律関係に関する訴訟で、行政庁の処分若しくは裁決の存否又はその効力の有無を前提問題として争われるものであり、行政事件訴訟に含まれる。
5 当事者訴訟は、権利主体が対等な立場で権利関係を争う訴訟で、公権の主張を審理対象とするが、その構造は民事訴訟と異ならず、行政庁の訴訟参加や職権証拠調べなどの抗告訴訟に関する規定は準用されない。

PointCheck

◉当事者訴訟(行政事件訴訟法4条)……【★★☆】

当事者訴訟とは、対等な法律関係を争うための訴訟類型であり、対等ではない(権力的な)法律関係を争う抗告訴訟に対置されるものである。

⑴形式的当事者訴訟

当事者の法律関係を確認または形成する行政処分に関する訴訟(前段)。

内容的には抗告訴訟に近く、出訴期間の制限にも服する(行政事件訴訟法40条)ので、本来の当事者訴訟とは区別する意味で、形式的当事者訴訟といわれる。

具体例:土地収用法133条2項に基づく損失補償に関する訴訟

※収用委員会の裁決により補償額が決定されるので、本来収用委員会を被告として裁決の取消訴訟を提起すべきところ、土地所有者と取得者という当事者間の訴訟とされる。

⑵実質的当事者訴訟

公法上の法律関係に関する確認の訴え・その他の公法上の法律関係に関する訴訟(後段)。

民事訴訟との違いは小さく、民事訴訟で扱われることも多かったので、当事者訴訟の活用を図るため、改正により「公法上の法律関係に関する確認の訴え」を後段に追加した。

具体例:公務員の勤勉手当支給に関する判例(富山地判昭47.7.21)

◉客観訴訟……………………………………………………………………………………【★★☆】

⑴民衆訴訟

国民や住民が自己の法律上の利益にかかわらない資格で、国・地方公共団体などの機関の違法行為の是正を求めて提起するものである（行政事件訴訟法5条）。

具体例：選挙や当選の効力に関する訴訟（公職選挙法202条以下）、地方自治法の直接請求にかかる訴訟（地方自治法74条の2・85条）、住民訴訟（地方自治法242条の2）がある。

⑵機関訴訟

国や地方公共団体などの機関相互間における、権限の存否やその行使に関する紛争についての訴訟である（行政事件訴訟法6条）。本来機関相互での訴訟というものは考えられないところ、適正な権限行使を確保するため、裁判所の関与を認めているものである。

具体例：普通地方公共団体の長と議会の間の訴訟（地方自治法176条）

◉義務付け訴訟…………………………………………………………………………………【★★☆】

抗告訴訟としては、当初、処分・裁決の取消し、無効等確認、不作為の違法確認が規定されていたが、これでは行政庁に作為を命じることはできない。そこで、法定外の抗告訴訟として義務付け訴訟が議論されていたが、裁判所が先んじて作為を命じるのは行政庁の判断権を害するおそれもあった。そこで、改正により義務付け訴訟（行政事件訴訟法3条6項）が追加され、裁判所は、国民の権利救済のため、行政庁に処分または裁決をなすべきことを命じられるようになった。

◉差止訴訟……………………………………………………………………………………【★★☆】

差止訴訟も、以前から予防的不作為訴訟と呼ばれ、法定外抗告訴訟として認められていたが、改正により新たに追加されたものである。最高裁も、「処分を受けてから、事後的に義務の存否を争ったのでは、回復しがたい重大な損害を被るおそれがあるなどの場合」に、処分の予防・差止の可能性があることを認めていた（最判昭47.11.30）。

A53 正解－2

1－誤　機関訴訟は、法律に明文の規定のある場合に認められる（行政事件訴訟法42条）。

2－正　本肢が述べているのは、不作為の違法確認の訴えである。

3－誤　民衆訴訟は、自己の法律上の利益にかかわらない資格で提起するものである。

4－誤　争点訴訟は民事訴訟である。なお、行政庁の処分・裁決が無効が争点となるから、争点訴訟には取消訴訟に関する規定が一部準用される。

5－誤　当事者訴訟にも訴訟参加・職権証拠調べの規定が準用される（同法41条1項）。

Q54 取消訴訟と処分性

問　取消訴訟の訴訟要件である処分性に関する次の記述のうち、判例に照らし、妥当なのはどれか。
（国家一般）

1　医療法に基づき都道府県知事が行う病院開設中止の勧告は、勧告を受けた者がこれに従わない場合に、相当程度の確実さをもって健康保険法上の保険医療機関指定を受けられないという結果をもたらすとしても、それは単なる事実上の可能性にすぎず、当該勧告自体は、法的拘束力を何ら持たない行政指導であるから、直接国民の権利義務を形成し又はその範囲を確定する行為とはいえず、処分性は認められない。
2　建築許可に際し、消防法に基づき消防長が知事に対してした消防長の同意は、行政機関相互間の行為であって、これにより対国民との直接の関係においてその権利義務を形成し又はその範囲を確定する行為とはいえず、処分性は認められない。
3　市町村の施行に係る土地区画整理事業の事業計画は、特定個人に向けられた具体的な処分ではなく、いわば土地区画整理事業の青写真たるにすぎない一般的・抽象的な単なる計画にとどまるものであり、当該事業計画の決定は、直接国民の権利義務を形成し又はその範囲を確定する行為とはいえず、処分性は認められない。
4　市の設置する特定の保育所を廃止する条例の制定行為は、普通地方公共団体の議会が行う立法作用に属するものであり、その施行により各保育所を廃止する効果を発生させ、当該保育所に現に入所中の児童及びその保護者に対し、当該保育所において保育の実施期間が満了するまで保育を受けることを期待し得る法的地位を奪う結果を生じさせるとしても、行政庁の処分と実質的に同視し得るものということはできず、処分性は認められない。
5　労働者災害補償保険法に基づく労災就学援護費の支給は、業務災害等に関する保険給付に含まれるものではなく、それを補完する労働福祉事業として給付が行われることとされているのであり、その給付を受けるべき地位は、保険給付請求権と一体をなす法的地位に当たるということはできないから、労働基準監督署長の行う労災就学援護費の支給又は不支給の決定は、直接国民の権利義務を形成し又はその範囲を確定する行為とはいえず、処分性は認められない。

PointCheck

◉取消訴訟の手続……………………………………………………【★☆☆】

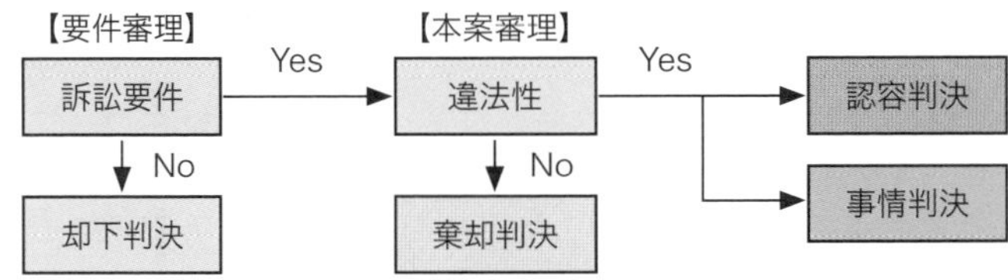

⑴要件審理
訴訟要件を欠けば、不適法な訴えとして却下判決が下される。主な訴訟要件としては、①処分性、②原告適格、③（狭義の）訴えの利益がある。

⑵本案審理
本案審理の対象は、行政処分の違法性であり、審理の結果、違法性がないとの判断に至れば、棄却判決が下される。違法性が認められれば、通常は請求が認容される（認容判決）。

⑶事情判決
例えば、完成したダム建設の許可が違法だが、実際に取り消すことが公共の福祉に適合しない場合もある。事情判決とは、行政処分を取り消さずに請求を棄却し、主文において行政処分の違法を確認するにとどまる特殊な棄却判決である（行政事件訴訟法31条）。

◉処分性の認定に関する判例……………………………………………………【★★★】
取消訴訟の対象となる行政処分（行政事件訴訟法3条2項）がいかなる行政活動か、特に行政行為以外にも救済可能性を広げることの可否が問題となる（形式的行政処分）。判例は処分性について、「直接国民の権利義務を形成しまたはその範囲を確定することが、法律上認められているもの」（最判昭30.2.24）とし、①「公権力の行使」か、②国民に対する法的効果を伴うか、③紛争の成熟性が認められるかという基準を用いる（**Q56**参照）。

規範定立行為	告示	健康保険医療費値上げ事件	東京地決昭40.4.22	○
		NO^2 環境告示事件	東京地判昭56.9.17	×
	条例	横浜市保育所廃止条例事件	最判平21.11.26	○
行政計画		盛岡用途地域指定事件	最判昭57.4.22	×
		土地区画整理事業	最大判平20.9.10	○
事実上の行為		ポルノグラフィー税関長通知事件	最判昭54.12.25	○
		大田区ゴミ焼却場設置事件	最判昭39.10.29	×

A54 正解－2

1―誤　開設中止勧告は行政指導だが、相当程度確実に保険医療機関の指定を受けられず事実上病院開設はできないので、処分性が認められる（最判平17.7.15）。
2―正　消防長の同意は知事との行政機関相互間の行為とされた（最判昭34.1.29）。
3―誤　土地区画整理事業の事業計画は、土地所有者の法的地位に直接的な影響があり処分性を認めている（最大判平20.9.10）。
4―誤　原告には保育を期待する法的地位があり、他の行政庁の処分なく本件条例のみで法的地位が奪われるから、改正条例の制定も処分性がある（最判平21.11.26）。
5―誤　労災就学援護費の支給・不支給の決定は、法を根拠とする優越的地位に基づき一方的に行う公権力の行使で、被災労働者・遺族の権利に直接影響を及ぼす法的効果を有するから、抗告訴訟の対象となる行政処分にあたる（最判平15.9.4）。

Q55 原告適格

問 次のうち、個人的公権または法の保護すべき利益が侵害されたとして、行政訴訟を提起することのできる場合はどれか。ただし、争いがある場合は判例による。 (地方上級類題)

1 新道の公用開始によって、旧道が廃止されたため、公道と自宅との連絡道が若干遠くなり一部の住民が不利益を受けた場合。
2 文化財保護法によって、特別名勝地に指定された地域の指定を取り消したため、地元住民が名勝観賞上および文化生活上の不利益を受けた場合。
3 公安委員会が、第三者に対し、法令の定めに従って質屋営業を許可したため、既存の同業者が営業上の不利益を受けた場合。
4 国土交通大臣が、地方鉄道業者に対し、運賃値上げを許可する処分をしたため、沿線付近の住民が不利益を受けた場合。
5 知事が第三者に対し、公衆浴場の営業を許可したため、既存の同業者が営業上の不利益を受けた場合。

PointCheck

◉原告適格……【★★★】

取消訴訟は主観訴訟であるから、自己の権利利益の保護を図る者にのみ、取消訴訟を提起できる資格（原告適格）がある。行政事件訴訟法は、行政処分の取消しを求めるにつき、「法律上の利益」を有する者のみが取消訴訟を提起できると定めているので（行政事件訴訟法9条）、どの範囲の者に原告適格が認められるかは「法律上の利益」の解釈論として争われる。

行政処分の相手方には当然、原告適格が認められる。「相手方以外の者」については、当該処分または裁決の根拠となる法令の規定の文言のみによることなく、当該法令の趣旨および目的ならびに当該処分において考慮されるべき利益の内容および性質を考慮するものとされる（行政事件訴訟法9条2項）。判例の考え方は「法律上保護された利益」説であり、「法律」には憲法や条理を含まないとする立場なので、かなり狭い。しかも、公益と私益を区別し、実定法規が公益保護を目的としていると解釈される場合に受ける国民の利益は「反射的利益」にすぎず、原告適格が認められないとする。試験では、①「公衆浴場の許可を争う既存業者」には原告適格があるが（最判昭37.1.19）、②「新規の質屋の営業許可を争う既存業者」には原告適格がない（最判昭34.8.18）というのが、基本である。

主婦連ジュース訴訟	←商品表示の認可を争う消費者	最判昭53.3.14	×
新潟空港騒音事件	←空港の認可を争う付近住民	最判平1.2.17	○
近鉄特急料金事件	←特急料金の値上げを争う付近住民	最判平1.4.13	×
伊場遺跡保存訴訟	←史跡の指定解除処分を争う学術研究者	最判平1.6.20	×
もんじゅ訴訟	←原子炉設置許可を争う付近住民	最判平4.9.22	○

❖判例

◉**東京12チャンネル事件**（最判昭43.12.24）…○

競願関係にある免許申請につき、行政庁がXに免許を与えYにはこれを拒んだ場合において、自己の申請のほうが優れていると主張するYは、Xの免許処分の取消しを訴求しうるほか、自己の拒否処分の取消しを訴求することもでき、後者の場合にも訴えの利益がないとはいえない。

◉**豊島区町名変更事件**（最判昭48.1.19）…×

町名につき住民が有する利益、不利益は事実上のものにすぎない。

◉**主婦連ジュース訴訟**（最判昭53.3.14）…×

不当景品類および不当表示防止法の規定により一般消費者が受ける利益は、反射的な利益ないし事実上の利益であって、法律上保護された利益とはいえない。

◉**長沼ナイキ事件**（最判昭57.9.9）…○

保安林の指定解除に直接の利害関係を有する者は、保安林の指定が違法に解除され自己の利益が害された場合には、右解除処分の取消しを訴求する原告適格を有する。

◉**伊達火力事件**（最判昭60.12.17）…×

公有水面にかかる埋立免許等の処分は、その周辺水面において漁業を営む権利に対し直接の法律上の影響を与えるものではなく、漁業権者に原告適格はない。

◉**新潟空港騒音事件**（最判平1.2.17）…○

定期航空運送事業免許に係る路線の使用飛行場の周辺に居住し、騒音によって社会通念上著しい障害を受ける者は、免許取消を求めるにつき法律上の利益を有する。

◉**伊場遺跡保存訴訟**（最判平1.6.20）…×

文化財保護法および静岡県文化財保護条例に基づく史跡指定解除処分に対し、遺跡を研究の対象としてきた学術研究者はその取消しを求める法律上の利益を有しない。

◉**もんじゅ訴訟**（最判平4.9.22）…○

核原料物質等の規制に関する法律は、一般的公益の保護だけでなく原子炉施設周辺に居住する住民の生命、身体の安全等を個々人の個別的利益としても保護する趣旨であり、その住民の範囲は、原子炉に関する諸条件を考慮に入れ、居住地域と原子炉の位置との距離関係を中心に、社会通念に照らし、合理的に判断すべきである。

◉**場外車券施設設置許可取消訴訟の原告適格**（最判平21.10.15）…○

周辺居住者・事業者・医療施設利用者には原告適格は認められないが、業務上の支障が生ずるおそれがあると位置的に認められる医療施設開設者には原告適格が認められる。

A55 正解ー5

1—誤　若干遠くなっただけであり、法的権利ないし利益の侵害はない。
2—誤　反射的利益にすぎない。
3—誤　警察許可のため、既存業者の利益は反射的利益にすぎない。
4—誤　反射的利益にすぎない（近鉄特急料金事件、最判平1.4.13）。
5—正　法律上保護された利益として原告適格が認められる。

Q56 訴えの利益

問　抗告訴訟の訴えの利益に関する次の記述のうち、判例に照らし、妥当なものはどれか。
(地方上級)

1　懲戒免職処分を受けた公務員が当該処分の取消訴訟の係属中に死亡した場合は、懲戒免職処分は一身専属的なものであり、取消判決によって回復される利益は存在しないから、遺族が当該訴訟を承継することは認められない。
2　運転免許停止処分の記載のある免許証を所持することにより、名誉等を損なう可能性がある場合には、処分の本体たる効果が消滅した後も、当該処分の取消しを求める訴えの利益は存在する。
3　建築基準法における建築確認は、建築関係規定に違反する建築物の出現を未然に防止することを目的としたものであるとしても、当該工事の完了後も引き続き当該建築確認の取消しを求める訴えの利益は存在する。
4　保安林指定解除処分により洪水等の防止上の利益を侵害される者には、当該処分の取消訴訟の原告適格が認められるが、代替施設の設置により洪水等の危険が解消された場合には、当該処分の取消しを求める訴えの利益は失われる。
5　税務署長の更正処分に対して取消訴訟を提起している間に、税務署長が増額更正処分を行った場合であっても、当初の更正処分の取消しを求める訴えの利益は存在する。

PointCheck

◉訴えの利益……………………………………………………………………【★★★】

訴えの利益は、「現在の時点でも裁判をする実益があるのか」という問題で、行政事件訴訟法9条の「回復すべき法律上の利益」の解釈論として議論される。期間の経過により訴えの利益が消滅する場合や、事業の完了により訴えの利益が消滅する場合などが問題となっている。例えば、メーデー集会のための公園使用許可の不許可処分の取消しを求める訴えは、メーデーの期日を経過すれば訴えの利益がなくなってしまう。

ただし、行政処分の取消しそのものが意味を失っても、他に取消しを求めるべき何らかの実益があれば、訴えの利益が認められる。例えば、公務員の免職処分の取消しについて、原告が議員に立候補して復職の可能性がなくなったとしても、俸給請求権を残すためには免職処分を取り消しておく実益がある。自動車運転免許停止処分も、前歴により不利益取扱いを受ける可能性があるので、停止期間経過後も処分の日から満1年を経過するまでは取り消す実益がある（1年を経過すると訴えの利益はなくなる)。

❖判例

◉免職処分を受けた公務員が公職に立候補した場合（最大判昭40.4.28）…○

公職選挙法90条の規定により公務員たる地位を回復できなくなるが、給料請求権その他の権利、利益を回復するために、なお、取消しを求める利益がある。

◉**増額再更正処分があったとき**（最判昭 55.11.20）・・・×
更正処分の取消しを求める利益は失われる。
◉**保安林解除処分の取消しを求める利益**（長沼ナイキ事件、最判昭 57.9.9）・・・×
代替施設の設置により洪水の危険が解消されると認められるときに消滅する。
◉**学習指導要領が改正された場合**（最判昭 57.4.8）・・・×
旧要領の下でなされた検定不合格処分の取消しを求める利益は原則として消滅する。
◉**建築確認処分の取消しを求める利益**（最判昭 59.10.26）・・・×
建築物の建築工事の完了によって失われる。
◉**免職処分の取消訴訟の係属中に原告が死亡した場合**（最判昭 49.12.10）・・・○
取消判決によって回復される公務員の給料請求権を相続する者が訴訟を承継する。

◉**処分性に関する判例**　（**Q54** 参照、○・・・処分性あり、×・・・処分性なし）　……【★★★】
①輸入禁制品の決定・通知（ポルノグラフィー税関長通知事件、最判昭 54.12.25）・・・○
税関長の通知は、観念の通知ではあるが、それにより適法に輸入ができなくなるという法律上の効果を及ぼすものであるから、行政処分に当たる。
②事実行為（大田区ゴミ焼却場設置事件、最判昭 39.10.29）・・・×
都がごみ焼却場を設置する行為は、行政処分に当たらない。
③行政機関相互の内部行為（最判昭 53.12.8）・・・×
全国新幹線鉄道整備法に基づく工事実施計画の認可は、いわば上級機関の下級機関に対する監督手段としての承認の性質を有するもので、行政処分に当たらない。
④通達（最判昭 43.12.24）・・・×
行政内部の通達は、行政機関を拘束するにとどまるから、行政処分に当たらない。
⑤条例制定（最判平 21.11.26）・・・○
市が設置する保育所を廃止する条例制定行為は抗告訴訟の対象となる行政処分に当たる。
⑥拘束的計画（大阪阿倍野市街地再開発事件、最判平 4.11.26）・・・○
計画決定は、地区内の土地所有者の法的地位に直接的な影響を与え、行政処分に当たる。
⑦拘束的計画（土地区画整理事業、最大判平 20.9.10）・・・○
青写真にすぎないとした従来の判例（最大判昭 41.2.23）を変更し処分性を肯定。

A56 正解－4

1－誤　取消判決によって回復される当該公務員の給料請求権を相続する者が訴訟を承継する（最判昭 49.12.10）。
2－誤　免停処分からさらに1年経過することにより、法的に不利益な取扱いを受けるおそれがなくなると、訴えの利益は失われる（最判昭 55.11.25）。
3－誤　建物の完成により訴えの利益は失われる（最判昭 59.10.26）。
4－正　代替施設の完成により訴えの利益は失われるとした判例がある（最判昭 57. 9. 9）。
5－誤　増額更正処分があると、更正処分の取消しを求める利益は失われる（最判昭 55.11.20）。

Q57 取消訴訟

問 取消訴訟に関する次の記述のうち、妥当なものはどれか。 (国家一般)

1 取消訴訟において、訴訟の結果によって権利を害される第三者があるときは、裁判所はその第三者を訴訟に参加させることができるが、その訴訟参加の性質は民事訴訟法上の補助参加と同じく単に訴訟当事者の一方を補助するためのものである。

2 取消訴訟においては、事案の適正な解決をはかるため、裁判所は職権で証拠調べをすることが認められているが、判決の効果が直接公益の利害と関係するから、裁判所は当事者の主張しない事実についても職権で探知して審理することもできる。

3 取消訴訟の係属中に、処分の要件である事実状態が変動し、または訴訟の対象となっている処分の根拠または基準となる法規が改廃された場合には、裁判所は処分時の法規および事実状態を基準としてその違法性を判断すべきであるとするのが判例である。

4 取消訴訟についての裁判所の判断内容が確定し、訴訟当事者の間で当該事項について再び紛争をむし返せなくなる効力を既判力といい、その及ぶ範囲は当事者および同一視しうるその承継人に限られるから、行政庁を被告とする取消訴訟の判決の既判力は当該行政庁の属する国または公共団体に及ばない。

5 行政処分を取り消す判決が確定した場合、当該行政処分の効力が遡及的に消滅し、初めから当該処分がなかったのと同様の状態となるのであって、その判決の効果を形成力というが、訴訟外の利害関係者が不測の不利益を受けるのを防ぐため、取消判決の形成力は第三者には及ばないとされている。

PointCheck

◉取消訴訟のその他の訴訟要件……………………………………………………【★★★】

取消訴訟は、行政主体である国や地方公共団体を被告として提起する(行政事件訴訟法11条1項)。改正前は、当該処分をなした行政庁を相手にするものとしていたが(行政庁主義)、訴訟の簡明化のために、国家賠償請求と同様に、被告適格について行政主体主義をとると改正されたのである。

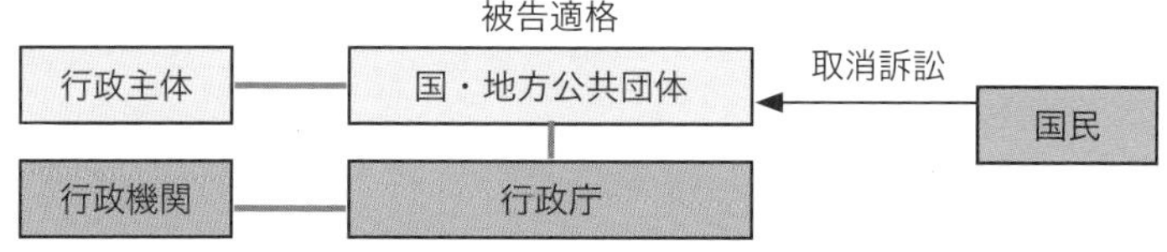

取消訴訟を提起することができる行政処分をなす際に、行政庁は処分の相手方に、取消訴訟の相手方・出訴期間・不服申立て前置などについての教示、すなわち説明をしなければならない(行政事件訴訟法46条)。

取消訴訟には出訴期間の制限があり、①処分があったことを知った日から6か月以内で、かつ、②処分があった日から１年以内に提起する必要がある。

◉取消訴訟の判決……………………………………………………………………………【★★★】

⑴違法判断の基準時

国民は、違法な処分の取消しを求めて取消訴訟を提起するが、行政法規の制定・改廃は著しい。法規や事実状態が変化してしまった場合、事後的に違法性を判断する裁判所は、「どの時点」を基準にして違法性の判断をすればよいか。判決時を基準とする立場もあるが、処分時説が多数説・判例（最判昭 27.1.25）である。

⑵判決の効力

①既判力

取消判決が確定すると、民事訴訟の判決と同様に、後訴の裁判で同一事項については矛盾した判断を拒むという、既判力が生じる。処分は行政機関である行政庁により行われるものだが、既判力は被告である行政主体に及ぶ。国家賠償請求訴訟との関係では、行政処分を違法として取り消す判決が確定すると、その行政処分の違法を理由とする国家賠償請求訴訟において、被告（国・公共団体）や裁判所は、行政処分の違法性を否認する主張ができなくなる。

②形成力

取消訴訟は形成訴訟であるから、取消判決が確定すると、処分庁が取り消すまでもなく、処分は遡及的に効力を失う（形成力）。形成力が第三者にも及ぶ以上（判決の対世効：行政事件訴訟法 32 条 1 項）、第三者の訴訟参加や再審の訴えが認められる（行政事件訴訟法 24 条、34 条）。

③拘束力

形成力が生じても、処分庁が同一内容の処分を繰り返すのであれば意味がない。そこで、取消判決には、処分庁その他の関係行政庁を拘束する効力が認められる（行政事件訴訟法 33 条 1 項）。これを判決の拘束力といい、消極的効果（同一事情の下で同一内容の処分はできなくなる）と、積極的効果（判決趣旨に従った措置を執るべき）に分けられる。

A57 正解－3

1 —誤　第三者の訴訟参加の性質は、単なる民事訴訟法上の補助参加（民事訴訟法 42 条）ではなく、より独立性の強い地位が認められる共同訴訟的補助参加に類するものとされている。

2 —誤　行政事件訴訟法においては、職権探知主義は認められない。

3 —正　行政処分に対する違法性の判断基準時につき、判例は、原則として処分時と解している（最判昭 27.1.25）。

4 —誤　抗告訴訟の判決の既判力は、当該行政庁の属する国または公共団体にも及ぶ。

5 —誤　取消判決の形成力は訴訟当事者のみならず、訴訟外の利害関係人にも及ぶ（行政事件訴訟法 32 条 1 項）。

Q58 行政事件訴訟の類型

問 行政事件訴訟の類型に関する次の記述のうち、妥当なものはどれか。 （国家一般）

1 行政処分の存否またはその効力の有無の確認を求めるのであれば、当該処分の無効等を前提とした争点訴訟または公法上の当事者訴訟で争うことが可能であったとしても、無効等確認の訴えを提起することが認められる。

2 法令に基づく申請に対して、行政庁が、相当の期間内に何らかの行政処分をすべきとされているにもかかわらず、これをしない場合には、当該申請をした者は不作為の違法確認の訴えを提起し、直ちに申請に応じた特定の行為をせよとの判決を求めることが認められる。

3 形式的当事者訴訟とは、当事者間の法律関係を確認しまたは形成する処分または裁決に関する訴訟で、法令の規定によりその法律関係の当事者の一方を被告とするものをいうが、この典型的な例として、土地収用法の損失補償に関する訴訟がある。

4 普通地方公共団体の住民が、専ら当該公共団体の財産管理の適正を図る目的で、公共団体の機関の法規に適合しない行為の是正を求めて争う訴訟は、自己の法律上の利益とかかわらない資格で提起するものであるので認められない。

5 国または公共団体の機関相互間における権限の存否またはその行使に関する紛争は、行政組織内部の権限に関する争いであるから、これについての訴訟は認められない。

PointCheck

◉争点訴訟……【★★☆】

争点訴訟は、私法上の法律関係に関する訴訟において、行政行為の存否・効力が争点となっているものである。民事訴訟ではあるが、行政行為の存否・効力が問題となるため、行政事件訴訟法の規定が準用されている（行政事件訴訟法45条1項）。

◉無効等確認訴訟の要件……【★★☆】

無効等確認訴訟は、処分による損害を予防するため、または無効確認しか方法がない場合に限って訴訟を提起できる（行政事件訴訟法36条）。

⑴予防的無効確認訴訟

「当該処分または裁決に続く処分により損害を受けるおそれのある」場合である。課税処分が無効であるのに滞納処分が行われようとしている場合には、課税処分の無効を確認する以外に滞納処分を避ける方法がなく、無効等確認訴訟が認められる（最判昭51.4.27）。

⑵補充的無効確認訴訟

「当該処分若しくは裁決の存否またはその効力の有無を前提とする現在の法律関係に関する訴えによって目的を達することができない」場合である。営業免許の申請に対し、無効な拒否処分がなされた場合には、現在の法律関係自体が存在しない状態であるので、無効であることを確認するほか手段がないのである。

◉**不作為の違法確認訴訟の限界**……………………………………………………………【★★☆】

不作為の違法確認訴訟が認容されても、申請自体が認容されるのではない。違法とされるのは、申請に対する行政庁の対応が遅れていることであり、行政庁に作為を命じることはできない。ここが、不作為の違法確認の訴えでは弱点であり、やるべきことをやらせる場合の手段が必要とされる。そこで国民の権利救済の観点から、新たに義務付け訴訟と、差止訴訟が法定されたのである。義務付け訴訟により、一定の処分・裁決がなされないときには、行政庁に処分・裁決をすべき旨命じることが可能となり、差止訴訟により、一定の処分がなされようとしているときには、行政庁に処分をしてはならない旨、命じることを求められることとなった。

処分の取消訴訟以外については、実例やポイントも多くなく、一度しっかりまとめれば十分。行政訴訟全般について、不安要素をつぶしておくこと。

A58 正解ー3

1—誤 無効等確認の訴えは、補充的な訴訟とされており、行政処分の無効等を前提とする現在の法律関係に関する訴えによって目的を達しうるときは許されない（行政事件訴訟法36条）。したがって、争点訴訟または公法上の当事者訴訟で争いうる場合には無効等確認の訴えを提起することはできない。

2—誤 不作為の違法確認の訴えは、行政庁の不作為の違法を確認して許認可事務の促進を期待するにとどまるもので、申請に応じた特定の行為をなすべきことを義務づけることはできない。司法権の行政権に対する干渉を招き、三権分立に反するおそれがあるからである。

3—正 行政事件訴訟法4条。土地収用の損失補償金額に不服がある場合、本来ならば、収用委員会の裁決の取消しを求めるべきであるが、争いの性格上、起業者と土地所有者との間で争わせたほうが便宜である。そこで、これらの者が形式的に当事者となって訴訟をすべきものと定められている（土地収用法133条）。

4—誤 行政の違法行為の是正を目的とする訴訟（民衆訴訟）は、政策的見地から認められるものであるから、法律の明文規定がある場合に法律に定める者のみが提起しうる（裁判所法3条、行政事件訴訟法42条）。本肢の場合は、地方自治法242条の2（住民訴訟）に規定がおかれている。

5—誤 本肢のような紛争についての訴訟（機関訴訟）も、裁判所の権限に当然に含まれるものではないが、行政機関の相互の独立性を尊重して法的に解決することが必要な場合には、法律が裁判所の訴訟手続による決着を図るように規定することがある（地方自治法上の代執行訴訟、地方自治法245条の8第5項）。

Q59 訴えの利益

問 訴えの利益に関する次の記述のうち、判例に照らし、妥当なのはどれか。 （国家一般）

1　建築基準法に基づく建築確認は、それを受けなければ建築物の建築等の工事をすることができないという法的効果を付与されているにすぎないものであり、当該工事が完了した場合においては、当該建築確認の取消しを求める訴えの利益は失われる。

2　道路交通法に基づく運転免許証の更新処分において、一般運転者として扱われ優良運転者であることの記載のない免許証を交付された者は、交付された免許証が優良運転者であるか否かによって当該免許証の有効期間等が左右されるものではないから、優良運転者としての法律上の地位を否定されたことを理由として、当該更新処分の取消しを求める訴えの利益を有しない。

3　同一の放送用周波の競願者に対する免許処分の取消訴訟において、当該免許の期間満了後直ちに再免許が与えられ、継続して事業が維持されている場合であっても、再免許といえども取消訴訟の対象となっていた免許が失効したのであるから、当該免許処分の取消しを求める訴えの利益は失われる。

4　免職された公務員が免職処分の取消訴訟の係属中に死亡した場合には、もはや公務員としての地位を回復することはできず、また、免職処分の取消しによって回復される給料請求権は一身専属的な権利であるから、当該免職処分の取消しを求める訴えの利益は失われ、当該公務員の相続人の訴訟承継は認められない。

5　土地改良法に基づく土地改良事業施行の認可処分の取消しを求める訴訟の係属中に、当該事業に係る工事及び換地処分が全て完了したため、当該事業施行地域を当該事業施行以前の原状に回復することが、社会的、経済的損失の観点からみて、社会通念上、不可能となった場合には、当該認可処分の取消しを求める訴えの利益は失われる。

PointCheck

◉訴えの利益に関する判例……………………………………………………【★★★】

❖判例

◉運転免許停止処分取消請求事件（最判昭 55.11.25）

▶判旨

本件処分の効果は処分期間の経過によりなくなり、処分の日から１年を経過し道路交通法上不利益を受けるおそれはなくなっているので、行政事件訴訟法９条の規定の適用上、本件原処分および本件裁決の取消しによって回復すべき法律上の利益を有しない。原処分の記載のある免許証を所持することによる、名誉、感情、信用等を損なう可能性は、原処分がもたらす事実上の効果にすぎず、取消しの訴えによって回復すべき法律上の利益とはいえない。

◉**東京 12 チャンネル事件**（最判昭 43.12.24）

▶**判旨**

競願関係にある免許申請につき、Xの免許処分の取消しを訴求しうるほか、自己の拒否処分の取消しを訴求することもでき、後者の場合にも訴えの利益がないとはいえない。

◉**郵便局免職処分取消事件**（最大判昭 40.4.28）

▶**判旨**

市議会議員に立候補したので、免職処分取消による郵政省職員の地位を回復することはできない。しかし、公務員免職の行政処分が取り消されない限り、給料請求権その他の権利、利益につき裁判所に救済を求めることができなくなる。行政事件訴訟法９条が、「処分または裁決の効果が期間の経過その他の理由によりなくなった後においてもなお処分または裁決の取消しによって回復すべき法律上の利益を有する者を含む」と規定した趣旨から、郵政省職員たる地位を回復する理由がなくなった現在でも、本件訴訟を追行する利益を有するものと認めるのが相当である。

代表的な判例については、もう一歩深く判例の内容に触れておきたい。例えば、「公務員の免職取消は議員立候補しても訴えの利益あり」だけでなく、行政事件訴訟法９条かっこ書きの解釈（回復すべき法律上の利益＝歳費請求）が問題となっているのである。

A59 正解－1

1－正　建築確認の取消訴訟の訴えの利益は、当該工事が完了した場合は失われる（最判昭 59.10.26）。

2－誤　道路交通法は優良運転者たる地位を法律上の地位として保護する立法政策を特に採用しているから、一般運転者として更新を受けた者が更新処分の取消しを求める訴えの利益はある（最判平 21.2.27）。

3－誤　東京 12 チャンネル事件の２つ目の論点であり、判例は訴えの利益を肯定している。すなわち、「再免許」といっても新たな免許期間が開始するものではなく、本免許を前提とした免許期間の更新と実質的に異ならない。期間満了後ただちに再免許が与えられ事業継続する場合、これを免許失効と同視して訴えの利益を否定することは相当でない（最判昭 43.12.24）。

4－誤　公務員の給与請求権は相続の対象となり訴えの利益は失われない（最判昭 49.12.10）。

5－誤　工事及び換地処分が全て完了し原状回復が社会通念上不可能としても、施行認可処分の取消しを求める法律上の利益は失われない（最判平 4.1.24）。

Q60 執行停止

問 執行停止に関する記述として、行政事件訴訟法上、妥当なものはどれか。（地方上級）

1　内閣総理大臣は執行停止の申立てがあった場合に、裁判所に対し、執行停止の決定の前後を問わず、異議を述べることができる。
2　裁判所は緊急の必要がある場合は、処分の執行による損害の有無にかかわらず、当該処分の執行停止を決定することができる。
3　裁判所は、執行停止の申立てに対し迅速に決定しなければならない場合には、当事者の意見を聞かないことができる。
4　裁判所は執行停止により、公共の福祉に重大な影響を及ぼすおそれがあるときでも本案に理由があると推測するときは、執行停止を決定することができる。
5　当事者は執行停止の申立てに対する決定に対して、即時抗告をすることはできない。

PointCheck

◉執行不停止の原則と内閣総理大臣の異議……【★★☆】

⑴執行停止制度の意義

民事法では仮処分の制度があり（民事保全法 23 ～ 25 条）、仮の権利救済が比較的容易に図られている。しかし、行政処分は公益を背景に行われるものであるから、取消訴訟を提起した国民が簡単に仮処分を申請できるとしたのでは、行政活動が停滞するであろう。そこで、行政庁の処分その他公権力の行使に当たる行為については、民事保全法上の仮処分は使えなくなっている。そして仮処分が排除されたことの代償措置として認められるのが、裁判所の決定による執行停止の制度がある。

⑵執行不停止の原則と執行停止の決定

①国民が取消訴訟を提起しても、行政処分の執行は停止しない（行政事件訴訟法 25 条 1 項―執行不停止の原則）。行政目的の円滑な実現を図る立法政策を理由とする（通説）。

②執行停止の申立てに対し、重大な損害を避けるための緊急の必要性があること（執行停止の要件）が認められれば、裁判所は執行停止の決定を行う（同法 25 条 2 項）。「重大な損害」を生ずるか否かを判断するに当たっては、損害の回復の困難の程度を考慮するものとし、損害の性質および程度並びに処分の内容および性質をも勘案するものとする（同法 25 条 3 項）。ここでいう「執行停止」には、⒜処分の執行の停止のほか、⒝処分の効力そのものの停止、⒞後続処分の差止めが含まれる。

執行停止の決定に対しては、行政機関が即時抗告できるが（同法 25 条 7 項）、「執行停止決定の執行」を停止することはできない（同法 25 条 8 項）。

③執行停止の申立てに対し、要件が満たされない場合には、裁判所は執行不停止の決定を行う（同法 25 条 2 項）。国民は即時抗告できる（同法 25 条 7 項）。

④執行停止の決定を行った後で、停止の理由が消滅するなど事情変更を生じて、執行停止

が不要になった場合には、裁判所は相手方の申立てにより、執行停止決定を取り消すことができる（同法 26 条 1 項）。

⑶内閣総理大臣の異議

裁判所の執行停止の決定を終局的なものとしてしまうと、公益の実現に支障を生ずることもあろう。そこで、行政事件訴訟法は「内閣総理大臣の異議」制度を設け、権力分立の観点からの、行政と司法のバランスをとろうとしている（同法 27 条）。

①内閣総理大臣が執行停止決定の前に異議を述べると、裁判所は執行停止決定をすることができない。

②内閣総理大臣が執行停止決定の後で異議を述べると、裁判所は執行停止決定を取り消さなくてはならない。

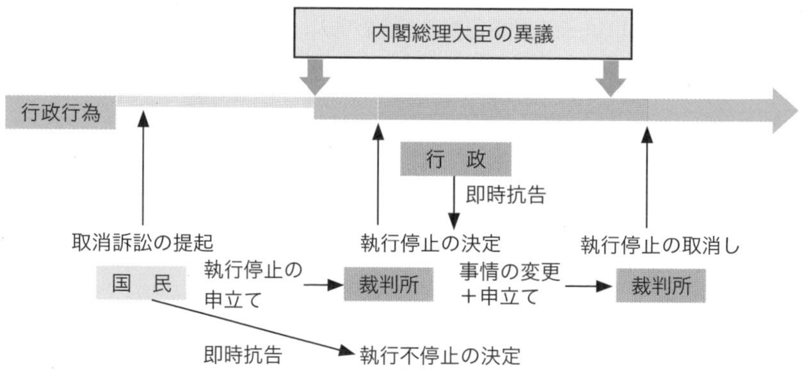

執行停止の意義を正確につかむのが LEVEL 1。手続きのフローを不服申立てと比較してチェックすることが LEVEL2 である。

A60 正解－1

1－正　公共の福祉に重大な影響がある場合に、内閣総理大臣の異議が認められる（行政事件訴訟法 27 条 3 項）。そのような理由があれば、執行停止の前後は問わないことになる。

2－誤　「回復の困難な損害を避けるため緊急の必要があるとき」でなければ、執行停止を決定することができない（同法 25 条 2 項）。

3－誤　執行停止の決定をなすには、「あらかじめ、当事者の意見を聞かなければならない」（同法 25 条 6 項）。

4－誤　「公共の福祉に重大な影響を及ぼすおそれがあるとき」は、執行停止を決定することができない（同法 25 条 4 項）。

5－誤　即時抗告をすることができる（同法 25 条 7 項）。

第7章 行政上の不服申立て

Level 1 p136～p149　Level 2 p150～p155

❖行政不服審査法改正の趣旨

公正性の向上	①処分に関与しない審理員による審理手続の導入 ②行政不服審査会等への諮問手続により、判断の妥当性をチェック ③審査請求人の手続的権利を拡充（証拠書類等の謄写・処分庁への質問）
利便性の向上	④不服申立期間を３か月に延長 ⑤異議申立てを廃止して審査請求への一元化 ⑥標準審理期間の設定や事前整理手続の導入による審理の迅速化 ⑦不服申立前置を見直し、取消訴訟との自由選択を拡大

1 不服申立て制度の性格

Level 1 ▷ Q61,Q62,Q67　Level 2 ▷ Q69

⑴行政不服審査法の目的（行政不服審査法１条１項）

行政庁の違法または不当な処分、その他公権力の行使に当たる行為に関し

①簡易迅速かつ公正な手続きによる国民の権利利益の救済

②行政の適正な運営の確保

⑵不服申立て制度の特徴

①取消訴訟との「自由選択主義」：不服申立てか取消訴訟かを自由に選択

例外的に行政事件訴訟法８条１項但書は、審査請求の裁決を経なければ取消訴訟を提起できない（審査請求前置）としているが、国民の裁判を受ける権利を不当に制限しているとの批判があり、国民・裁判所の負担を低減させる場合に限り法定されている。

②処分についての「審査請求中心主義」

処分庁に対する異議申立て制度を廃止し、不服申立て手続きは審査請求に一元化され、例外的に処分庁に対する再調査の請求ができる。

2 不服申立ての種類

Level 1 ▷ Q61

⑴審査請求

原則として、処分庁や不作為庁以外の行政機関（審査庁）に対して行われる申立て。

⑵再審査請求

審査請求を経てさらに別の機関に対して行われる申立て（社会保険、労働保険など法定の場合のみに限定)。

⑶再調査の請求

処分庁が簡易な手続で事実関係の再調査することによって処分の見直しを行う手続。

3 不服申立ての対象

Level 1 ▷ Q65

一般概括主義を採っており、広く行政処分について不服申立てを認める。

可	行政庁の処分その他公権力の行使に当たる行為（1条2項）
	処分の不作為（法令に基づく申請に対して何らかの処分をもしないこと、3条）
不可	行政不服審査法7条1項1号～11号に列挙されている行政処分
	行政不服審査法に基づいて行われる処分（7条1項12号）
	他の法律で不服申立てが認められない行政処分（行政事件訴訟法・独禁法など）

4 不服申立ての提起

Level 1 ▷ Q62,Q64

(1)不服申立て期間

①処分についての不服申立て

処分を知った日の翌日から3か月以内、または処分のあった日の翌日から1年

②不作為に対する不服申立て：不作為状態が継続している限り不服申立て可能

(2)不服申立て資格（行政庁の処分に不服がある者）

行政処分	法律上保護された利益を有する者（取消訴訟の原告適格と同義）
不作為	法律上保護された利益を有する者＋法令に基づく申請をした者

(3)審査庁

審査請求は、処分庁・不作為庁の最上級行政庁に対してする（4条4号）。処分庁・不作為庁に上級行政庁がない場合には当該処分庁・不作為庁に請求する。

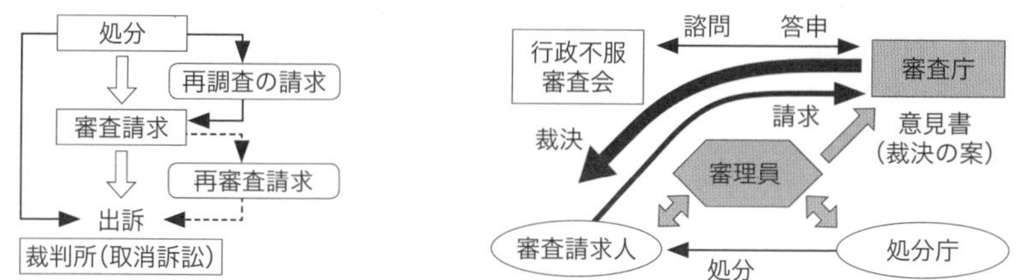

5 審査請求の審理手続（書面審理主義）

Level 1 ▷ Q63　Level 2 ▷ Q68,Q70

原則として書面で提起（例外的に口頭で提起）→標準審理期間設定・事前整理手続き→処分に関与しない審理員の審理→（請求人の書類閲覧・謄写、質問）→行政不服審査会（有識者からなる第三者機関）の点検

6 裁決・決定

Level 1 ▷ Q66

(1)裁断作用

審査請求・再審査請求→「裁決」、再調査の請求→「決定」

(2)判断の内容

①却下　②請求認容　③請求棄却

Q61 行政上の不服申立て制度

問 行政不服審査法に関する次の記述のうち、妥当なのはどれか。 （国税専門官）

1 平成26年に全部改正された行政不服審査法は、異議申立てを廃止し、不服申立類型を原則として審査請求に一元化した。また、審査請求は、原則として、処分庁又は不作為庁に対して行うこととされた。

2 処分についての審査請求は、処分の法的効果の早期安定を図る見地から、やむを得ない理由がある場合を除き、処分があったことを知った日の翌日から３か月以内又は処分があった日の翌日から６か月以内に審査請求期間が制限されている。

3 再調査の請求は、処分庁以外の行政庁に対して審査請求をすることができる場合において、個別法に再調査の請求をすることができる旨の規定があるときにすることができるが、原則として、再調査の請求をすることができる場合には審査請求をすることができない。

4 行政庁は、不服申立てをすることができる処分を書面又は口頭でする場合は、処分の相手方に対し、当該処分につき不服申立てをすることができる旨並びに不服申立てをすべき行政庁及び不服申立てをすることができる期間を書面で教示しなければならない。

5 審査請求は、他の法律（条例に基づく処分については、条例）に口頭ですることができる旨の定めがある場合を除き、審査請求書を提出してしなければならない。

PointCheck

◉行政上の不服申立ての意義……【★★☆】

行政上の不服申立ては、行政活動をめぐる紛争について、①国民の側から提起した不服の申立てに基づき、②行政機関が審理を行い、③裁断を下して紛争を解決する作用である。国の側からいえば、不服審査という。

◉行政不服審査法……【★☆☆】

不服申立てについては、行政不服審査法が一般法となっている。以前は、1890年制定の訴願法が不服申立てについて規定していた。訴願法では、訴願事項につき列記主義が採られ、個別の法律で訴願事項が定められることも多く、不明確であった。現行の行政不服審査法は、一般概括主義を採り、広く行政処分について不服申立ての対象としている（行政不服審査法２条、３条）。

◉行政不服審査法の目的……【★☆☆】

①簡易迅速かつ公正な手続きによる国民の権利利益の救済と、②行政の適正な運営の確保にあり（行政不服審査法１条１項）、特に「簡易迅速さ」が大きなメリットであるといわれる。行政手続法が事前手続であるのに比べて、不服申立制度は事後手続であるという視点も重要である。

◉不服申立ての種類……【★★★】

不服申立てには、申立ての行われる機関に着目して、①審査請求、②再審査請求、③再調査の請求の種別がある。

①審査請求

原則として、処分庁や不作為庁以外の行政機関に対して行われるもので、最上級行政庁に対して行なわれるのが原則である（責任者に訴え出て判断してもらうイメージである）。

②再審査請求

審査請求を経てさらに別の機関に対して行われるものである。再審査請求は、法に定めのある場合にのみすることができる（列記主義）。

③再調査の請求

不服申立て手続きは以上のように、原則「審査請求」に一元化されたが、不服申立てが大量にされる処分（国税・関税等）の対処のため、以前の異議申し立てに代わる簡易迅速な手続きとして「再調査の請求」が規定され、処分庁（または不作為庁）へ処分の見直しを請求することができる（行政不服審査法５条）。この請求は法律に再調査の請求をすることができる旨の定めがあるときに限られる。ただし請求人は、再調査の請求をせずに上級庁へ審査請求をすることもできる（自由選択制）。

A61 正解ー5

1―誤　一元化された不服申立ての審査請求は、処分庁または不作為庁以外の「最上級行政庁」が原則的な審査庁である（行政不服審査法４条４号）。処分庁等に上級行政庁がない場合に、当該処分庁等に審査請求を行う（同法４条１号）。

2―誤　処分を知った日の翌日から３か月経過、または処分があった日の翌日から１年経過すると審査請求できなくなる（同法 18 条1項2項）。

3―誤　再調査の請求は、特に法律に規定があるときに、「審査請求をすることができる場合」（同法５条１項）であっても、簡易な手続きで事実関係の調査し処分見直しを処分庁等に請求ができるものである。したがって、再調査を請求せずに、審査庁（上級庁）に審査請求することもできる。ただし、いったん再調査の請求をしたら、その決定の後までは審査請求はできない(同法５条２項本文)。

4―誤　処分に対して不服申立てができる旨の「書面での教示」は、「処分を口頭でする場合」は義務とはされない（同法 82 条１項ただし書、**Q63** 参照）。

5―正　行政不服審査法 19 条１項の通りである。不服申立ては、開始から審査・採決に至るまで、書面によることが原則であり（書面審理主義、**Q68** 参照）、口頭での手続きは法令に例外的な規定がある場合のみ可能である。

Q62 審査請求の位置付け

問 **行政不服審査法に関する次の記述のうち、正しいものはどれか。** (国家一般改題)

1 行政不服審査法の認める不服申立てには、審査請求、再調査の請求および再審査請求の３種があるが、同法は、そのいずれについても原則としてすべての処分につき不服申立てをすることができるとする概括主義を採用している。

2 行政不服審査法は、処分に対する不服申立ては原則として審査請求によるべきであるとしていることから、再調査の請求が許される場合でも、再調査の請求の決定を経ずに直ちに審査請求をすることができる。

3 行政不服審査法は、処分に対する不服申立てについては、原則として申請請求によるべきであるが、不作為に対する不服申立てについては、当事者の選択により再調査の請求または審査請求のいずれかをすることができるとしている。

4 不服申立ては、当事者能力を有する正当な当事者に限り行うことのできるものであり、法人ではない社団または財団は実体法上の権利能力を持たないから、その名で不服申立てをすることはできないとされている。

5 不服申立ては、違法または不当な自己に対する行政処分によって直接に自己の権利・利益を侵害された者だけが提起することができるものであり、他人に対する処分によって不利益を被った場合には提起することができない。

PointCheck

◉不服申立て制度の特徴……【★☆☆】

⑴取消訴訟との「自由選択主義」

違法な行政処分を是正したい国民は、行政の側に不服申立てを行うか、裁判所に取消訴訟を提起するか、選択できる。ただし、行政事件訴訟法８条１項但書は、例外的に、「法律に当該処分についての審査請求に対する裁決を経た後でなければ処分の取消しの訴えを提起することができない旨の定めがあるときは、この限りでない」（審査請求前置主義）とする。改正以前は、租税や社会給付関係など、審査請求を先に行うべきとする法律が非常に多かったが、国民の裁判を受ける権利に配慮して審査請求の前置を義務付ける法令は大幅に削減された。

⑵処分についての「審査請求中心主義」

取消訴訟ではなく不服申し立ての方を選んだとすると、作為の処分でも不作為でも、原則として当該行政庁（処分庁・不作為庁）の最上級行政庁に審査請求を申し立てることになる（行政不服審査法４条）。処分庁以外の行政機関の判断のほうが中立・公正だからである。この点、平成26年改正以前は、不作為について異議申し立てとの自由選択制であったが、改正法では審査請求に一元化されている。

また処分庁・不作為庁が、①上級庁がない場合、②各省庁主任大臣・宮内庁長官・外局の長である場合には、その処分庁・不作為庁に「審査請求」を行う（同法4条各号）。

さらに、法律で特別に「再調査の請求」が可能な場合であっても、処分に不服があるものは「審査請求」、または処分庁に「再調査の請求」のいずれを選択してもよい。平成26年改正以前に存在した異議申立前置のような制限はなく自由選択制がとられている。

◉不服申立資格……………………………………………………………【★★☆】

⑴当事者適格

不服申立てをする資格に関して、行政不服審査法は「行政庁の処分に不服がある者」とするのみだが（行政不服審査法2条）、判例によれば、これは不服申立てをする法律上の利益がある者を意味し、結局、取消訴訟の場合の原告適格と同義となる。不作為に対して不服申立てをする場合には、さらに「法令に基づく処分の申請」をした者であることが必要である（行政不服審査法3条）。

⑵当事者能力

自然人・法人だけでなく、法人格を持たない社団・財団でも代表者または管理人の定めがある場合には当事者能力が認められている（行政不服審査法10条）。

A62 正解－2

1―誤　行政不服審査法は一般概括主義を採用し、原則として法律で除外された事項を除き「審査請求」ができるとしている（同法7条）。そして、平成26年の改正により審査請求への一元化が採られ、「再調査の請求・再審査請求」は、原則として、法律または条例にそれがなしうる旨の定めがある場合にのみ許される（同法5条・6条、列記主義）。したがって、再調査の請求、再審査請求のいずれについても、すべての処分につきその不服申立てができるわけではない。

2―正　平成26年の改正により審査請求に一元化され、以前の異議申立てにあたる「再調査の請求」は、法律が特に定めた場合に許容される例外的なものになっている（同法5条1項）。再調査の請求が認められる場合でも直ちに審査請求をすることができる。「異議申立て前置」のような手続きは採用されていない。

3―誤　作為の処分は審査請求によることが原則となっているが（同法2条）、不作為についての再調査の請求は、行政不服審査法上の規定はない（同法5条）。

4―誤　不服申立ての当事者能力につき、行政不服審査法は、「法人でない社団または財団で代表者または管理人の定めがあるものは、その名で不服申立てをすることができる」としている（同法10条）。

5―誤　不服申立ては、違法または不当な行政処分によって直接に自己の権利・利益を侵害された者（不服申立ての利益を有する者）だけが提起することができるが、それは自己に対する処分である必要はなく、他人に対する処分によって不利益を被った場合でもよい。

Q63 教示

問 **行政不服審査法における教示に関するア～エの記述のうち、妥当なもののみを全て挙げているのはどれか。** (国家一般)

ア 行政不服審査法は、補則（第6章）において、教示についての規定を置いているが、この教示の規定は、同法の規定が適用される場合に限らず、他の法律に基づく不服申立てにも原則として適用される。

イ 審査請求をすることができる処分につき、処分庁が誤って審査請求をすべき行政庁でない行政庁を審査請求をすべき行政庁として教示した場合において、その教示された行政庁に書面で審査請求がされたときは、その審査請求がされたことのみをもって、初めから審査庁となるべき行政庁に審査請求がされたものとみなされる。

ウ 処分庁が誤って法定の期間よりも長い期間を審査請求期間として教示した場合において、その教示された期間内に審査請求がされたときは、当該審査請求は、法定の審査請求期間内にされたものとみなされる。

エ 建築基準法に基づく壁面線の指定は、特定の街区を対象として行ういわば対物的な処分であり、特定の個人又は団体を名宛人として行うものではないから、当該指定については、行政不服審査法の規定に基づく職権による教示を行う必要はないとするのが判例である。

1 イ　**2** ウ　**3** エ　**4** ア、エ　**5** イ、ウ

PointCheck

◉教示制度……【★★☆】

(1)意義

国民が不服申立て制度を利用しやすいように、一定の要件の下で行政庁に教示義務を発生させ、行政庁が教示をしなかった場合や誤った教示をした場合でも申立人に不利とならないような規定を置いた。

(2)教示をなすべき場合

①必要的教示（行政不服審査法82条1項）

不服申立てのできる処分	書面でする場合	書面で教示しなければならない
	口頭でする場合	何も教示しなくてよい
不服申立てのできない処分		何も教示しなくてよい

②請求による教示（行政不服審査法82条2項・3項）

処分の形式（書面・口頭）に関係なく、また不服申立ての可否に関係なく、利害関係人から教示を求められたときは教示しなければならない(原則として口頭で教示してよいが、利害関係人が書面による教示を求めてきたときは書面で教示しなければならない)。

(3)教示の内容（行政不服審査法82条1項）

①当該処分につき不服申立てをすることができる旨
②不服申立てをすべき行政庁
③不服申立てをすることができる期間

⑷教示を誤った場合の救済

①教示を怠った場合
不服申立人は不服申立書を当該処分庁に提出できる（行政不服審査法 83 条 1 項）。

ⓐ上級庁（審査庁）がある場合の処分
処分庁は不服申立書を審査庁に送付（3 項）。
送付されると、はじめから権限ある行政庁に審査請求または法令に基づく不服申立てがなされたものとみなされる（4 項）。

ⓑ上級庁（審査庁）がない場合の処分
処分庁への不服申立書の提出は審査請求または法令に基づく不服申立てがなされたものとして扱われる（5 項）。

②不服申立てできない処分につき、できる旨の教示がなされた場合
却下裁決があった日から出訴期間を計算して裁判所に出訴できる（行政事件訴訟法 14 条 3 項）。

③審査庁を誤って教示した場合
提出を受けた行政庁は不服申立書の正本を権限ある行政庁に送付。
はじめから適法な不服申立てがあったとみなされる（行政不服審査法 22 条、55 条）。

④法定期間よりも長い期間を教示した場合
不服申立期間を経過したとしても、「正当な理由があるときは、この限りでない」とされているので、教示の誤りにより不服申し立てが可能となると解されている（行政不服審査法 18 条）。改正前は明文で期間内に不服申立てがあったものとみなされていた。

A63 正解ー4

ア―正　行政不服審査法 82 条 1 項は、審査請求・再調査の請求または「他の法令に基づく不服申立て」ができる処分についての、「書面による教示」としており、他の法律に基づく不服申立てにも原則として教示の規定は適用される。

イ―誤　誤って教示された行政庁に書面で審査請求したことだけでは、初めから適法な審査請求とはならない。受理した行政庁は、速やかに審査請求書を権限のある行政庁に送付し、その旨を審査請求人に通知しなければならず、この送付がなされて、初めから審査庁に審査請求されたとみなされる（同法 22 条 1 項 5 項）。

ウ―誤　本肢は旧規定の内容であり、教示による期間の誤りがあった場合、現行法では審査請求期間（18 条 1 項 2 項）を経過しても、「正当な理由があるとき」にあたるとされ、不服申立てが可能になると解されている。

エ―正　職権による教示（必要的教示、同法 82 条 1 項）は、「違法または不当な処分その他公権力の行使に当たる行為」に対し、「国民の権利利益の救済手段」を示すものである。「壁面線の指定は、特定の街区を対象として行う対物的な処分」であり、特定個人・団体への教示は必要ない（最判昭 61.6.19）。

Q64 不服申立ての提起・手続き

問 行政不服審査法に規定する審査請求に関する記述として、妥当なのはどれか。

（地方上級）

1 審査請求がされた行政庁は、審査庁に所属する職員のうちから審理手続を行う者である審理員を指名しなければならず、審査請求が不適法であって補正することができないことが明らかで、当該審査請求を却下する場合にも審理員を指名しなければならない。

2 審査庁となるべき行政庁には、審理員となるべき者の名簿の作成が義務付けられており、この名簿は、当該審査庁となるべき行政庁及び関係処分庁の事務所における備付けにより公にしておかなければならない。

3 審査請求をすることができる処分につき、処分庁が誤って審査請求をすべき行政庁でない行政庁を審査請求をすべき行政庁として教示した場合、その教示された行政庁に書面で審査請求がされたときは、当該行政庁は審査請求書を審査請求人に送付し、その旨を処分庁に通知しなければならない。

4 処分庁の上級行政庁又は処分庁である審査庁は、必要があると認める場合には、審査請求人の申立てにより執行停止をすることができるが、職権で執行停止をすることはできない。

5 審査請求人、参加人及び処分庁等並びに審理員は、簡易迅速かつ公正な審理の実現のため、審理において、相互に協力するとともに、審理手続の計画的な進行を図らなければならない。

PointCheck

◉不服申立ての要件……………………………………………………………【★★★】

⑴不服申立期間

処分を知った日の翌日から3か月（主観的申立期間）か、処分があった日の翌日から1年を経過すると審査請求をすることができない（行政不服審査法18条）。ただし、不作為に対する不服申立てには期間制限はなく、不作為状態が継続している限り不服申立てが可能である。

⑵不服申立資格

行政処分	法律上保護された利益を有する者
不作為	法律上保護された利益を有する者＋法令に基づく申請をした者

⑶提起の形式（書面審理主義）

不服申立ては、原則として書面（審査請求書）で提起する。例外的に、法律または条例により、口頭で提起することができる旨の定めがある場合がある（行政不服審査法19条1項）。

◉審理員の指名……【★★☆】

審査庁は所属する職員から、当該処分に関与した者等を除外して、審理手続を行う者を指名し、審査請求人・処分庁等に通知する（行政不服審査法９条１項２項）。審査庁は、審理員の名簿を作成するよう努め、事務所に備付けなどの適当な方法で公表する（同法 17 条）。

◉執行不停止の原則……【★★☆】

不服申立てを提起しても処分の効力は存続したままで、処分の執行は停止されないのが原則で（行政不服審査法 25 条１項）、取消訴訟と同様だが、以下の相違点に注意すること。

①審査庁が処分庁の上級行政庁である場合に、審査請求人の申立てまたは職権により、必要があるときは、処分の効力や執行の停止その他の措置ができる（同条２項）。

②審査請求人の申立てがあった場合において、処分、処分の執行または手続きの続行により生ずる重大な損害を避けるため緊急の必要があると認めるときは、審査庁は、執行停止をしなければならない（同条４項）。行政事件訴訟にはない、必要的・義務的な執行停止制度である。

③審査庁は、事情の変更により、執行停止を取り消すことができる（行政不服審査法 26 条）。

◉迅速な審理確保のための制度……【★★★】

⑴標準審理期間の設定（行政不服審査法 16 条）

審査庁は、審査請求が到達してから裁決をするまでに通常要すべき標準的な期間を定めるよう努めるとともに、これを定めたときは、適当な方法により公にしなければならない。

⑵事前整理手続の導入（行政不服審査法 37 条）

審理員は、審理手続を計画的に遂行するため、事前に審理関係人を招集し意見の聴取を行ったり、電話等による意見の聴取を行ったりすることができる。

A64 正解－5

1―誤　審査庁は、まず審査請求書の内容（行政不服審査法 19 条）について形式審査をして、不備・不適法があれば補正させるが（同法 23 条）、補正されなければ審理手続に入らず、請求を却下できる（同法 24 条）。審理に入らないのだから、審理員の指名は行われない（同法９条ただし書）。

2―誤　審理員となるべき者の名簿は、作成するよう努め、事務所における備付けその他の適当な方法で公にしなければならないのであって（同法 17 条）、作成・備付けが義務付けられてはいない。

3―誤　後半部分の送付・通知先が逆である。当該行政庁は審査請求書を「処分庁または審査庁」に送付し、その旨を「審査請求人」に通知しなければならない。

4―誤　処分庁の上級行政庁または処分庁である審査庁は、審査請求人の申立てまたは「職権」で、処分の執行停止ができる（同法 25 条２項）。職権による執行停止ができないのは、「処分庁の上級行政庁又は処分庁のいずれでもない審査庁」である（同法 25 条３項）。

5―正　審理手続の計画的進行を規定する 28 条の通りである。

Q65 不服申立ての対象

問 行政不服審査法に関する次の記述のうち、正しいものはどれか。 (地方上級改題)

1 審査請求と再調査の請求の双方が認められている場合において、いずれの申立てを先にするかは、法律の定めるところによる。

2 行政不服審査法における不服申立ての対象は行政行為たることを要し、単なる事実行為は、たとえそれが継続的性質を持つものであっても、その対象とはならない。

3 行政庁が審査庁を誤って教示をした場合、教示された行政庁に不服申立書が提出され、不服申立書が権限ある行政庁に送付されたときには、初めから権限ある行政庁に適法な不服申立てをしたものとみなされる。

4 審査請求の期間については、たとえ処分のあった日の翌日から1年を経過していたとしても、処分があったことを知った日の翌日から起算して3か月以内に不服を申し立てれば、これをなしうる。

5 行政不服審査法は行政事件訴訟法と異なり、国民の権利・利益の救済を図るとともに、行政の適正な運営を確保することを目的としているので、単なる反射的利益を有するにすぎない者でも不服申立てができる。

PointCheck

◉不服申立ての対象(一般概括主義)……【★★★】

行政不服審査法は、不服申立ての対象について、一般概括主義を採っており、広く行政処分について不服申立てを認める(行政不服審査法1条2項)。不服申立ての対象となる処分は、基本的に取消訴訟の対象となる「処分」と同義に考えてよいが、公権力の行使に当たる事実上の行為で継続的性質を有するものも含む(継続的事実行為)。申請に対して返事がないような場合、すなわち処分の不作為も不服申立ての対象となる(行政不服審査法3条)。

可	行政庁の処分その他公権力の行使に当たる行為(1条2項)
	処分の不作為(法令に基づく申請に対して何らの処分をもしないこと、3条)
不可	行政不服審査法7条1項1号～11号に列挙されている行政処分
	行政不服審査法に基づいて行われる処分(7条1項12号)
	他の法律で不服申立てが認められない行政処分(行政事件訴訟法・独禁法など)

◉不服申立ての除外事項……【★★☆】

行政不服審査法自体が除外する12項目に関する処分(行政不服審査法7条1項1号～12号)

(1)慎重な手続—不服申立てを認めても、結局は同じ結果となると思われるもの

①国会の両院・一院、議会の議決による処分

②裁判・裁判の執行として行われる処分

③国会の両院・一院・議会の議決を経て同意・承認を得た処分
④検察官会議で決すべき処分

⑵行政不服審査法より慎重な手続が用意されているもの

①当事者訴訟を利用すべきもの
②刑事事件に関する法令に基づく処分
③国税・地方税の犯則事件に関する法令に基づく処分

⑶処分の性質—不服申立てを認めるのが適当でないもの

①学校、講習所、訓練所、研修所での処分
②刑務所等で収容目的達成のための処分
③外国人の出入国・帰化に関する処分
④学識技能に関する試験・検定の結果についての処分
⑤行政不服審査に基づいて行われる処分

⑷不服審査法以外の法律で不服申立てを除外している処分

具体例：独占禁止法 70 条の 12・118 条、国家公務員法 90 条 2 項、土地収用法 132 条、行政手続法 27 条。

A65 正解—3

1—誤　以前の「異議申立前置」とは異なり、再調査の請求が法律に定められている場合でも、審査請求か再調査の請求かは自由に選択できる（行政不服審査法 5 条 1 項）。

2—誤　行政不服申立ての対象は、行政庁の処分その他の公権力の行使に当たる行為であるが、公権力の行使に当たる事実行為で、継続的性質を有するものは「処分」に含まれる。

3—正　誤った教示の場合の救済規定である（行政不服審査法 22 条）。

4—誤　審査請求は処分のあった日の翌日から 1 年を経過すると申し立てることはできない（客観的不服申立期間、行政不服審査法 18 条）。

5—誤　不服審査制度の主眼は、「簡易迅速かつ公正な手続きによる国民の権利利益の救済」（行政不服審査法 1 条 1 項）であるから、不服申立ては、違法または不当な行政処分によって直接に自己の権利・利益を侵害された者だけが提起することができ、単に反射的利益を有するにすぎない者は不服申立てはできない。

Q66 裁決・決定

問 **行政不服審査法上の不服申立てに関する次の記述のうち、正しいものはどれか。**
（国家一般改題）

1　行政庁による違法または不当な行政処分によって自己の権利または利益を侵害されたことを主張して、処分庁以外の上級行政庁に対し、その処分の取消し、変更または原状回復を求めるための行政争訟を再審査請求という。
2　不服申立ては不服申立期間内になす必要があり、不作為についての審査請求は、法令に基づく申請をした日から起算して、1年を経過したときには、することができない。
3　不作為についての審査請求に理由があるときは、審査庁は当該不作為庁に対しすみやかに申請に対する何らかの作為をすべきことを命じ、または、自ら申請に対する行為をなすことができる。
4　再審査請求の不服申立て事項については、審査請求と同様、特に限定されておらず、一般概括主義が採られている。
5　審査請求を却下しまたは棄却した裁決に対して再審査請求がなされた場合に、当該裁決に違法または不当な点があっても、原処分が違法または不当でないときは、再審査庁は再審査請求を棄却するものとされている。

PointCheck

◉裁決・決定……………………………………………………………………【★☆☆】

⑴行政庁の裁断

不服申立てにおいて、訴訟の場合の「判決」に当たるものが、裁決と決定である。審査請求・再審査請求に対してなされるのが「裁決」で、再調査の請求に対してなされるのが「決定」である。判断の内容は、訴訟の場合と同様に、①却下、②請求認容、③請求棄却がある（行政不服審査法 45 条・46 条）。

再調査の請求	審査請求	再審査請求
決定	裁決	

①却下の裁決・決定：不服申立て要件を欠き要件審理で終了
②請求認容裁決・決定：不服申立てに理由ありとして、申立てに応じた処理・対応をなす
③請求棄却裁決・決定：不服申立てに理由なしとして、申立てを退ける

⑵認容裁決・決定の内容

審査請求の認容裁決・決定においては、処分を取り消す（行政不服審査法 46 条 1 項、59 条 1 項、65 条）だけにとどまらず、処分庁は処分および事実行為を変更することができ、審査庁は処分庁に対して処分の変更を命じることができる（同法 46 条 2 項、59 条 1 項・2 項）。ただし、審査請求人の不利益に処分を変更することはできない（同法 48 条）。

⑶不作為に対する裁決

不作為に対する審査請求を認容する場合、審査庁は不作為庁に対して、すみやかに申請に対する何らかの行為をすべきことを命じる（行政不服審査法 49 条 3 項）。審査庁が、不作為庁に代わって、申請に対する何らかの行為をすることはできない。

◉裁決・決定の効力……………………………………………………………………【★★☆】

裁決・決定にも行政行為としての効力が認められる。

⑴拘束力

請求認容の裁決・決定は、当該事件の当事者である行政庁と関係行政庁を拘束する（行政不服審査法 52 条 1 項）。例えば処分庁は、改めて申請に対する処分をしなければならない(同法 52 条 2 項)。

これに対して、請求棄却の場合には拘束力はないので、裁決で棄却された処分を、後に処分庁が職権で取り消すことは可能である（最判昭 33.2.7）。

⑵形成力

取消しの裁決・決定が確定すると、当該処分は当然に効力を失う。

⑶不可変更力

一度なされた裁決・決定は最終的な判断として、審査庁または処分庁は、自ら自由に裁決・決定を取消し・変更は許されない。

A66 正解－5

1―誤　再審査請求は、審査請求を経て別の機関に再度申し立てるものである（社会保険・労働保険など法定される場合のみ）。本肢の記述は、審査請求に関するものである。

2―誤　不作為に対する不服申立てについては、不作為状態が続いている限りいつでも可能であり、不服申立期間はない。

3―誤　不作為についての審査請求に理由があるときは、審査庁は不作為庁に対しすみやかに申請に対する何らかの作為をすべきことを命じ、裁決で、その旨を宣告するだけであり、審査庁が自ら申請に対する行為をすることまでは認められていない（行政不服審査法 49 条 3 項）。

4―誤　再審査請求は、原則として、法律に再審査請求ができる旨の定めがある場合にのみ許され、審査請求が一般概括主義をとるのに対し、列記主義によっている（行政不服審査法 6 条 1 項）。

5―正　審査請求を却下または棄却した裁決に違法または不当な点があっても、原処分が違法または不当でないときは、再審査庁は再審査請求を棄却して原処分を維持する（行政不服審査法 64 条 3 項）。

Q67 不服申立てと行政事件訴訟

問 行政上の不服申立てと行政事件訴訟とを比較した次の記述のうち、正しいものはどれか。
（国家一般改題）

1 適法に行政上の不服申立てをなす、または行政事件訴訟を提起するためには、不服申立てにおいても、行政事件訴訟においても、当事者能力および当事者適格を備えていることが必要である。

2 行政上の不服申立ては行政機関自身が処分の内容を審理するものであるから、その対象は違法な行政処分に限られるが、行政事件訴訟は裁判所による裁判であるから裁量権の不当行使もその対象となる。

3 審理の対象になる事項については、行政事件訴訟の場合には行政庁の処分は原則としてその対象となるが、行政不服審査法はいわゆる列記主義をとっているから、法律に列記されていない事項については、不服申立てを提起することができない。

4 行政庁がなすべき行為を行わないでいる場合においては、裁判所に対していわゆる義務づけ訴訟を提起することができるが、当該行政庁またはその上級庁に対して不作為に対し不服を申し立てる余地はない。

5 行政上の不服申立てのための不服申立期間は、処分があったことを知った日の翌日から3か月以内であるが、行政事件訴訟のための出訴期間は、処分のあったことを知った日から30日以内である。

PointCheck

◉不服申立制度と行政事件訴訟との相違点……………………………………………【★★★】

行政庁の処分・不作為に対する国民の権利・利益保護は、最終的に第三者機関である裁判所による行政事件訴訟によって実現される。しかし、裁判所は法的判断のみで行政活動が妥当かどうかの判断はできない。また、訴訟手続には慎重さが要求され、多くの時間・労力が必要になり、当事者にも裁判所にも負担が大きい。これに対して、不服申立て制度は、書面審理主義による簡易迅速な手続を旨とし、早期の救済が可能となる。行政内部でのミスを是正する機会となることで、行政自身による適正な運営確保がなされるが、反面で判断の中立性や慎重さに疑問が持たれる場合もあるので、最終的な裁判所による司法判断の道が担保されていなければならない。両者の特徴的な相違点は以下のものがある。

①裁断機関が行政機関であること（行政事件訴訟は裁判所）
②処分の違法性だけでなく不当性も争えること（行政事件訴訟は法律判断のみ）
③主観的不服申立期間が、処分があったことを知った日の翌日から起算して3か月以内であること（行政事件訴訟は6か月）
④審査請求の一審制が原則であること（行政事件訴訟は三審制）
⑤手続きは書面審理が原則となること（行政事件訴訟は口頭審理主義）

	裁断機関	審査の対象	期間制限	審級
行政事件訴訟	裁判所	違法性	6か月／1年	三審制
不服申立て	行政機関	違法性＋不当性	3か月／1年	一審制

◉自由選択主義（取消訴訟との関係）……………………………………………【★★☆】

行政処分の瑕疵を争う場合、取消訴訟にするか、まず不服申立てを行うかは、原則として国民の選択に任される（自由選択主義―行政事件訴訟法8条）。ただし、個別の法律で不服申立ての前置が規定されている場合もあるが、それでも不服申立ての提起から3か月を経過していれば、裁決・決定を待たずに取消訴訟を提起できる（行政事件訴訟法8条2項1号）。

❖取消訴訟との関係

原則	自由選択主義	→	行政事件訴訟法8条
例外	審査請求前置	→	個別の法律

A67 正解－1

1－正　行政上の不服申立てにおいても、行政事件訴訟においても、当事者能力、当事者適格（原告適格）は必要である。

2－誤　行政事件訴訟の対象となるのは処分の違法性のみであるが、不服申立ては行政監督の手段でもあるから、違法な処分の是正ばかりでなく、行政庁の裁量権の行使の不当性の是正も求めることができる。

3－誤　行政不服審査法は、不服申立事項につき概括主義を採用している（行政不服審査法2条、3条、7条）。

4－誤　行政不服審査法は、不作為についての不服申立てを認めており、行政庁が法令に基づく申請に対し、相当の期間内になんらかの処分その他公権力の行使に当たる行為をすべきにもかかわらず、これをしない場合には不服申立てをすることができる（行政不服審査法3条）。

5－誤　行政事件訴訟の出訴期間は、処分または裁決のあったことを知った日から6か月以内、かつ処分または裁決の日から1年以内である（行政事件訴訟法14条）。

Q68 書面審理主義

問 行政不服申立てに関する次の記述のうち、妥当なものはどれか。 （地方上級）

1 行政不服審査法における審査請求とは、行政庁の処分または不作為について、処分庁または不作為庁に対し不服を申し立てる手続きのことをいう。

2 行政不服申立ての審理方式においては職権主義が採られているため、不告不理の原則が厳格には適用されず、審査庁は職権で当事者の主張しない事実についても審査することができる。

3 行政不服申立てにおいては、手続きの簡易性と迅速性が強く要求されることから、審理方法は書面審理のみが採用されており、口頭審理は採用されていない。

4 不服申立人の権利・地位を保全し、実質的な救済を図ることが必要であるから、行政不服申立てにおいては、処分に対する不服申立ての提起に処分の執行停止効が認められ、執行停止が原則とされている。

5 処分庁の処分に対する審査請求において、審査庁が棄却裁決を下した場合、裁決には拘束力が生じるから、処分庁はその裁決の拘束力により、審査の対象となった処分を取り消すことができなくなる。

PointCheck

◉審査請求の審理手続……………………………………【★★☆】

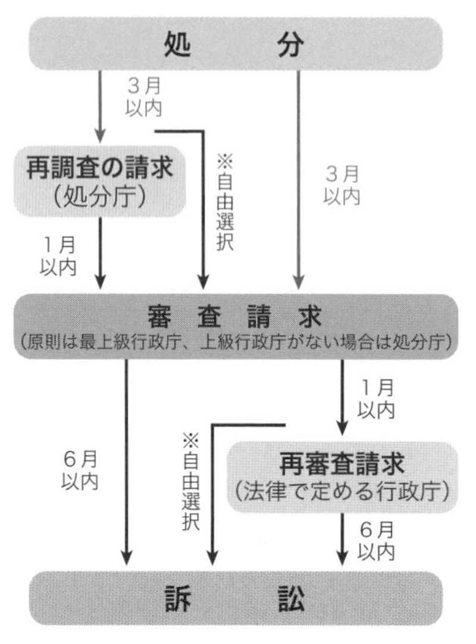

審査請求の手続きの流れ

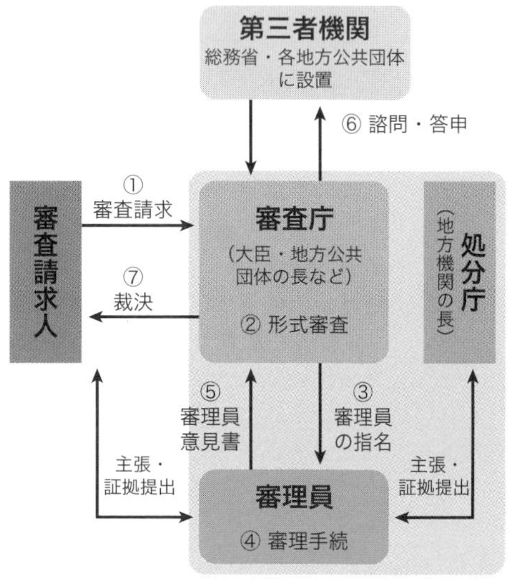

審査請求は、審査請求人による審査請求書の提出により開始する（行政不服審査法19条1項）。法律または条例により、口頭で不服申立てを行うことが認められる場合もある。審査請求の場合、審理員は審査請求書の写しを処分庁に送付し、また、処分庁に弁明書の提出を求めることができるが、弁明書の写しは審査請求人にも送付する（行政不服審査法29条）。審査請求人は、弁明書に対し反論書を提出できる（行政不服審査法30条）。

審理では、まず、形式的要件を審査する要件審理に入るが、不適法な申立てであっても、補正が可能であれば、審査庁はその補正を命じなければならない（行政不服審査法23条）。本案審理に入っても書面によるのが原則である（書面審理主義：行政不服審査法29条）。ただし、審査請求人（または参加人）の申立てにより、口頭で意見を述べる機会が与えられることもある（申立てによる口頭審理主義：行政不服審査法31条）。

◉職権主義……【★☆☆】

審査請求の審理では、効率的で迅速な審査のために、職権主義的手続が採用される。審理員は、職権で、参考人の陳述・鑑定の要求や、書類等の提出、検証を行うことができる（行政不服審査法33条以下）。さらに、旧法での判断ではあるが不服申立人が主張しない事実についても、職権で取り上げて審理するという職権探知を含むと解されている（判例・通説）。

Level up Point! 不服申立ては、原則は書面審理・職権主義ではあるが、弁明や反論の手続きや、聴聞の手続きもあり、口頭審理・当事者主義も採用している。具体的な手続きのイメージが重要。

A68 正解ー2

1—誤　審査請求とは、行政庁の処分または不作為に対して、原則的に処分庁ないし不作為庁以外の行政庁に対し不服を申し立てる手続きをいう。

2—正　行政不服申立てにおいては、審理方式において職権主義が採られており、職権証拠調べのほかに、不服申立人が主張しない事実についても職権で取り上げ審理・判断する職権探知主義も認められる。

3—誤　行政不服申立ての審理方法は書面審理を中心としているが、「審査請求人または参加人の申立てがあったときは、審査庁は、申立人に口頭で意見を述べる機会を与えなければならない」（行政不服審査法31条1項）とし、当事者に口頭意見陳述をする権利を保障している。

4—誤　行政不服審査法は、不服申立てに執行停止効を認めていない（執行不停止の原則：行政不服審査法25条1項）。

5—誤　裁決の拘束力は認容裁決のみの効力であり、棄却裁決には認められない。したがって、棄却裁決によって処分が維持されても、行政庁は処分を取り消すことができる（最判昭33.2.7）。

Q69 審査請求への一元化

問　行政不服審査法に関するア～オの記述のうち、妥当なもののみを全て挙げているのはどれか。（国家一般）

ア　行政不服審査法は、一般概括主義を採用し、処分、不作為、行政立法、行政指導等の態様を問わず、広く行政作用全般について審査請求を認めている。

イ　地方公共団体に対する処分のうち、地方公共団体がその固有の資格において相手方となる処分には行政不服審査法の規定は適用されない。しかし、地方公共団体が一般私人と同様の立場で相手方となる処分には同法の規定は適用されると一般に解されている。

ウ　行政不服審査法は、国民の権利利益の救済に加えて、行政の適正な運営の確保も目的としていることから、審査請求をすることができる「行政庁の処分に不服がある者」について、必ずしも審査請求をする法律上の利益を有している必要はない旨を規定している。

エ　行政不服審査法の適用除外とされている処分等は、議会の議決によってされる処分等、その性質に照らしておよそ行政上の不服申立てを認めるべきでないと考えられたものであり、別の法令においても不服申立ての制度は設けられていない。

オ　地方公共団体の機関が行う処分のうち、法律に基づく処分については行政不服審査法の規定が適用されるが、根拠規定が条例に置かれている処分については同法の規定が適用されない。

1　イ　**2**　ア、オ　**3**　イ、エ　**4**　ア、イ、ウ　**5**　イ、ウ、オ

PointCheck

◉審査請求の一元化と公正性の向上……………………………………………………【★★☆】

⑴審理員による審理手続（行政不服審査法９条）

審査請求がされた審査庁は、審査庁に所属する職員で処分に関与しない者（審理員）を指名し、審査請求人・処分庁両者の主張を公正に審理する。

⑵行政不服審査会等への諮問（行政不服審査法 43 条）

審査庁は、審理員意見書の提出を受けたときは、有識者から成る第三者機関（国の場合は行政不服審査会）に諮問し裁決について点検を受けなければならない。ただし、審査請求人が希望しない場合、第三者機関が不要と認めた場合などには諮問を不要とし、迅速な裁決にも配慮している。

⑶審査請求人の権利の拡充

①証拠書類等の閲覧・謄写（行政不服審査法 38 条）

②口頭意見陳述における処分庁への質問（行政不服審査法 31 条５項）

◉**行政不服審査法改正と連携した行政手続法改正**……………………………………【★★☆】

平成26年の行政不服審査法改正に関連して、事前手続きの規制である行政手続法の改正も行われ、国民の権利利益の保護充実のための手続きが整備された。

⑴処分等の求め（行政手続法36条の3）

国民が、法律違反をしている事実を発見した場合に、行政に対し適正な権限行使を促すため是正のための処分等を求めることができる。

⑵行政指導の中止等の求め（行政手続法36条の2）

法律に基づく行政指導を受けた事業者が、法律の要件に適合しない行政指導を受けたと思う場合に、中止等を求めることができる。

改正後の出題は、一度しっかり条文を読んでいるかどうかを試しているかのように、立法趣旨や改正の目的に絡めたものや、細かい条文だが当たり前のような手続き的なものが目立つ。

A69 正解ー1

ア—誤　行政不服審査法は、審査請求について一般概括主義を採用し、処分（同法２条）および不作為（同条３項、法令に基づく申請に対して何らの処分をもしない場合）について、法律で除外された事項（同法７条）を除き不服申立てができるとしている。しかし、この「処分」は取消訴訟の対象となる「国民に対し法的効果を伴う、公権力の行使」とほぼ同義であり、原則処分性が認められない行政立法自体や行政指導は審査請求の対象とはならない。

イ—正　行政不服審査法の目的は「国民の権利利益を守る」ことであり、国の機関または地方公共団体等がその固有の資格において処分の相手方となるもの及びその不作為は、同法の適用対象とはならない（同法７条２項）。この反対解釈として、地方公共団体等が一般私人と同様の立場で相手方となる処分には、行政不服審査法の適用の可能性がある。

ウ—誤　行政不服審査法は、不服申立てをする資格に関して「行政庁の処分に不服がある者」とするが（同法２条）、判例は、「不服申立てをする法律上の利益がある者」と解している（最判昭53.3.14、主婦連ジュース事件）。国民の権利利益の救済を図ることの結果として、行政の適正な運営も確保されたことになるのである。

エ—誤　行政不服審査法の不服申立ての除外事項には、①権力分立に基づく国会・裁判所の処分などもあるが、②同法より慎重な手続きがある場合（刑事事件に関する法令・国税通則法などの処分）や、③独占禁止法・国家公務員法・土地収用法などで同法を除外している場合もある（**Q65**参照）。

オ—誤　行政不服審査法の不服申立ての対象は、「行政庁の処分その他公権力の行使に当たる行為」であり、地方公共団体の条例に基づく公権力行使も対象となる。

Q70 情報公開法

問　行政機関の保有する情報の公開に関する法律（以下「情報公開法」という。）に関するア～オの記述のうち、妥当なもののみをすべて挙げているものはどれか。（国家一般）

ア　情報公開法は、何人に対しても、請求の理由や目的のいかんを問わず、また、開示請求者と開示請求対象文書との関係を問うことなく開示請求権が認められているが、行政機関が統計をとる目的で、開示請求者に対して任意に開示請求の理由や目的の記載を求めることまでは禁じられていない。

イ　情報公開法において開示請求の対象となるのは、開示請求時点において行政機関が保有している行政文書であり、請求を受けた行政機関は、請求時点において保有していない行政文書を開示請求に応ずるために新たに作成する義務はない。

ウ　情報公開法第５条各号に規定する不開示情報は、不開示にすることが私人の権利利益の保護のために必要なものであるから、行政機関の長は、開示請求に係る行政文書に不開示情報が記録されている場合には、公益上特に必要があると認めるときであっても裁量的開示を行うことはできない。

エ　情報公開法において開示請求の対象となるのは、行政機関の職員が組織的に用いる行政文書であり、少なくとも、供覧、決裁という事案処理手続を経ていることがその要件であるとされ、職員の個人的な検討段階にあるものはそれに該当しない。

オ　情報公開・個人情報保護審査会は、開示請求の対象となっている行政文書を諮問庁に提示させ、実際に当該行政文書を見分して審理するいわゆるインカメラ審理の権限を有しており、情報公開・個人情報保護審査会から当該行政文書の提示を求められた場合には、諮問庁は拒否することができない。

1　ア、イ、オ　　2　ア、ウ、エ　　3　ア、ウ、オ
4　イ、ウ、エ　　5　イ、エ、オ

PointCheck

◉情報公開法の趣旨……………………………………………………【★★☆】

情報公開法は、国民の行政参加と行政監視に資するために、行政機関が保有する情報を国民の請求に基づき開示するものである。同法１条は、「国民主権の理念にのっとり、…行政機関の保有する情報の一層の公開を図り、もって政府の有するその諸活動を国民に説明する責務が全うされるようにするとともに、国民の的確な理解と批判の下にある公正で民主的な行政の推進に資することを目的とする」とする。

◉情報公開法の内容……………………………………………………【★★☆】

⑴対象文書　開示請求の対象となるのは「行政文書」である（2条2項）。

⑵開示請求権者

「何人も」、行政機関の長に対し、行政機関の保有する行政文書の開示を請求することができる（3条）。日本に在住しない外国人も請求権者に含むと解される。

⑶開示義務と不開示事由

行政機関の長は、開示請求があったときは、開示請求者に対し、当該行政文書を開示しなければならないが（5条）、不開示事由にあたる場合は開示しないことができる（同条各号）。個人情報や法人・事業情報、国の安全等に関する情報、公開すると支障がある行政機関の事務・事業情報などがこれにあたる（不開示情報開示にあたる文書の存否応答拒否も可能、8条）。文書に記録された第三者の意見書提出の機会を与えることもできるが、開示に反対の意見でも不開示事由になるわけではない（13条）。ただし、行政機関の長は、不開示情報であっても、公益上特に必要があると認めるときは、裁量的開示が認められる（7条）。なお、不開示決定の取消訴訟で、行政機関が当該行政文書を保有することの立証責任は取消請求者（開示請求者）が負う（最判平26.7.14）。

⑷開示手続　①開示・不開示の通知（9条）　②開示の実施…閲覧または写しの交付等

⑸不服申立て等

開示決定等について行政不服審査法による不服申立てがあったときは、行政機関の長は、情報公開・個人情報保護審査会に諮問しなければならない（19条）。ただし、不服申立てが不適法で却下するときと、決定取消または変更し全部開示するときは、諮問は不要となる。

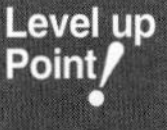

情報公開手続に、審査請求・取消訴訟をからませ出題すると難易度が上がる。ただ、細かい条文の暗記は必要なく、救済法全般の知識を活用すれば、十分合格レベルに達する。

A70 正解－1

ア―正　開示請求書には、①請求者・法人の氏名・住所等、②行政文書の名称またはそれを特定する事項（情報公開法4条1項）が要求されるだけである。ただ、統計目的で、開示理由や目的の記載を求めるのは、任意であれば認められる。

イ―正　行政文書とは、①行政機関の職員が職務上作成・取得した文書、図画及び電磁的記録、②当該行政機関の職員が組織的に用いるもの、③当該行政機関が保有しているもので、請求時点において保有していないものは対象とならない。

ウ―誤　行政機関の長は、不開示情報を含まない行政文書の開示（情報公開法5条）、または不開示情報を除いた部分開示（情報公開法6条）をしなければならない。しかし、不開示情報についても、公益上特に必要があると認めるときは、当該行政文書の裁量的開示ができる（情報公開法7条）。

エ―誤　イで解説したように、事案処理手続を経ていることは要件とはならない。ただし、職員が単独で作成した研究資料や、個人的な起案前の検討段階の文書などは、組織的に用いる文書にはあたらないと解されている。

オ―正　審査会は、諮問庁（当該行政機関の長）に行政文書を提示させ、非公開で当該行政文書を審理することができる（審査会法9条）。

第8章 国家賠償・損失補償

Level 1 p158～p171　Level 2 p172～p177

1 公権力の行使に基づく損害の賠償責任

Level 1 ▷ Q71,Q72

	権力作用	非権力作用	私経済作用
狭義説	○		
広義説	○	○	
最広義説	○	○	○

⑴「公権力の行使」の意義 ▶p158 ▶p161

国家賠償法１条の適用について、判例は広義に解しており、除かれるのは純然たる私経済作用だけと考えてよい。

⑵公務員の範囲 ▶p159

委託等に基づいて国・公共団体の事務を引き受けていた私人も「公務員」とみなされる。

⑶「職務を行う」について

公務関連行為には、職務行為の外形を有する行為も含まれる（外形標準説）。

⑷故意・過失

故意・過失と結果との間に因果関係があれば足りる（過失の客観化現象）。

2 公の営造物の設置管理の瑕疵

Level 1 ▷ Q74,Q75　Level 2 ▷ Q78

⑴無過失責任 ▶p164

国家賠償法２条は、公の営造物（＝公物）の設置・管理の瑕疵に基づく責任であり、公務員の故意・過失は問題とされない。国・公共団体の無過失責任を認めた規定である。

⑵「公の営造物」について

①最高裁で公の営造物に当たるとされたもの

国鉄の駅ホームにある視覚障害者用の点字ブロック、空港

②下級審で公の営造物に当たるとされたもの

警察署の公用車、臨海学校の飛び込み台

⑶「設置または管理の瑕疵」

公の営造物が、客観的に見て、通常備えるべき性質・構造を具備していないことであるが、社会通念に基づいて決せられる相対的な安全性を具備すれば足りるとされる。

3 国家賠償法のその他の規定

Level 1 ▷ Q73

①賠償責任者が複数いる場合（３条）→複数の責任 ▶p162

②民法の適用（４条）→国家賠償法に規定のない事項については民法が適用

③他の法律の適用（５条）→特別法の適用

④相互保証主義（6条）→外国が国家賠償制度を設け日本人が適用できる場合

4 損失補償制度

Level 1 ▷ Q76　Level 2 ▷ Q79

損失補償とは、適法な公権力の行使によって加えられた財産上の特別の犠牲に対し、全体的な公平負担の見地からこれを調節するためにする財産的補償をいう。

財産権の侵害に対する補償は憲法上の要請であり、財産権を剥奪する場合だけでなく、公共の福祉による制限の場合（憲法29条2項）にも補償が必要な場合がある。

▶ p168

5 財産権の侵害と正当な補償

Level 1 ▷ Q77　Level 2 ▷ Q79,Q80

⑴補償の要否

規制の目的	消極目的	積極目的
規制の範囲	一般人	特定人
規則の程度	受忍限度	強度
判断の方法	↓　総合判断	↓
補償の要否	不要	必要

⑵「正当な補償」の意味

①相当補償説（判例）…農地改革による農地買収のケース

②完全補償説（通説）…土地収用法のケースで判例あり

⑶直接請求の可否

→肯定：河川付近地制限令違反事件（最大判昭43.11.27）

6 土地収用法

Level 1 ▷ Q77

土地収用法は、都道府県に置かれる収用委員会の裁決によって、公共事業者が必要な土地を、地主に対し正当な補償を支払って強制取得（公用収用）できるとしている。

▶ p170

【公用収用】

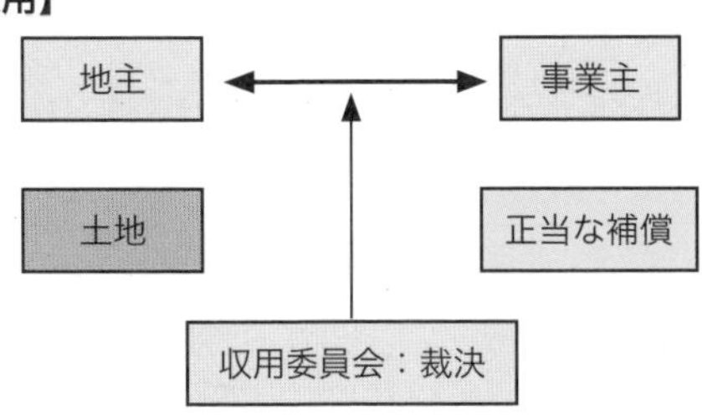

第8章 国家賠償・損失補償 Level 1

Q71 国家賠償法

問 国家賠償法1条に関する次の記述のうち、正しいものはどれか。 (国家一般)

1 「公権力の行使」とは、国または公共団体の公権的ないし公益的な行政作用を意味するから、立法権および司法権に属する作用は、含まれないとするのが判例である。
2 「公務員」には、民間人は、権力的な行政の権能を国または公共団体から委任されている場合であってもこれに含まれず、国家公務員および地方公務員に限られる。
3 「職務を行うについて」とは、公務員が主観的に権限行使の意思を有しているかどうかは問わず、公務員の行為の外形が客観的にみて職務執行行為と認められれば足りるとするのが判例である。
4 「過失」とは、行為者たる公務員の主観的注意義務違反ではなく、客観的に非難に値する抽象的注意義務違反を意味するから、担当公務員の過失の有無を問わず、その公務運営上の瑕疵によって国家賠償責任が発生するとするのが判例である。
5 「他人に損害を与えた」とは、積極的な加害行為によって損害が発生したことを意味するから、公務員の不作為に基づいて発生した損害については、国または公共団体が国家賠償責任を負う余地はないとするのが判例である。

PointCheck

◉国家賠償の意義と性格……【★☆☆】

明治憲法時代には、わずかに非権力作用に起因する損害について国の賠償責任を認める判例（徳島小学校遊動円棒事件、大判大5.6.1）があったくらいである。日本国憲法は「国家無答責の原則」を否定し（憲法17条)、同条を受けて制定されたのが国家賠償法である。

◉国家賠償法1条 ……【★★★】

①国又は公共団体の公権力の行使に当る公務員が、その職務を行うについて、故意又は過失によつて違法に他人に損害を加えたときは、国又は公共団体が、これを賠償する責に任ずる。
②前項の場合において、公務員に故意又は重大な過失があつたときは、国又は公共団体は、その公務員に対して求償権を有する。

(1)「公権力の行使」の意義

①非権力的行政活動

非権力的な職務執行にあたる公務員がなした不法行為についても、民法709条、715条が適用されるのではなく、国家賠償法1条が適用される。公権力の行使について、判例は広義に解しており、除かれるのは純然たる私経済作用（市営バスの運転手が過失により通行人を負傷させた等）だけと考えてよい。したがって、公立の学校の教員が体罰で生徒をけがさせたとか、公務員が誤った行政指導をして損害を与えた場合にも適用される。

②立法権・司法権の作用

公権力には立法権・司法権の作用も含まれる。ただし、国会の立法行為は、憲法の一義的文言に反するような立法をあえて行うような場合以外には、原則として国家賠償法上の違法の評価を受けない（在宅投票制度廃止事件、最判昭 60.11.21）。また、裁判所の司法行為は、裁判官の権限行使が法令の趣旨に明らかに違背しているような場合でなければ責任を生じず（最判昭 57.3.12）、無罪の判決が確定したというだけで直ちに起訴前の逮捕や、公訴の提起、起訴後の勾留が違法となるものではない（最判昭 53.10.20）。

❖判例

◉再婚禁止期間に係る立法不作為の違法性（最大判平 27.12.16）

再婚禁止期間が合理性を欠いたのは、①医療・科学技術の発達、社会状況の変化等、②立法不作為が違法となる例外的場合には当たらないとの最高裁の判断が平成 7 年にあったこと、③その後司法判断がなかった等の事情によるから、民法 733 条 1 項の違憲性が国会にとって明白とはいえず国家賠償法 1 条 1 項の違法の評価を受けない。

⑵公務員の範囲

加害者が正規の公務員であることは要件ではない。委託等に基づいて国・公共団体の事務を引き受けていた私人も「公務員」とみなされる。

⑶職務を行うについて

公務関連行為には、職務行為の外形を有する行為も含まれる（外形標準説）。非番の巡査が制服を着用し強盗殺人を犯した事案では都の賠償責任を認めた（最判昭 31.11.30）。

⑷故意・過失

連絡ミスで病状が悪化したケースで、誰のミスかが特定できなくても、一連の連絡行為と結果との間に因果関係があれば足り（最判昭 57.4.1）、過失の客観化現象といわれている。

A71 正解－3

1 —誤 「公権力の行使」には、行政権力の行使のみならず、立法権（最判昭 60.11.21）、司法権（最判昭 57.3.12）の行使も含まれる。

2 —誤 「公務員」には、国家公務員、地方公務員のほか、公庫・公団等の職員その他民間人であっても、権力的な行政の権能を委任されている者は、その限りでこれに含まれる。

3 —正 「職務を行うについて」とは、客観的にみて職務行為の外形を備えている行為がこれに当たる（外形標準説）。公務員の主観的意図は問わない（最判昭 31.11.30）。

4 —誤 過失の程度は客観的・抽象的な過失でよいが、公務員の故意または過失は条文ではっきりと要求されており、欠かせない。

5 —誤 法令上具体的な作為義務を持つ公務員が義務に違反して不作為でいる場合には、その不作為が違法となり加害行為と評価される（最判昭 57.1.19）。

Q72 国家賠償法 1 条

問 国家賠償法に関するア～オの記述のうち、妥当なもののみをすべて挙げているのはどれか。
(国税専門官)

ア 国又は公共団体の公務員による一連の職務上の行為の過程において他人に被害を生ぜしめた場合において、具体的にどの公務員のどのような違法行為によるものであるかを特定することができなくても、一連の行為のうちのいずれかに故意又は過失による違法行為がなければ被害が生ずることはなかったであろうと認められるときは、一連の行為を組成する各行為のすべてが国又は同一の公共団体の公務員の職務上の行為でなくても、国又は公共団体は、加害行為の不特定を理由に損害賠償責任を免れることはできないとするのが判例である。

イ 児童福祉法第27条に基づく都道府県の措置により、社会福祉法人が設置運営する児童養護施設に入所した児童を養育監護する施設の職員は、国家賠償法第1条第1項にいう公権力の行使に当たる公務員に該当せず、当該職員の注意義務懈怠により、当該児童が他の入所児童の暴行を受け傷害を負った場合、当該職員が民法上の損害賠償責任を負うとするのが判例である。

ウ 私人が警察官に扮し、職務質問に伴う所持品検査を装って金品を奪うことを意図し、その所持品検査の際、相手に対し傷害を負わせた場合、当該私人の傷害行為について、国家賠償法象1条第1項は適用されず、国家賠償責任は認められない。

エ 裁判官がした争訟の裁判に上訴等の訴訟法上の救済方法によって是正されるべき瑕疵が存在したとしても、そのことから直ちに国家賠償法第1条第1項にいう違法があったとの評価を受けるものではなく、裁判官が証拠を検討し、これに基づき要件事実を認定、判断する上において、職務上通常尽くすべき注意義務を尽くすことなく認定、判断したと認め得るような事情がある場合に限り、同項にいう違法があったとの評価を受けるとするのが判例である。

オ 国家賠償法第2条第1項の営造物の設置又は管理の瑕疵とは、営造物が有すべき安全性を欠いている状態をいうところ、安全性の欠如とは、その営造物が供用目的に沿って利用されることとの関連において危害を生ぜしめる危険性がある場合を含み、また、その危害は、営造物の利用者に対してのみならず、利用者以外の第三者に対するそれをも含むとするのが判例である。

1 ア、イ　**2** ア、ウ　**3** イ、エ　**4** ウ、オ　**5** エ、オ

(参考) 児童福祉法　省略

PointCheck

◉「公権力の行使」の解釈 ……【★★★】

⑴判例の立場

国家賠償法1条の「公権力の行使」について判例は、国または公共団体の作用のうち、純粋な私経済作用と国家賠償法2条によって救済される営造物の設置または管理作用を除くすべての作用との立場であると考えられる（広義説、東京高判昭52.4.27）。

⑵「公権力の行使」に当たる場合

①区長がした前科および犯罪歴の弁護士会への報告（最判昭56.4.14）
②公立学校の課外クラブ活動中の事故における教諭の監督（最判昭58.2.18）
③公立学校の体育時間中の教師の教育活動（最判昭62.2.6）
③海浜に打ち上げられた不発弾の回収を怠った不作為（最判昭59.3.23）
④警察官がナイフを一時保管しなかった不作為（最判昭57.1.19）
⑤通産大臣が鉱山保安法の保安規制権限を不行使（筑豊じん肺訴訟、最判平16.4.27）
⑥国の水質二法に基づく規制権限の不行使、県の漁業調整規則に基づく規制権限の不行使（水俣病国家賠償訴訟、最判平16.10.15）

◉国賠違法と取消違法 ……【★★☆】

取消訴訟で違法と評価できなくても、行政の内部的規範の違背について国家賠償法上の違法が認められる場合もある。また、被害の重大性から国賠違法が認められることもある。したがって、違法判断が異なることから、先に行政行為の公定力を取消訴訟で排除して、さらに国家賠償請求訴訟を提起する必要はない。いきなり国家賠償請求をして違法性を争うこともできる（固定資産の過大評価の決定を取り消さずに国賠請求が可能、最判平22.6.3）。

A72 正解－4

ア—誤　判例（**Q71**参照）は一連の行為との因果関係が認められれば足りるとするが、一連の行為は、これを組成する各行為が「いずれもが…公務員の職務上の行為にあたる場合」に限られるとする。

イ—誤　当該職員は組織法の公務員ではないが、県から公的権限を移譲され県のため行使するのであり、国賠法1条1項の公務員にあたるとした（最判平19.1.25）。

ウ—正　職務の外形から判断するのは職務行為との関連性についてであり（**Q71**参照）、「公務員」かどうかを外形から判断するのではない。

エ—誤　通常の注意を尽くさないだけで違法となるのではない。裁判官の権限行使が明らかに法の趣旨に背く場合に国賠法上の違法となる（最判昭57.3.12）。

オ—正　営造物（国道）に物理的瑕疵はないが、特段の措置や制限をせずに利用に供した場合、本来の利用者（国道利用者）に対してではなく、第三者（周辺住民）との関係で瑕疵（騒音・排気ガスなど供用関連瑕疵）を認める（最判平7.7.7）。

Q73 国家賠償法3条～6条

問 国家賠償に関するア～エの記述のうち、妥当なもののみを全て挙げているのはどれか。ただし、争いのある場合は判例の見解による。 （国家一般）

ア 国家賠償法第1条第1項の規定により国又は公共団体が損害賠償責任を負う場合において、公務員の選任又は監督に当たる者と、公務員の給与その他の費用を負担する者とが異なるときは、当該費用を負担する者もまた被害者に対して損害賠償責任を負う。

イ 県が執行する国立公園事業の施設の設置管理の瑕疵により事故が発生した場合、当該施設の設置費用について補助金を交付した国は、当該施設の瑕疵による危険を効果的に防止し得る立場にあるため、補助金の額の多少にかかわらず、公の営造物の設置費用の負担者として、損害賠償費任を負う。

ウ 失火ノ責任ニ関スル法律は失火者個人の保護を目的とするところ、その趣旨は、公務員個人への求償が故意又は重過失の場合に制限されている国家賠償請求には妥当しないため、消防署職員の消火活動が不十分なため残り火が再燃して火災が発生した場合における公共団体の損害賠償責任については、失火ノ責任二関スル法律は適用されない。

エ 国家賠償法は、何人も公務員の不法行為により損害を受けたときは国又は公共団体にその賠償を求めることができると定めているから、外国人が被害者である場合であっても、日本人と異なることなく国家賠償を請求することができる。

1 ア　2 イ　3 ア、ウ　4 イ、エ　5 ウ、エ

(参考) 失火ノ責任二関スル法律

民法第709条ノ規定ハ失火ノ場合ニハ之ヲ適用セス但シ失火者ニ重大ナル過失アリタルトキハ此ノ限ニ在ラス

PointCheck

◉国家賠償法3条～6条 ……………………………………【★★☆】

【国家賠償法3条】

①前二条の規定によつて国又は公共団体が損害を賠償する責に任ずる場合において、公務員の選任若しくは監督又は公の営造物の設置若しくは管理に当る者と公務員の俸給、給与その他の費用又は公の営造物の設置若しくは管理の費用を負担する者とが異なるときは、費用を負担する者もまた、その損害を賠償する責に任ずる。

②前項の場合において、損害を賠償した者は、内部関係でその損害を賠償する責任ある者に対して求償権を有する。

①賠償責任者が複数いる場合（3条）

国家賠償法1条の場合、加害公務員の選任監督に当たる者と、給与等の負担者が異なる場合には、両者ともに責任を負う。国家賠償法2条の場合、公の営造物の設置・管理に当たる者と、費用担当者が異なる場合には、両者ともに責任を負う。

②民法の適用（4条）

国家賠償法は、民法（民法典のほか、民法の付属法規も含む）の特別法であり、国家賠償法に規定のない事項については民法が適用される。例えば、消防署員による職務上失火のケースでは、失火責任法の適用があり、消防署員の不法行為が成立するためには重過失が必要となる（最判昭53.7.17）。

③他の法律の適用（5条）

民法以外の法律によって、民法ないし国家賠償法に対し特別の定めをしている場合には、その法律の規定が適用される。郵便法の諸規定などが、本条にいう別段の定めに当たる。

④相互保証主義（6条）

外国人の本国が国家賠償制度を設けており、日本人がその国で国家賠償を受けることができる場合にだけ、外国人が日本で国家賠償の請求をすることができる。

◉加害公務員の責任……………………………………………………【★★☆】

加害公務員個人は、被害者に対して直接の責任を負わない。国・公共団体が代位責任を負うのである（判例）。加害公務員に故意・重過失があった場合、国・公共団体から求償権を行使されることがあるが、軽過失にとどまるときは免責される。

❖判例

◉国賠法3条2項の求償（最判平21.10.23）

「内部関係でその損害を賠償する責任ある者」とは、法令上、損害賠償の費用を事務の経費として負担すべき者である。

A73 正解−1

ア—正　公務員の選任監督者と費用負担者はいずれも責任を負う（国家賠償法3条）。

イ—誤　国家賠償法3条1項の設置費用の負担者には、法律上の費用負担義務者のほか、この者と同等もしくはこれに近い設置費用を負担し、実質的にはこの者と当該営造物による事業を共同して執行していると認められる者であって、当該営造物の瑕疵による危険を効果的に防止しうる者も含まれている（最判昭50.11.28）。そして、費用負担者に当たるか否かは、当該個別的施設について、費用負担の割合等を考慮して判断するとした（最判平1.10.26）。

ウ—誤　国家賠償法4条により民法の付属法規である失火責任法が適用され、当該公務員に重大な過失のあることを必要とする（最判昭53.7.17）。

エ—誤　外国人に対する国家賠償法の適用については、相互保証主義が採られている（国家賠償法6条）。したがって、当該外国人の本国において日本国民が国家賠償を受けられる場合に限り、その外国人にも国家賠償法が適用される。

Q74 国家賠償法２条

問 国家賠償法について、正しいものはどれか。 （国税専門官）

1 国家賠償法第２条の「瑕疵」とは、公の営造物が通常有すべき安全性を欠くことをいうが、国・公共団体は、この点について過失がなければ、賠償責任を負うことはない。
2 当該公務員自身に故意、過失がなくとも、国、公共団体は常に賠償責任を負う。
3 国家賠償法による国の賠償責任は、外国人が被害者である場合にも常に認められる。
4 国家賠償法第２条にいう「公の営造物」は判例により、広く解釈されているが、土地に固定していない飛込台のようなものは除かれる。
5 国家賠償法第１条にいう、「公権力の行使」には、公立学校の夏季水泳訓練や行政指導まで含むとされている。

PointCheck

◉国家賠償法２条 ……………………………………………………【★★★】

⑴道路、河川その他の公の営造物の設置又は管理に瑕疵があつたために他人に損害を生じたときは、国又は公共団体は、これを賠償する責に任ずる。
②前項の場合において、他に損害の原因について責に任ずべき者があるときは、国又は公共団体は、これに対して求償権を有する。

⑴無過失責任

本条は、公の営造物（＝公物）の設置・管理の瑕疵に基づく責任であり、公務員の故意・過失は問題とされない。国・公共団体の無過失責任を認めた規定である（判例）。なお、無過失責任は結果責任とは異なるから注意すること。

⑵「公の営造物」について

広く講学上の概念としての「営造物」とは、行政主体により特定の行政目的に供用される人的手段および物的施設の総合体をいうが、ここでは講学上の営造物概念と異なり、物的設備のみを指す。道路や官庁舎などの人工公物だけでなく、河川や海岸などの自然公物も含むと解されている。また、民法 717 条「土地の工作物」とも異なり、自動車や什器などの動産も含まれる。

①最高裁で公の営造物に当たるとされたもの
・国鉄の駅ホームにある視覚障害者用の点字ブロック（最判昭 61.3.25）
・空港（最大判昭 56.12.16）
②下級審で公の営造物に当たるとされたもの
・警察署の公用車（札幌高函館支判昭 29.9.6）
・臨海学校の飛込台（東京高判昭 29.9.15）
・拳銃（大阪高判昭 62.11.27）
・地方公共団体が開設する道路運送法上の有料道路（長野地判平 9.6.27）

⑶「設置または管理の瑕疵」について

①意義

設置または管理の瑕疵とは、公の営造物が、客観的に見て、通常備えるべき性質・構造を具備していないことをいう。ただ、完全無欠の安全性の具備を要求するものではなく、社会通念に基づいて決せられる相対的な安全性を具備すれば足りるとされる。すなわち、事故当時の科学技術の一般水準から見て、通常の利用者が通常の利用方法に従った場合を基準として、瑕疵の有無が判定される。

②管理の瑕疵

営造物に物理的瑕疵があったとしても、管理者が安全措置を講じれば、設置・管理に瑕疵があったとはいえなくなる。逆に、営造物自体に物理的瑕疵がなくても、管理上の瑕疵が認められる場合もある。

判例には、水深1メートルの浅瀬に置かれた飛込台に、管理上の瑕疵を認めたもの（東京高判昭 29.9.15）や、崖上から土石が道路に落下した事故で、道路管理の瑕疵を認めたものがある（最判昭 45.8.20）。

A74 正解－5

1―誤　営造物管理責任は、無過失責任である（判例）。

2―誤　公務員が故意または過失によって他人に損害を加えたことが、国・公共団体の責任発生の要件である。

3―誤　相互保証主義（国家賠償法6条）により、相手国が日本人に対する賠償責任を認めている場合に限って認められる。

4―誤　公の営造物は、国・公共団体によって設置・管理されている公物や公共施設を指し、砲弾などの動産も含む概念である。土地に固定していない飛込台のようなものが除かれるわけではない。

5―正　「公権力の行使」について、判例は広義に解しており、国公立学校での事故や行政指導について国家賠償法1条が適用されている。

Q75 設置または管理の瑕疵

問 国家賠償法による公の営造物の設置及び管理の瑕疵に関する最高裁判所の判例に関する記述として、妥当なものはどれか。 (地方上級類題)

1 高知国道落石事件では、営造物の設置又は管理の瑕疵とは、営造物が通常有すべき安全性を欠いていることをいい、落石事故が発生したのは、道路管理上の過失に起因するとして、国と県に損害賠償を命じた。

2 公の営造物の日常的操業による第三者の損害は、営造物の管理者が、その損害の発生に特段の防止措置を講じていない場合でも、公の営造物の物的欠陥とはいえないので、賠償責任を負うことはない。

3 大東水害訴訟では、未改修河川の安全性は、整備の過程に対応する過渡的な安全性では足りず、河川管理が財政的、技術的及び社会的諸制約を受けることは許されないとして、国に河川管理上の瑕疵があったと認定した。

4 多摩川水害訴訟では、改修、整備がされた後の河川は、改修、整備の段階で想定された洪水から、当時の技術水準に照らし、通常予測しかつ回避し得る水害を未然に防止するに足りる安全性を備えるべきものであるとした。

5 公の営造物の管理については、国や公共団体が法律上の権原を有していなければならず、事実上管理しているだけでは公の営造物の管理には該当しないため、設置管理の瑕疵について議論する余地はないとした。

PointCheck

◉瑕疵と損害との間の因果関係(相当因果関係)……【★★★】

(1)不可抗力

公の営造物に関して他人に損害が生じても、異常な自然力や第三者の行為が原因である場合には、不可抗力として因果関係を欠くことになる。伊勢湾台風事件では、未曾有の高潮によって決壊した堤防は、通常予測される災害に対して安全性を備えていたので、不可抗力であり責任を負わないとした(名古屋地判昭37.10.12)。

(2)予算上の制約

予算上の制約が不可抗力となるかは問題だが、判例は消極的である(最判昭45.8.20)。ただし、河川の改修の有無について次のような判例がある。

①未改修河川については予算上の制約が認められ、過渡的な安全性で足りる(大東水害訴訟、最判昭59.1.26)。

②改修済み河川の場合には予算上の制約が認められるものではなく、改修された段階において想定された洪水から、当時の防災技術の水準に照らし通常予測し、かつ、回避しうる水害を未然に防止するに足りる安全性を備えるべきものであるとした(多摩川水害訴訟、最判平2.12.13)。

大東水害訴訟	未改修河川	過渡的な安全性で足りる
多摩川水害訴訟	改修済み河川	予測・回避しうる水害を未然に防止するに足りる安全性

❖判例

◉**高知国道落石事件**（最判昭 45.8.20）

▶**事案**

道路の山側の地層が崩れ落石や崩土があったのに、防護柵を設置する等の措置をとらずにいたところ、国道を通行中のトラックを落石が直撃して死傷者が出た事例。

▶**判旨**

国家賠償法２条の瑕疵とは、営造物が通常有すべき安全性を欠いていることをいい、これに基づく国および公共団体の賠償責任については、その過失の存在を必要としない（国家賠償法２条責任を肯定）。

A75 正解ー4

1—誤　判例は、高知落石事件において、①営造物の設置又は管理の瑕疵とは、営造物が通常有すべき安全性を欠いていることをいうとして、客観説（安全性の客観的な欠如を瑕疵とする）に立ち、②２条１項に基づく賠償責任には、過失の存在は不要であるとし、③予算不足は免責事由とはならない、とした上で、損害賠償責任を認めた（最判昭 45.8.20)。本肢は、「過失に起因する」としている点が誤り。

2—誤　判例は、大阪空港事件において、ジェット機の運行による周辺住民の騒音被害に関して、営造物の瑕疵にかかる安全性の欠如とは、①その物自体に存する物理的・外形的欠陥による危害の危険性に限らず、その営造物が供用目的に沿って利用されることとの関連において危害を生ぜしめる危険性がある場合をも含むとし、②その危害の危険性は、営造物の利用者だけでなく、利用者以外の第三者に対する危害の危険性をも含む、とした上で、賠償責任を肯定した（最大判昭 56.12.16)。

3—誤　判例は、大東水害訴訟において、未改修河川の安全性は、整備の過程に対応する「過渡的な安全性」で足りるとした（最判昭 59.1.26)。

4—正　判例は、多摩川水害訴訟において、改修済みの河川の安全性については、改修計画の範囲内の洪水により通常予想できる災害の発生を防止できる程度の安全性が求められるとし、未改修河川の場合と区別している（最判平 2.12.13)。

5—誤　判例は、公の営造物の管理者は、「事実上管理している」だけでよいとしている（最判昭 59.11.29)。

Q76 損失補償の内容

問 損失補償に関する次の記述のうち、妥当なものはどれか。ただし、争いがある場合は判例による。
（地方上級）

1 行政財産の使用許可がなされた後、当該行政財産本来の用途・目的に供する必要が生じたため使用許可を取り消すときは、使用権の喪失に伴う積極的な損失について補償しなければならない。
2 憲法第29条3項にいう「正当な補償」とは相当な補償を意味するから、土地収用法上の損失補償についても、完全な補償、すなわち収用の前後を通じて被収用者の当該財産価値を等しくならしめるような補償は必ずしも必要ではない。
3 ダム建設のような公共事業によって生活基盤自体が奪われてしまうような場合には、個別の財産の財産的価値の補償だけでは十分ではないため、補償義務者は、職業の紹介や指導など生活再建のための措置を講ずる法的義務がある。
4 文化的価値のような特殊な価値で経済的価値のないものでも、広く社会的に承認され、客観的価値にまで高まっているものは、土地収用法上の補償対象となる。
5 憲法第29条第3項は「正当な補償」と規定しているだけで、補償の時期については全く言明していないから、補償が財産の供与と同時に行われるべきことまで憲法は保障していない。

（参考） 憲法
第29条③ 私有財産は、正当な補償の下に、これを公共のために用ひることができる。

PointCheck

◉損失補償の意義……………………………………【★☆☆】

損失補償とは、適法な公権力の行使によって加えられた財産上の特別の犠牲に対し、全体的な公平負担の見地からこれを調節するためにする財産的補償をいう。

損失補償の法理は、既得権の不可侵という強固な思想に対抗するため、既得権を奪うにはそれに見合った補償が必要だとして生成したルールと考えられる。損害賠償が個人主義的なルールであるのに対し、損失補償制度は団体主義的なルールである。

明治憲法には、損失補償に関する規定はなく立法裁量であると解されていたが、日本国憲法は損失補償に関する明文を置いた（憲法29条3項）。ただし、損失補償に関する一般法は存しないので、個別の法律で損失補償規定を欠く場合に問題を生じることになる。

<table>
<tr><td rowspan="3">国家補償</td><td colspan="2">違法行為</td><td>国家賠償</td><td>一般法あり</td></tr>
<tr><td rowspan="2">適法行為</td><td>財産権</td><td>損失補償</td><td>一般法なし</td></tr>
<tr><td>生命・身体</td><td colspan="2">救済の谷間</td></tr>
</table>

◉救済の谷間……【★☆☆】

国家賠償と損失補償をまとめる言葉として、「国家補償」という合成語がある。確かに違法行為（国家賠償）と適法行為（損失補償）の落差は大きく、国家補償の用語は適当でないという学者もいる。しかし、予防接種禍訴訟でクローズアップされたように、過失と認められない行為により生命・身体の被害を被った国民には、「救済の谷間」が存在することも確かである。そこで、救済の谷間を埋める（例えば、憲法 29 条 3 項の勿論（もちろん）解釈により損失補償を認める）ためには、国家補償という上位概念が必要なのである。ただし、この予防接種禍について判例は、予防接種の禁忌該当者（接種をしてはいけない者）への措置について問診義務違反の過失を推定し（過失認定の緩和）、国家賠償請求による救済を認めている（小樽市予防接種禍訴訟、最判平 3.4.19）

◉損失補償の要件（補償の要否）……【★★★】

財産権の侵害に対する補償は憲法上の要請であり、財産権を剥奪する場合だけでなく、公共の福祉による制限の場合（憲法 29 条 2 項）にも補償が必要な場合がある。補償の要否については、規制の目的・範囲や程度から総合的に判断し、「特別な犠牲」を個人に強いる場合には補償が必要とされる。

◉損失補償の内容……【★★★】

「正当な補償」とは、どこまでの補償なのかが問題となるが、判例は市場価格と完全に一致する必要が常にあるわけではないという立場を採る（相当補償説）。ただ、判例も土地収用法における補償については完全補償を要するとしており、学説では完全補償を原則とする立場が有力である。

また、財産権の剥奪を認める法律が損失補償規定を欠く場合、その法律は違憲無効となるかについて、法律を違憲としても財産を奪われた国民は救済されないから、憲法 29 条 3 項を直接の根拠として損失補償ができるとされる（河川付近地制限令違反事件、最大判昭 43.11.27）。

A76 正解－5

1－誤　行政財産の使用は撤回権留保の上で許可されているにすぎず、使用権自体に財産的価値はないので、特段の事情のない限り使用権そのものに対する補償は不要である（最判昭 49.2.5）。使用料の支払いをしていたとしても、特段の事情にはあたらないとされた。

2－誤　土地収用法のケースでは、完全補償を要する（最判昭 48.10.18）。

3－誤　生活再建費用の補償までは含まれないのが通例である。

4－誤　経済的価値のないものは、補償の対象とはならない。

5－正　財産供与と補償の同時履行を保障するものではない（最判昭 24.7.13）。

Q77 補償の要否と正当な補償

問　損失補償に関する次の記述のうち、判例に照らし、妥当なものはどれか。

（国税専門官類題）

1　土地収用法によれば、行政上の損失補償は原則として現物補償の方法により、例外的に金銭補償の方法によるものとされ、被収用者保護の観点から原則として収用権者は、権利取得の時期までに補償を行うべきとされている。
2　旧都市計画法に基づく都市計画事業たる広場設定事業のために、無償で建築物の撤去を命じ得るとの条件を建築許可出願者が承諾していた場合であっても、このような条件は広場設定事業の実施上、必要やむを得ない制限であるとはいえず、相当の補償が必要である。
3　旧河川付近地制限令に基づく制限は、河川管理上支障のある事態の発生を防止する目的の制限であり、何人も受忍すべきものであるから、同令に損失補償に関する規定がない以上、同制限の前から砂利を有料で採取してきた者に対し、補償の必要はない。
4　旧自作農創設特別措置法に基づく農地の買収は、農地の買収が自作農創設を目的とする一貫した国策に伴う法律上の措置であることから、国による農地買収価格は、自由な取引によって生ずる他の物価と比してこれに正確に適合するように補償しなければならない。
5　道路工事の施行の結果、危険物保有者が法令上の基準に適合するよう工作物の移転等を余儀なくされ、損失を被ったとしても、同工事の施行によって、警察規制に基づく損失がたまたま現実化するに至ったものにすぎず、このような損失は、補償の対象には属しない。

PointCheck

◉土地収用法……………………………………………………………【★★☆】

土地収用法は、都道府県に置かれる収用委員会の裁決によって、公共事業者が必要な土地を、地主に対し正当な補償を支払って強制取得（公用収用）できるとしている。

【公用収用】

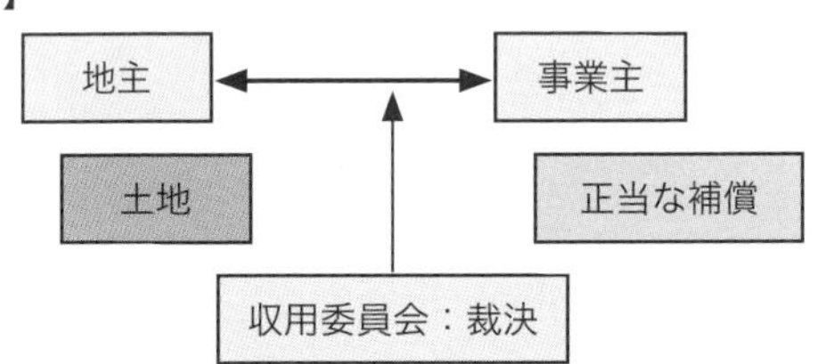

収用委員会の裁決という適法な公権力の行使によって、土地所有権という財産権を奪われることになるので、その損害に対して正当な補償が支払われる。この場合には、権利者の意思とかかわりなく、一方的に強制取得されてしまうので、完全補償主義が採られる。すなわ

ち、当該財産権の価額だけでは不十分で、建物の移転料や営業上の損失などの通常生ずべき損害を時価にて補償することが必要である。判例は、土地収用法に基づく収用のケースで、収用の前後を通じて被収用者の財産価値を等しくならしめるような補償をなすべきとしている（最判昭 48.10.18)。

損失補償の方法としては、金銭での補償が原則だが（土地収用法 70 条)、現物補償（替地）の方法が採られることもある（土地収用法 82 条参照)。

◉憲法 29 条 3 項の損失補償 ……………………………………【★★★】

⑴補償の要否

規制の目的	消極目的	積極目的
規制の範囲	一般人	特定人
規制の程度	受忍限度	強度
判断の方法	↓　　総合判断	↓
補償の要否	不要	必要

⑵「正当な補償」の意味

①相当補償説（判例）…農地改革による農地買収のケース
②完全補償説（通説）…土地収用法のケースで判例あり

⑶直接請求の可否

→肯定：河川付近地制限令違反事件（最大判昭 43.11.27)

A77 正解－5

1—誤　金銭補償が原則で（土地収用法 70 条)、収用委員会の裁決による替地による補償は例外である（土地収用法 82 条)。

2—誤　判例は、本肢のような条件はやむを得ない制限といえるとした（最大判昭 33.4.9)。

3—誤　判例は、河川付近地制限令事件において、砂利採取の既得権益を有する者について、その損失を具体的に立証して、憲法 29 条 3 項を根拠に補償請求する余地を認めている（最大判昭 43.11.27)。

4—誤　判例は、農地改革事件において、正当な補償について、相当補償説を採用した（最判昭 28.12.23)。

5—正　道路の拡幅工事の結果、ガソリンタンクが道路に近づき道路との距離制限に抵触しタンクの移動が必要となった事例で、判例は、本肢のように判示した（最判昭 58.2.18)。

Q78 国家賠償法2条

問 国家賠償法2条1項の損害賠償責任に関する次の記述のうち、判例に照らし正しいものはどれか。 (国家一般)

1 営造物の設置または管理の瑕疵とは、営造物を構成する物的施設自体に存する物理的、外形的な欠損ないし不備によって利用者に危害を生じさせる危険性がある場合をいい、その営造物が供用目的に沿って利用されることにより利用者以外の者に危害を生じさせる危険性がある場合まで含むものではない。
2 営造物の設置または管理の瑕疵とは、営造物が通常有すべき安全性を欠いていることをいい、これに基づく損害賠償責任が認められるためには、国または地方公共団体の故意または過失により、その安全性の欠如が生じたものであることが必要である。
3 被害発生の予防の措置のために相当多額の費用を要し、予防措置を講ずることが困難であるような場合には、設置・管理者たる国または地方公共団体は当該瑕疵による損害賠償の責任を当然に免れる。
4 国道上に故障車が長時間にわたって放置され、道路が通常有すべき安全性を著しく欠くに至った場合には、故障車が第三者により放置されたものであり、かつ設置・管理者たる国または地方公共団体が放置の事実を知らなかったとしても、国家賠償法上の損害賠償の責任を免れない。
5 事故発生時において、点字ブロックが視力障害者の事故発生防止に有効であり、それがすでに開発されていることを設置・管理者が認識していた場合に、当該安全設備を設置しなかったときには、当該ホームは当然安全性を欠き、設置または管理の瑕疵を有することになる。

PointCheck

◉「設置または管理の瑕疵」に関する判例 ……………………………………………【★★★】

⑴予測可能性、回避可能性

❖判例

◉赤色灯事件（最判昭 50.6.26）

▶判旨

県道の工事箇所を示すために立てられた工事標識板・赤色灯を先行車が引き倒して走り去った後に、通りかかった車が交通事故を起こした事例で、2条責任を否定した（危険防止措置をとることが時間的に無理）。

◉大型貨物自動車87時間放置事件（最判昭 50.7.25）

▶判旨

故障した大型貨物自動車が路上に長時間放置されていたところ、これに原動機付自転車が衝突して死亡した事例で、2条責任を認めた（危険防止措置をとることが時間的に十分可能)。

⑵新たに開発された安全設備の導入時期

❖判例

◉**大阪環状線福島駅転落事件**（最判昭 61.3.25）

▶**事案**

視力障害者が過ってホームから転落して重傷を負った事件で、点字ブロック等が設置されていなかったことが「設置または管理の瑕疵」に当たるかが問題となった。

▶**判旨**

その安全設備が、視力障害者の事故防止に有効なものとして、その素材、形状および敷設方法等において相当程度標準化されて全国的ないし当該地域における道路および駅のホーム等に普及しているかどうか、当該駅のホームにおける構造または視力障害者の利用度との関係から予測される視力障害者の事故の発生の危険性の程度、右事故を未然に防止するため右安全設備を設置する必要性の程度および右安全設備の設置の困難性の有無等の諸般の事情を考慮することを要する（破棄差戻し後の２審で和解が成立している）。

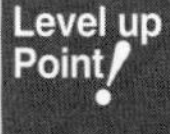

国家賠償法は条文が少ない分、判例・事例による出題が多くなる。薬害訴訟や基地騒音訴訟などについては、最新のニュースにも触れて、訴訟の実際について触れておきたい。

A78 正解ー4

1ー誤　営造物の設置または管理の瑕疵とは、「その営造物が供用目的に沿って利用されることとの関連において危害を生ぜしめる危険性がある場合をも含み、また、その危害は、営造物の利用者に対してのみならず、利用者以外の第三者に対するそれをも含む」とする（最判昭 56.12.16）。

2ー誤　営造物の設置または管理の瑕疵とは、営造物が通常有すべき安全性を欠いていることをいい、これに基づく国および公共団体の賠償責任については、過失の存在は必要としない（最判昭 45.8.20）。

3ー誤　道路の崩土、落石に対する防護柵の設置について、判例は、財政的理由は免責的事由とはならないとした（最判昭 45.8.20）。

4ー正　道路管理に瑕疵があると認められる（最判昭 50.7.25）。

5ー誤　判例は、点字ブロックを駅のホームに設置しなかったことをもって当該駅のホームが通常有すべき安全性を欠くか否かを判断するに当たっては、その安全設備が相当程度普及しているかどうか、事故発生の危険性の程度、必要性の程度、設置の困難性等の諸般の事情を総合考慮することを要するとした（最判昭 61.3.25）。

Q79 損失補償

問 損失補償に関する次の記述のうち、正しいものはどれか。 (国家一般)

1 損失補償は財産権保障のための補償制度であるので、損失補償には主観的感情が損なわれたことに対する精神的損失や、一定の状況下で国民の労力の提供が義務付けられたことに対する代償は含まれない。
2 ため池の破壊・決壊等による災害を未然に防止するため、堤とうの所有者がため池の堤とうを耕地として使用することを全面的に禁止する場合には、当該土地所有者に対し相当の補償を与えることが必要であり、そのような補償をせずに当該土地所有者の耕作を禁止することはできないとするのが判例である。
3 財産に加えられた制限が社会通念上受忍されるべき範囲を超え、特別の犠牲を課した場合において、法律にこれに対する損失補償の規定がなくても、直接憲法29条を根拠にして、補償請求をする余地がないわけではないとするのが判例である。
4 都市計画に支障を及ぼす建築等の禁止または制限を受けた土地の収用に際して、土地収用法により被収用者に対して補償すべき金額の算定については、当該収用地は右制約を受けた土地として評価すれば足りるとするのが判例である。
5 憲法は私有財産は正当な補償の下にこれを公共のために用いることができると定めているだけで、補償の時期について何ら明言していないが、補償と財産の供与とは交換的に同時に履行されることが憲法によって保障されているとするのが判例である。

PointCheck

◉損失補償に関する重要判例……………………………………………………………【★★☆】

❖判例

◉河川付近地制限令事件(最大判昭43.11.27)
河川付近地制限令4条2号の制限は、公共の福祉のための一般的制限であり何人も受忍すべきであるから、損失補償を要せず、補償規定を欠いても直ちに違憲とはいえない。もっとも、通常の受忍の範囲を超え特別の犠牲を課したものと見る場合がまったくないわけではなく、その際には直接憲法29条3項を根拠にして補償請求する余地がある。

◉行政財産の使用許可の撤回(最判昭49.2.5)
行政財産である土地につき建物所有を目的として期間の定めなくなされた使用許可が、当該行政財産の本来の用途または目的上の必要に基づき撤回されたときは、特別の事情のない限り、使用権者は、右撤回による土地使用権喪失についての補償を請求し得ない。

◉徳山ダム建設差止請求事件(岐阜地判昭55.2.25)
水源地域対策特別措置法8条所定の生活再建措置の斡旋は、憲法29条3項にいう正当な補償には含まれない。生活再建措置は、関係行政機関の法的義務ではなく、努力義務にとどまる。

◉**福原輪中堤訴訟**（最判昭 63.1.21）

土地収用法 88 条にいう「通常受ける損失」とは、客観的社会的に見て収用に基づき被収用者が当然に受けるであろうと考えられる経済的・財産的な損失をいうと解するのが相当であって、経済的価値でない特殊な価値についてまで補償の対象とする趣旨ではない。市場価格の形成に影響を与えない文化財的価値は、それ自体経済的評価になじまないものとして、土地収用法上損失補償の対象とはなり得ない。

◉**補償金の支払時期**（最大判昭 24.7.13）

憲法 29 条 3 項は、補償時期については言明しておらず、補償が財産の供与よりも甚だしく遅れた場合には、遅延による損害の塡補の問題が生じるであろうが、財産供与と補償の同時履行までをも保障したものと解することはできない。

憲法の損失補償の論点では、29 条 3 項の意義を明確にする役割を判例が果たしている。行政法でも同様で、たとえ個別の法令に補償規定があっても、最終的には判例が線引きをしている。憲法学習と合わせて、裁判所の判断を整理しておこう。

A79 正解－3

1－誤　精神的損失は損失補償の対象とならないとする判例があるが（最判昭 63.1.21）、一定の状況下で国民の労力の提供が義務づけられたことに対する代償については、道路法が一定の要件で補償を認めている（道路法 68 条 2 項、69 条 1 項）。

2－誤　判例は、ため池の堤とうを耕地として使用することを全面的に禁止することは、災害を防止し公共の福祉を保持するうえで社会生活上やむを得ないものであり、そのような制約は、当然受忍しなければならない責務というべきもので、損失補償は必要としないとした（最判昭 38.6.26）。

3－正　判例は、法律が補償を定めずに収用ないし制限を定めた場合において、直接憲法 29 条 3 項を根拠にして補償請求する余地がまったくないわけではないとした（最判昭 43.11.27）。

4－誤　判例は、都市計画制限あるいは都市計画事業制限を受けた土地の収用に際し、土地の被収用者に対して補償されるべき相当な価格とは、被収用地がこれらの制限を受けていないとすれば、裁決時に有すると認められる価格であるとした（最判昭 48.10.18）。

5－誤　判例は、憲法は補償の時期については少しも言明していないのであるから、補償が財産の供与と交換的に同時に履行されるべきことについては、憲法の保障するところではないとする（最大判昭 24.7.13）。

Q80 破壊消防と補償規定

問 消防法には、火災時におけるいわゆる破壊消防に関し、次のような内容の規定がある。
①消防団長は、火災が発生せんとし、または発生した建物や延焼のおそれがある建物を、損失の補償をすることなく、破壊することができる。
②消防団長は、①に掲げた建物以外の建物を破壊することができるが、この場合においては、市町村がその損失を補償する。

これらの規定の解釈に関し、次の2説がある。

（Ⅰ説）建物を破壊する際、消防団長が①の建物を破壊する意図の場合には①が適用され、①以外の建物を破壊する意図の場合には②が適用される。

（Ⅱ説）火災後の客観的な状況から見て、火災による被害を受けることのなかった建物を消防団長が破壊した場合には②が適用される。

Aが②の規定に基づく損失の補償を請求することができるか否かについて、Ⅰ説によれば請求することができないが、Ⅱ説によれば請求することができる場合として、妥当なものはどれか。

（国家一般）

1 Aの家の隣家から出火し、消防団長はAの家まで延焼するおそれはないと判断して、Aの家を破壊しなかった。しかし、Aの家は隣家からの火が燃え移り全焼した。

2 Aの家の隣家から出火し、消防団長はAの家まで延焼するおそれがあると判断してAの家を破壊した。しかし、破壊しなくともAの家は何らの被害を受けることはなかった。

3 Aの家の隣家から出火し、消防団長はAの家まで延焼するおそれはないものの、その他の家への延焼を防止する必要があると判断して、Aの家を破壊した。しかし、破壊しなければAの家は隣家からの火が燃え移り全焼していた。

4 Aの家の隣家から出火し、消防団長はAの家まで延焼するおそれがあると判断してAの家を破壊した。消防団長の判断通り、破壊しなければAの家は隣家からの火が燃え移り全焼していた。

5 Aの家の隣家から出火し、消防団長はAの家まで延焼するおそれはないものの、その他の家への延焼を防止する必要があると判断して、Aの家を破壊した。消防団長の判断通り、破壊しなくともAの家に延焼することはなかった。

PointCheck

◉消防法29条の破壊消防と補償規定……………………………………………………【★☆☆】

①消火・延焼防止・人命救助の必要→消防対象物・土地の使用、処分、制限可能（1項）
②周囲の事情から合理的に判断して延焼防止の必要→消防団長は延焼のおそれがある消防対象物・土地を使用、処分、制限可能（2項）
③消火・延焼防止・人命救助の緊急の必要→前二項に規定する消防対象物・土地以外の消防対象物・土地を使用、処分、制限可能（3項）→要求あるときは時価による損失補償

❖判例

◉消防法 29 条 3 項の補償の要否（最大判昭 47.5.30 ）

▶事案

X は破壊消防による建物（延焼のおそれのない建物の破壊）の損失補償を求めたが、Y 村は延焼のおそれのある場合であり損失補償は不要と主張した。

▶判旨

消防活動による損害の損失補償を請求するには、当該処分が、消防対象物・土地以外の消防対象物・土地に対しなされたものであり、かつ、消火・延焼防止・人命救助のために緊急の必要があることを要する。破壊された建物 A はそれ自体の延焼のおそれはないが、延焼のおそれのある建物 B を破壊するため建物 A を破壊する必要があるときは、建物 A を破壊することは、消防法 29 条 3 項にいう延焼の防止のために緊急の必要があるといえる（破壊消防は適法だが、延焼のおそれがあったとはいえないので損失補償を請求することができる）。

損失補償は一般法がない分野なので、憲法の出題と重ならないように、特定の補償規定のある法令解釈の出題が予想される。ただ、形式だけの問題で内容自体は難しくはない。

A80 正解－2

I 説では、消防団長の主観的な意図が問題とされる。「火災が発生せんとし、または発生した建物や延焼のおそれがある」建物と判断して、これに対して破壊する意図が消防団長にある場合には、補償は不要で、それ以外の建物を破壊する意図の場合には、補償が必要であるという説になる。

II 説では、主観的意図にかかわりなく、火災後の客観的な状況が問題とされる。火災による被害を受けることはなかったと、事後に客観的に判断されるような建物を破壊した場合には、補償が必要であるという説になる。

したがって I 説によれば補償を請求することができないが、II 説によれば補償を請求することができるのは、「主観的には延焼すると思っていた」が、「客観的には被害を受けることのなかった建物を破壊した」場合である。

1—誤　A の家は消防団長により破壊されておらず、本規定は適用されない。

2—正　I 説からは、延焼のおそれがある建物を破壊する意図で破壊したのだから、①が適用され、補償は不要となる。II 説からは、事後に破壊の必要ないと判断される建物だったから、①に掲げた建物以外となり、②により補償が必要となる。

3—誤　I 説からは、延焼のおそれがある建物を破壊する意図はなく、それ以外の建物を破壊する意図だから、②が適用される。II 説からは、客観的に延焼していたのだから、①の適用が考えられる。I 説からは補償が必要で、II 説からは補償が不要となる。

4—誤　I 説、II 説どちらからも①が適用され、補償の必要はない。

5—誤　I 説、II 説どちらからも②が適用され、補償が必要となる。

第9章 行政組織・地方自治・その他

Level 1 p180～p193　Level 2 p194～p199

1 行政主体と行政機関

Level 1 ▷ Q81,Q84,Q85　Level 2 ▷ Q90

行政主体：行政上の法律関係から生じる権利義務の主体（東京都）
行政機関：行政主体の意思決定・意思表示・執行などを行う機関（都知事）
行政庁　：行政処分をなす権限を与えられた行政機関

▶ p180

2 行政庁の相互関係

Level 1 ▷ Q82　Level 2 ▷ Q88

⑴指揮監督権 ▶ p182

監視権、許認可権、訓令権、取消権、権限争議の裁定

⑵権限の代行 ▶ p182 ▶ p194

①代理

代理の場合には、委任庁の権限が受任庁に移動するわけではない。

②委任

処分権限自体を下級行政機関に委譲することをいう（法令上の明文の根拠が必要）。

③専決

専決権者の名前が表面には出ず、行政庁自身が行ったことになる。

④代決

決裁者が不在等の場合に、一定の者が代わって事案を決定することをいう。代決者の名前は表面には出ず、行政庁自身が行ったことになる。

3 公務員

Level 1 ▷ Q84

⑴公務員の任用に関する成績主義 ▶ p187

公務員の任用は能力の実証に基づいて行われなければならない。

⑵事実上の行為としての内定

内定は単に採用発令の手続きを支障なく行うための準備手続であり「処分」に当たらない。

⑶期限付任用

法律が明文で認める以外の期限付任用も認められる。

4 公物
Level 1 ▷ Q83

⑴日的による分類 ▶p184

①公用物：直接に行政主体自身の使用に供されるもの

②公共用物：直接に一般公衆の共同使用に供されるもの

⑵成立過程による分類

①自然公物：天然の状態においてすでに公の用に供されるもの

②人工公物：行政主体が手を加え、公用開始により公物となるもの

⑶所有者による分類

①自有公物：行政主体が所有する公物

②私有公物：国民の所有物を公の用に供する場合

5 地方公共団体の種類
Level 1 ▷ Q84

⑴普通地方公共団体 ▶p187

都道府県、市町村

⑵特別地方公共団体

特別区：東京 23 区（行政区は行政区画の一部で行政主体ではない）

6 地方公共団体の事務
Level 1 ▷ Q86　Level 2 ▷ Q89

⑴条例制定権 ▶p190

条例制定権の限界…①性質上の限界、②法律留保事項（財産権の規制、罪刑法定主義）

⑵法定受託事務 ▶p191

本来国が処理する事務を、法律または政令により地方公共団体の事務とするものである。したがって、地方公共団体の処理が違反・懈怠に当たる場合は、国の行政機関は勧告・提訴の手続きを経て代執行することができる。

7 地方公共団体の機関
Level 1 ▷ Q85　Level 2 ▷ Q90

⑴議会と長の関係 ▶p188

大統領制的性格と議院内閣制的性格の混合

⑵その他の機関

①補助機関：都道府県の副知事、市町村の副市町村長、会計管理者

②行政委員会：教育委員会・選挙管理委員会・人事委員会など

8 住民の権利（直接参政権）
Level 1 ▷ Q87

①直接請求権、②住民投票、③住民監査請求および訴訟 ▶p192

Q81 行政組織

問 行政機関についての講学上の概念に関するア〜エの記述のうち、妥当なもののみをすべて挙げているのはどれか。 （国家一般）

ア 行政庁とは、行政主体の意思又は判断を決定し外部に表示する権限を有する機関をいい、各省大臣及び都道府県知事は行政庁に該当するが、公正取引委員会や公害等調整委員会等の行政委員会は行政庁に該当しない。

イ 諮問機関とは、行政庁から諮問を受けて意見を具申する機関をいい、諮問機関に対する諮問手続が法律上要求されているのに、行政庁が諮問手続を経ることなく行政処分をした場合であっても、行政庁の決定が違法となることはないとするのが判例である。

ウ 執行機関とは、行政上の義務を国民が履行しない場合に強制執行をしたり、違法な状況を排除する緊急の必要がある場合に即時強制をするなど、行政目的を実現するために必要とされる実力行使を行う機関をいう。

エ 監査機関とは、監査の対象となっている機関の事務や会計処理を検査し、その適否を監査する機関をいい、国の会計検査を行う会計検査院や地方公共団体の財務に関する事務の執行等を監査する監査委員が監査機関に該当する。

1 ア　**2** ア、イ　**3** イ、ウ　**4** ウ、エ　**5** エ

PointCheck

◉行政主体と行政機関……【★★★】

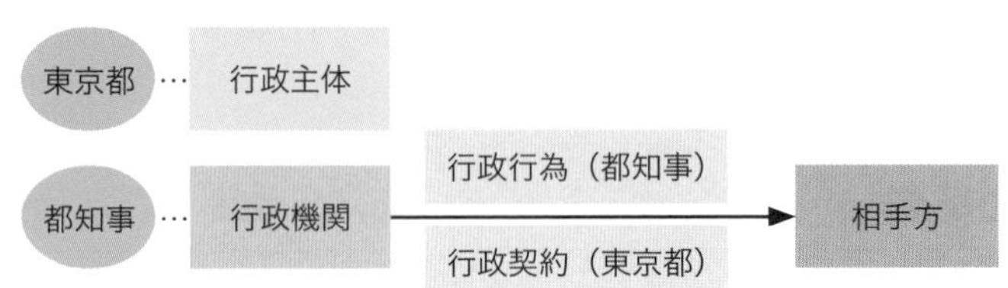

行政権の主体のことを、行政主体という。行政主体には、国や地方公共団体、独立行政法人がある。法人に理事や取締役という機関が必要であるのと同じように、行政主体にも行政機関が必要である。行政行為は行政機関の名で行われ、不服申立ての相手方となるのは、行政主体ではなく、処分をなした行政機関となる。

行政処分をなす権限を与えられた行政機関は、行政庁と呼ばれる。行政庁には、大臣とか知事のような独任制の行政庁が多いが、行政委員会のような合議制の行政庁もある。

◉行政機関の種類……【★★☆】

①行政庁：行政主体の法律上の意思を決定し外部に表示する権限を持つ機関。
〔各省大臣、都道府県知事、市町村長、行政委員会〕

②諮問機関：行政庁から諮問を受けて答申や意見を具申する機関。
〔審議会、協議会、調査会など〕※諮問機関である審議会の答申には、法的拘束力はない。

③参与機関（議決機関）：行政府の意思を拘束する議決を行う機関。
〔電波監理審議会など〕

④監査機関：行政機関の事務・会計の処理を検査し、その適否を監査する機関。
〔会計検査院、監査委員など〕

⑤執行機関：行政目的を達成するために必要とされる実力行使を行う機関。
〔警察官、徴税職員、消防職員、自衛官、海上保安官など〕

⑥補助機関：行政庁その他の行政機関の職務を補助するため、日常的な事務を遂行する機関。
〔次官・局長・課長・その他一般の職員、副知事・副市町村長など〕

◉国の行政組織（国家行政組織法）……【★☆☆】

①府および省
(a)内閣府─長は内閣総理大臣
(b)省─長は国務大臣

②庁および委員会─府および省の外局（国家行政組織法3条3項）
(a)庁─仕事の量が膨大かつ定型的・特殊専門的扱いが必要
(b)委員会（委員長と委員よりなる合議体）…「3条機関」
政治的に中立公正・専門的科学的な行政を進める必要のある分野。

③審議会その他の施設等（同法8条〜8条の3）
(a)審議会等の付属機関…「8条機関」※諮問機関
(b)試験研究、検査検定、文教研修、医療厚生等を営む施設等の機関
(c)その他特別の機関（緊急時の災害対策本部など）

④地方支分部局
〔法務局、国税局、税務署、営林局、農政局、経済産業局、地方整備局など〕
※地方支分部局の設置は法律の定めるところによる（同法9条）。
※地方行政機関の設置には国会の承認が必要で、その経費は国が負担する（地方自治法156条4項・5項）。

A81 正解ー4

アは、行政委員会も行政庁（合議制の行政庁）であるから誤り。イは、諮問機関への諮問が法律上要求されている場合は、その手続懈怠は違法となるとするのが判例（最判平4.10.29）であり、誤り。ウ、エは正しい。よって、肢4が妥当である。

Q82 行政庁とその権限

問 行政庁および行政庁の権限に関する次の記述のうち、正しいものはどれか。

（国家一般）

1 行政庁とは、行政主体の意思を決定し、それを外部に表示する権限をもつ行政機関をいい、行政の機敏性確保の要求、行政責任の所在の明確性の必要から、それら行政庁はすべて独任制の機関とされている。
2 行政庁の権限の代理の場合、代理に係わる権限は被代理庁に属し、行政庁間に権限の移動、増減は生じないから、代理機関の行った代理行為は、被代理庁がその責任を常に負い、代理機関が自らその責任を負うことはない。
3 行政庁の権限の委任の場合、受任機関は、自己の名において自己の権限として委任された権限を行使し、委任行政庁は委任している権限を自ら行使することはできない。
4 下級行政庁の権限行使について、上級行政庁は監督する権限を有しているが、下級行政庁の事務を調査し報告させる監視権と、権限行使を指揮する訓令権のみが、その手段として認められている。
5 対等の関係にある行政庁間においては協議によって意思の統一が図られるが、法律において協議が義務づけられている場合には、協議を経ずになされた行政庁の行為は取り消しうべき行政行為となる。

PointCheck

◉指揮監督権（上級庁→下級庁）……【★★☆】

上級庁は下級庁に対し指揮監督権を持つが、その内容として、監視権、許認可権、訓令権がある。取消権については問題だが、通説は肯定する。権限争議の裁定は、共通の上級庁が行う。代執行は一般に許されるものではなく、特別の法律の根拠が必要である。

◉代理……【★★★】

法定代理（地方自治法152条がその例）と授権代理がある。代理の場合には、委任庁の権限が受任庁に移動するわけではない。代理権を行使して行政処分を行う場合には、代理であることを明示して行う（例：A県知事代理副知事B）。

◉委任……【★★★】

処分権限自体を下級行政機関に委譲することをいう。権限が移動してしまう点が代理と異なる。このため、法令上の明文の根拠が必要であるし、個々の処分を行うに際して委任した旨の公示が必要である。

【代理】…法律の根拠不要

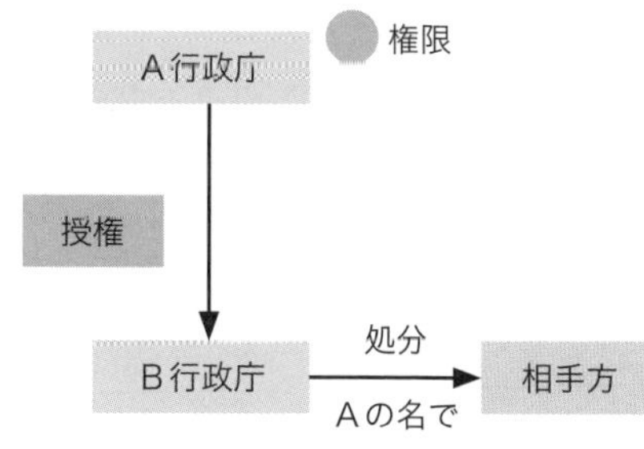

【委任】…法律の根拠必要

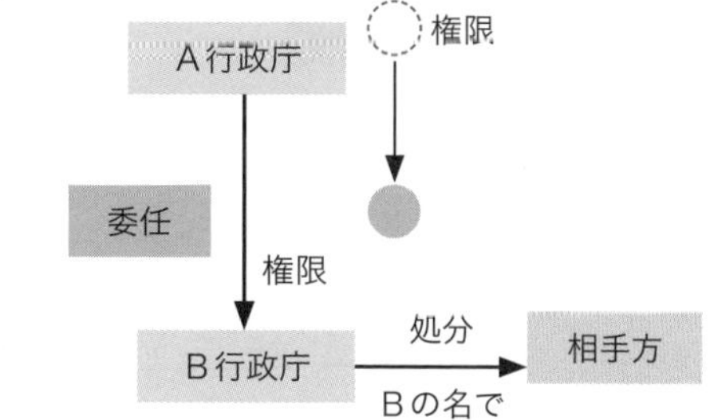

◉専決……………………………………………………………………………【★☆☆】

内部委任とも呼ばれる。専決権者の名前が表面には出ず、行政庁自身が行ったことになる。

◉代決……………………………………………………………………………【★☆☆】

決裁者が不在等の場合に、一定の者が代わって事案を決定することをいう。代決者の名前は表面には出ず、行政庁自身が行ったことになる。

A82 正解－3

1－誤　行政庁は独任制が原則であるが、行政委員会は合議制である。

2－誤　権限の代理のうち、法定代理は、被代理官庁の授権に基づかず、法律上当然に代理関係の生ずる場合をいい、この場合、代理関係は被代理官庁の権限の全般にわたり、代理者の責任においてその権限を行使するものであるから、被代理官庁は代理機関の行為について当然には責任を負わない。

3－正　権限の委任とは、自己に与えられた権限の一部を他の機関に委任して行わせることをいい、権限が委任されると委任した行政庁はその権限を失い、委任を受けた機関が自己の名と責任でその権限を行使する。

4－誤　上級官庁の監督権としては、監視権や訓令権のほかに、許認可権、取消し、主管権限争議の決定権がある。

5－誤　法律で、対等関係にある行政庁間において協議が義務づけられている場合に、義務を経ずになされた行為については、通説は無効と解している。

Q83 公物

問　公物に関する次の記述のうち、判例に照らし、妥当なものはどれか。　（国家一般）

1　公物は、原則として、公用廃止のない限り私人による時効取得の対象とはならないが、永年の間、事実上公の目的に供用されることなく放置されている場合には、例外的に公用廃止の有無を問わず、時効が成立する。
2　村道を村民が使用する権利は公法関係から由来するものであるが、当該村道が村民各自にとって日常生活上諸般の権利を行使するために欠くことのできないものである場合、一村民が他の者により、その使用権を侵害されたときは、民法上不法行為の問題が生ずる。
3　公物の管理については法律の根拠が必要であり、公共用物の場合には、例えば道路については道路法、河川については河川法があるように、公用物の場合にも、例えば官庁の庁舎について庁舎管理規則を定めるためには、法律の根拠を必要とする。
4　河川の沿岸に住む住民の公水使用権については、それが行政庁の許可によるものであれば、河川の全水量を独占排他的に利用し得るが、それが慣習によるものであれば、使用目的を充たすために必要な限度の流水を使用し得るに過ぎない。
5　公営住宅の使用関係には民事上の原則である信頼関係法理が適用されないから、公営住宅の使用者が法律の定める公営住宅の明渡請求事由に該当する行為をした場合には、それによって信頼関係が破壊されたかどうかを問わず、事業主体の長は、当該使用者に対して明渡し請求をすることができる。

PointCheck

◉公物……【★★☆】

公物とは、国または公共団体によって、直接公の目的に供される個々の有体物を指し、さまざまな観点から分類がなされている。

基準	分類	具体例
目的	公用物	官庁舎、公用車
	公共用物	道路、公園、河川
成立過程	自然公物	海浜、河川
	人工公物	道路、公園　※公用開始行為が必要
所有者	自有公物	国有公物　国有地、国道
		公有公物　地方公務員宿舎、市有地の公園
	他有公物	私有公物　市町村道に供用されている私道

⑴目的による分類

①公用物：直接に行政主体自身の使用に供されるもの。

②公共用物：直接に一般公衆の共同使用に供されるもの。

⑵成立過程による分類

①自然公物：天然の状態においてすでに公の用に供されるもの。
②人工公物：行政主体が手を加え、公用開始により公物となるもの。

❖判例

◉国有財産時効取得事件（最判昭51.12.24）

▶判旨

人工公物たる公共用物の成立には公用開始行為が必要であり、その消滅には公用廃止行為が必要である。黙示の公用廃止があれば、公物の時効取得が可能である。

◉供用が開始された未登記道路（最判昭44.12.4）

▶判旨

適法に供用が開始された道路について、道路管理者が対抗要件を欠くため第三者に対抗しえなくなったとしても、道路の廃止がなされない限り、道路法上の制限は消滅しない。第三者は制限の加わった土地所有権を取得するにすぎない。

⑶所有者による分類

①自有公物：行政主体が所有する公物。
②私有公物：国民の所有物を公の用に供する場合。

⑷使用関係の分類

①自由使用（一般使用）：公物を本来の目的に従い使用すること（公園の散策）。
※道路の自由使用が妨害された場合に、判例は、妨害排除請求や不法行為の損害賠償請求を肯定する（最判昭39.1.16）。
②許可使用：公物を本来の用途と異なる使用に供し、申請に基づく許可を要する場合（公園でのデモ）。
③特許使用：管理者が特定人に対し公物について特別の使用権を設定する場合（ガス管の埋設）。
※排他的な公水使用権であっても、河川流水は公共用物であるため一定の限界がある。

A83 正解ー2

1—誤　黙示でも公用廃止が必要である（最判昭51.12.24）。
2—正　大判明31.3.30。同旨の判例に最判昭39.1.16。
3—誤　公用物の管理は行政内部の問題であり、法律の根拠は不要である。
4—誤　行政庁の許可に基づく公水使用権であっても、使用目的を充たすに必要な限度の使用権しかない（最判昭37.4.10）。
5—誤　公営住宅法およびこれに基づく条例に特別の定めがない限り、原則として一般法である民法および借家法の適用があり、信頼関係の法理の適用もある（最判昭59.12.13）。

Q84 公務員の地位

問　公務員の地位に関する次の記述のうち、正しいものはどれか。　（地方上級）

1　地方公務員はその身分を保障され、各地方公共団体の制定する条例に定める事由によるのでなければ、その意に反して降任・免職されることはない。
2　公務員が辞表を提出した場合でも、それが受理されるまでは、いかなる場合でも自由に辞職の意思を撤回できる。
3　地方公務員に採用する旨の内定通知が取り消された場合でも、その取消しを求めて抗告訴訟を提起することはできない。
4　地方公務員に任用されるためには、能力要件と資格要件とを備えていなければならず、いずれかの一方の要件を欠く場合でも、その任命行為は無効となる。
5　一般職の職員任用は無期限を建前としているから、特に法律にこれを認める旨の明文がないかぎり、期限付任用は許されない。

PointCheck

◉公務員 ……【★★☆】

公務員法は組織法で扱われるが、公務員とは、国と雇用関係に立つ独立の権利主体（勤労者）である面に着目した呼称である。行政作用を国民に働きかける公務員は行政機関（行政庁や補助機関）なのであり、俸給請求権や職務専念義務の主体が公務員法の公務員なので、公務員法は作用法に分類されるべきとも考えられる。

国家公務員法および地方公務員法は、一般職の公務員に対して適用され、原則、特別職の公務員には適用されない。また、公務員は手厚い身分保障を受けており、法定事由以外には不利益処分（懲戒処分・分限処分）を受けない。

①懲戒処分（義務違反に対する制裁）：免職、停職、減給、戒告
②分限処分（不適格や過員による）：休職、降任、免職

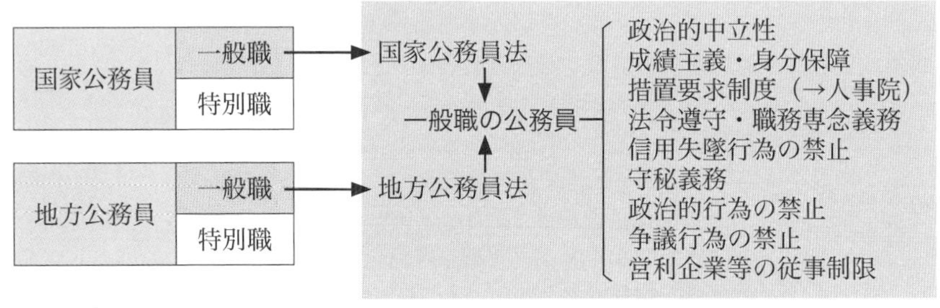

❖判例

◉国旗国歌不起立訴訟（最判平 24.1.16）

国旗に向かい起立し国歌斉唱することを命ずる校長の職務命令に従わない教職員の「戒告」処分は裁量権の範囲逸脱はないが、「減給」処分は裁量権の範囲を超える。

◉公務員の任用について……………………………………………………………【★★★】

⑴成績主義（国家公務員法 33 条 1 項、地方公務員法 15 条）

公務員の任用（採用・昇任）は、本人の能力の実証に基づいて行われなければならない。

⑵内定（国家公務員法 59 条 1 項、地方公務員法 22 条 1 項）

職員の採用・昇任はすべて条件付任用であり、6 か月間良好な成績でその職務を遂行したときに正式任用となる。内定は単に採用発令の手続きを支障なく行うための準備手続としてなされる事実上の行為であり、「処分」に当たらず取消訴訟では争えない（最判昭 57.5.27）。

⑶期限付任用

法律が明文で認める以外の期限付任用が問題となったが、判例は、職員の任用は無期限が原則であるが、期限付任用もそれを必要とする特段の事由が存する場合は、法律に規定がなくても許されるとした（最判昭 38.4.2）。

◉地方公共団体の種類…………………………………………………………………【★★☆】

憲法で地方自治が保障されるのは、都道府県・市町村（普通地方公共団体）だが、地方自治法上は、特別地方公共団体として特別区などを設け、これらも独立の行政主体である。

◉特別地方公共団体の種類……………………………………………………………【★☆☆】

①特別区（地方自治法 281 条）：東京 23 区のことで、実質的には市町村と同じ基礎的な地方公共団体だが、東京という大都市行政の一体性を確保する見地から、権限の一部が都により調整される。なお、行政区（例：横浜市緑区）は地方公共団体（例：横浜市）の行政区画の一部にすぎず、行政主体ではない。

②地方公共団体の組合（地方自治法 284 条以下）：複数地方公共団体で構成する複合的組合

③財産区（地方自治法 260 の 2、294 条以下）：所有財産や公の施設の管理処分

④地方開発事業団（地方自治法 298 条以下）：総合的な地域開発計画を実施するもの

A84 正解ー3

1—誤　条例ではなく、地方公務員法に定める事由に該当することが必要である。

2—誤　辞令が交付される以前は撤回しうるのが原則だが、撤回することが信義に反するような特別の事情がある場合には撤回できない。

3—正　採用の前段階である内定は処分性の要件を欠き、取消訴訟の対象ではない。

4—誤　能力要件を欠けば無効だが、資格要件を欠く場合には取り消しうるにすぎない。

5—誤　期限付任用も許される場合がある。

Q85 地方公共団体の機関

問 **地方公共団体の長と議会との関係に関する次の記述のうち、正しいものはどれか。**

（地方上級類題）

1 議会が長の不信任議決を行うためには、過半数の議員が出席した上で、その３分の２以上の多数の者の賛成が必要である。
2 長は必要があると思われるときには、議会の要求の有無にかかわらず、議会に出席して自ら議案の説明をすることができる。
3 議会における条例の制定または改廃に関する議決に異議があるときは、長はその送付を受けた日から 10 日以内に理由を示してこれを再議に付することができる。
4 議会で再議の結果、議会の議決が総議員の３分の２以上の多数で、再議に付された議決と同じ議決となったときは、その議決は確定する。
5 議会の議決が、収入または支出に関し執行することができないものがあると認めるときは、長は理由を示してこれを再議に付することができる。

PointCheck

◉地方公共団体の機関……………………………………………………………………【★★★】

⑴議会と長

①議会の審議

地方自治法で定められた、条例の制定、予算の決定、特定の契約の締結などの事項につき議決をする(同法96条1項)。この議決がない限り、執行機関は予算等の執行はできない。議案の提出は、長のほかに、議員も定数の 12 分の 1 以上の賛成を得てなすことができる(同法 149 条 1 号、112 条)。

②地方公共団体の長

都道府県の知事と市町村長は、地方公共団体を代表する独任制の行政庁である（同法 147 条)。長の権限としては、地方公共団体の統轄・代表（同法 147 条)、地方公共団体の事務の管理・執行（同法 148 条)、規則の制定（同法 15 条 1 項）などがある。

※地方公共団体の長が処理する事務の中には、国が都道府県・市町村に処理を委託する事務（第 1 号法定受託事務）や、都道府県が市町村に処理を委託する事務（第 2 号法定受託事務）も含まれる（同法 2 条 9 項)。地方公共団体の事務から、これらの法定受託事務を除いた、本来的な事務を自治事務という（同法 2 条 8 項)。

⑵大統領制的性格

地方公共団体の長は、住民の選挙によって選ばれる首長であり、「拒否権」に似た再議に付す権限を持っている（大統領型)。長は、議会の条例・予算に関する議決に異議があるときは、送付を受けた日から 10 日以内に理由を示して再議に付することができる（地方自治法 176 条。長の再議に対して、議会は出席議員の３分の２以上の同意により再議決し議決を確定することができる)。また、議会の議決に法令違反等がある場合や、予算に関し執行不能な議決がなされたときは、再議に付さなければならない(必要的再議、同法177条)。

⑶議院内閣制的性格

議会と長の間の牽制手段として、不信任議決と解散権がある(議院内閣制型)。議員の3分の2以上の出席と、出席議員の4分の3以上の同意を得て不信任議決がなされると、長は通知の日から10日以内に議会を解散しないかぎり失職することになる(地方自治法178条)。

❖大統領制＋議院内閣制

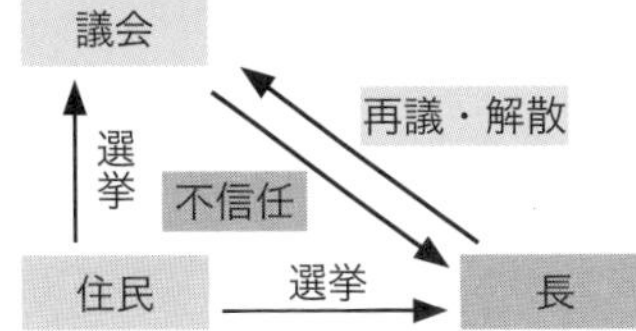

◉その他の機関……【★★☆】

普通地方公共団体は補助機関として、都道府県に副知事、市町村に副市町村長を置くことができる(地方自治法161条)。副知事および副市町村長の定数は条例で定めるが、条例で置かないこともできる。また、普通地方公共団体の長は、職員から会計管理者を置き(同法168条)、専門の学識経験を有する専門委員を置くことができる(同法174条)。

さらに、普通地方公共団体は以下の委員会・委員を設置しなければならない。

①すべての普通地方公共団体
教育委員会、選挙管理委員会、人事委員会(公平委員会)、監査委員

②都道府県に置かなければならない委員会
公安委員会、労働委員会、収用委員会、海区漁業調整委員会、内水面漁場管理委員会

③市町村に置かなければならない委員会
農業委員会、固定資産評価審査委員会

A85 正解－3

1—誤　議員の3分の2以上の出席と、4分の3以上の同意が必要である(地方自治法178条)。

2—誤　長に議会出席権はなく、議会の要求による出席義務だけが定められている(地方自治法121条)。

3—正　議会に対して長が牽制する手段である(地方自治法176条1項)。

4—誤　総議員ではなく、出席議員の3分の2以上の多数で再議決できる(地方自治法176条2項・3項)。

5—誤　この場合には、再議に付さなければならない(地方自治法177条1項)。

Q86 条例制定権

問 条例に関する次の記述のうち、妥当なものはどれか。 (地方上級)

1 財産権の規制は全国統一的な制度によるべきであり、憲法 29 条２項も財産権に関する事項は法律で定めると規定しているから、条例で財産権の行使に関する規制をすることはできない。

2 「法律による行政の原理」により、地方公共団体は、法律に「条例の定めるところによる」等の規定がない限り条例を制定することはできない。

3 私法秩序の形成等に関する事項は国の事務に属するから、条例で民法と異なる地方公社等の法人の設立を認めることはできない。

4 条例の定める基準は全国統一でなければならないから、例えば排出基準（汚染物質の排出許容値）について、条例が法律の定める基準よりも厳しい基準を定めることを認めることはできない。

5 条例の制定については地方公共団体の自主性が尊重されなければならないから、法律によって条例で定めることとされている事項について、主務官庁が条例案を作成しこれを行政指導の一環として地方公共団体に提示するようなことは許されない。

PointCheck

◉条例の制定……………………………………………………………………【★★★】

⑴条例制定権

普通地方公共団体は、法令に違反しない限りにおいて、地方自治法２条２項の事務に関し、条例を制定することができる（同法 14 条１項）。改正前は機関委任事務については、条例を制定することができなかったが、改正後は法定受託事務についても条例を制定できるようになった。自治立法の形式には、①議会が定める条例のほか、②長が定める規則（同法 15 条１項）、③委員会が定める規則（同法 138 条の４第２項）がある。

⑵条例制定権の限界（地方自治法 14 条１項）

①地方公共団体の事務（自治事務）に関する事項

②法令の規定に抵触しない内容

⑶自治事務の領域

①地方自治法２条２項・３項

法定受託事務も自治体の扱う事務に含まれるので、条例を制定しうる（法令に違反しない限りにおいて、法律の明示の委任を要せず、条例制定の対象となる。法定受託事務の処理基準が法定化されると、結果的に条例の制定が法令違反となることはありうる）。

②地方自治法 14 条２項

必要的条例事項を規定するもので、それ以外の場合の条例制定を排除するものではない。

③法律の専権事項─条例で規律することはできないもの

⒜刑事犯の創設（憲法 31 条参照）

・罰則の委任―法律による授権が相当な程度に具体的であれば足りる（最大判昭 37.5.30）

・罰則の範囲―2 年以下の懲役・禁錮、100 万円以下の罰金、拘留、科料、没収、5 万円以下の過料（地方自治法 14 条 3 項）

⒝物権の設定、債権の融通性の制限、特定物資の取引制限

④条例で財産権の行使に関する規制はできる（奈良県ため池条例事件、最大判昭 38.6.26）

⑤地方税条例は地方税法 3 条 1 項の授権により制定可能（通説）

⑷法令と条例の関係

①憲法の保障する人権の規制―公共の福祉の観点から条例で規制することも可能。

②法律が規制していない分野―条例で任意に規制できる。

③法律が存在する分野―法律の規制とは異なる目的なら条例で規制できる。

国の法令による規制を上回る「上乗せ条例」、法令の対象外の事項を規制「横出し条例」については、法律の先占領域を侵すという理由で認めない見解もあるが、判例（最判昭 50.9.10）は、⒜法律の規則の趣旨が全国一律の規制をめざす場合は、条例制定は許されないが、⒝法律が最小限の規則を定めるにすぎない場合には許されるとしている。

◉法定受託事務と機関委任事務……【★★☆】

以前、地方自治体の事務の中には、本来国が処理すべき事務を都道府県や市町村の長を国の機関として委任する機関委任事務があり、この事務について地方公共団体の長は、主務大臣ないし都道府県知事の指揮監督を受けていた。改正地方自治法は機関委任事務を廃止し、これらの事務を①自治事務（自治体に権限を委譲）、②法定受託事務、③国が直接執行（社会保険、信用協同組合の監督等）、④廃止に分けて整理した。法定受託事務とは、本来国が処理する事務を、法律または政令により地方公共団体の事務とするものである。したがって、地方公共団体の処理が違反・懈怠に当たる場合は、国の行政機関は勧告・提訴の手続きを経て代執行することができる。

A86 正解―3

1―誤　条例も憲法 29 条 2 項の「法律」に準じて扱われ、財産権の行使に関して条例で規定することはできる（奈良県ため池条例事件）。

2―誤　条例は、地方公共団体の自主立法であり、地方公共団体の事務について条例で規定するにつき法律の根拠は不要である。

3―正　条例は私法秩序に介入しえず、民法と異なる法人を規定することはできない。

4―誤　いわゆる「上乗せ条例」のケースであるが、許される。

5―誤　行政指導が、事実行為であり非権力的手法であることを考えると、許されないとはいえない。

Q87 住民の直接請求

問 **住民の直接請求権に関する次の記述のうち、妥当なものはどれか。** （国家一般）

1　普通地方公共団体の住民は、一定数の選挙権者の連署をもって、その所属する地方公共団体の条例の制定または改廃を請求することができ、また、その対象は当該地方公共団体のすべての条例とされていることから、地方税の賦課・徴収や公の施設の使用料等に関するものについても制定または改廃を請求することができる。

2　普通地方公共団体の住民は、一定数の選挙権者の連署をもって、当該地方公共団体の長の権限に属する事務の執行に関する事務の監査請求を行うことができるが、人事委員会、公安委員会等の行政委員会の事務の執行に関しては、監査請求を行うことはできない。

3　普通地方公共団体の住民は、一定数の選挙権者の連署をもって、選挙管理委員会に対し、いつでも当該地方公共団体の議会の解散を請求することができる。

4　普通地方公共団体の住民は、一定数の選挙権者の連署をもって、当該地方公共団体の議会の長に対して当該地方公共団体の長または議員の解職を請求することができ、当該請求を受けた議会の長は、議会の議決をもって解職の可否を決しなければならない。

5　普通地方公共団体の住民は、当該地方公共団体の長、職員等の財務会計上の行為を対象として、監査委員に対して監査請求を行うことができるが、住民訴訟の場合と異なり、当該請求の対象には、違法な行為のほか不当な行為も含まれる。

PointCheck

◉住民の権利……………………………………………………………………【★★★】

⑴直接請求権

議会とは別のルートで、住民の意思を直接反映させる制度として、直接請求の制度がある。有権者の50分の1ないし3分の1の署名を集める必要がある。ただし、直接請求自体で意思決定が行われるわけではなく、議会・住民の直接投票による意思決定手続の最初のプロセスとなるにすぎない。

❖直接請求権

署名数	内容	条文	請求先
1/50	条例の制定・改廃・請求	74〜74の4	長
	事務監査の請求	75	監査委員
1/3	議会の解散の請求	76〜79	選挙管理委員会
	議員・長の解職 特定職員の解職	80〜85	
		86〜88	長

⑵住民投票

住民が特定の案件について直接賛否を示すシステムで、地方自治特別立法に対する住民投票（憲法 95 条）と、直接請求に基づく住民投票とがある。

⑶住民監査請求および訴訟

住民監査請求（地方自治法 242 条）は、違法・不当な公金支出を争う道を開いたシステムで、国籍・選挙権・納税を要件とすることなく、住民（自然人・法人）としての資格に基づいて与えられた権利である。住民であれば、単独でも行使できる権利である（このため、事務監査請求の方はほとんど利用されない）。

また、住民監査請求をした住民が、監査の結果や措置に不服があるときは、裁判所に対して当該行為の差止め・取消し・損害賠償等の請求をすることができる（地方自治法 242 条の 2、住民訴訟）。住民訴訟は住民監査請求とは異なり、違法な行為・事実だけが対象となる。

◉地方公共団体での選挙……………………………………………………………【★☆☆】

⑴選挙権・被選挙権

20 歳以上の日本国民で、引き続き 3 か月以上市町村区域内に住所を有する住民は、議会の議員と長の選挙権を有する（地方自治法 17 条、18 条、憲法 93 条 2 項）。地方議会議員の被選挙権は 25 歳以上で選挙権を持つ者だが、知事については 30 歳以上、市町村長については 25 歳以上の日本国民とされ、住民要件はない（地方自治法 19 条）。

⑵議会

議員定数は条例で定めるが、上限が定められている（地方自治法 90 条）。任期は 4 年で（同法 93 条 1 項）、解散の場合はそれ以前に終了する。

⑶長（都道府県の知事、市町村長）

任期は 4 年で（地方自治法 140 条 1 項）、国会議員・地方議会議員との兼職、関係私企業との兼業が禁止される（同法 141 条、142 条）。

A87 正解ー5

1—誤　条例の制定・改廃請求の対象から、地方税の賦課・徴収や公の施設の使用料等に関するものは除外されている（地方自治法 12 条 1 項かっこ書き）ので、誤り。

2—誤　人事委員会、公安委員会等の行政委員会の事務の執行に関しても監査請求ができるので（同法 75 条 1 項）、誤り。

3—誤　「いつでも」という部分が誤り。一般選挙のあった日から 1 年間と、住民による解散投票のあった日から 1 年間はできない（同法 79 条）。

4—誤　長または議員の解職の請求は、普通地方公共団体の選挙管理委員会に対して行う（同法 80 条、81 条）、議会の長に対してではない。請求があったときは、投票が行われる。

5—正　住民訴訟の前段階である監査請求は、「不当な」財務会計上の行為も対象となる（同法 242 条）。

Q88 行政庁の権限の代行

問 国の行政庁A～Dの間に下図のような権限の委任、権限の代理の関係があるものとする。この場合に関する次の記述のうち、正しいものはどれか。ただし争いのある場合は判例、通説による。（地方上級）

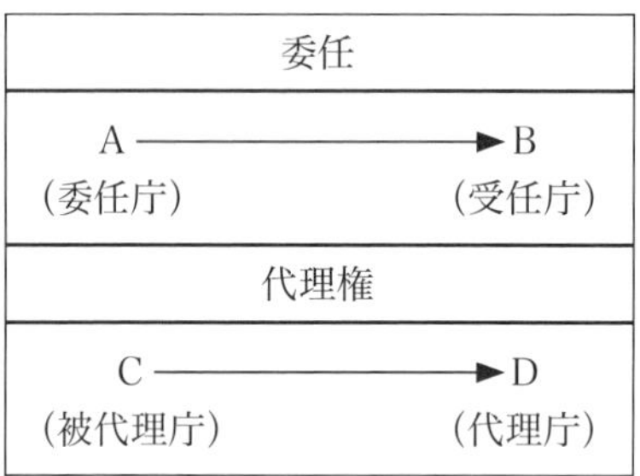

1 権限の委任をなす場合も権限の代理をなす場合も法令の根拠があることは必ずしも必要でない。

2 権限の委任に基づいてなされた行為の効果は、行政機関たるA、Bではなく国に帰属する。

3 権限の委任の場合も権限の代理の場合も対象となりうる権限の範囲になんら制限はないから、すべての権限を委任することも可能である。

4 権限の委任によってAの権限はBに、権限の代理によってCの権限はDにそれぞれ移転し、その効力は外部に表示することにより生じる。

5 権限の代理に基づいてなされた行為に対する抗告訴訟は、CではなくDを被告として提訴しなければならない。

PointCheck

◉権限の委任……………………………………【★★☆】

⑴意義

権限を有する行政庁（委任庁）が、権限の一部を他の行政機関（受任機関）に委譲し、受任機関の権限として行使させること。

⑵権限の移転

権限は受任機関に移転し、委任庁はその権限を失う。

⑶法律の根拠

法定の権限が移転するので、法律の根拠が必要となる（地方自治法153条1項・2項、国家公務員法55条2項など）。

⑷権限の範囲

権限の一部委任のみが許される（委任庁の存在意義を失わせないため）。

⑸効果・指揮監督

権限の所在は受任機関に移転し、受任機関は「自己の名と責任において」権限を行使する。したがって、委任庁は受任機関を指揮・監督できない（上級行政庁からの委任は別）。

⑹告示

権限が移動するので、国民に対する告示などが必要とされる。

◉権限の代理……………………………………………………………………【★★☆】

⑴意義

行政庁（被代理庁）の権限の全部または一部を、他の行政機関（代理機関）が代わりに行使し、被代理庁の行為としての効果を生じること（法定代理・授権代理）。

⑵権限の移転

権限の所在は変更しない。

⑶法律上の根拠

法定代理には必要だが、授権代理には不要とされる。普通地方公共団体の長の職務代理（地方自治法 152 条 1 項）、内閣総理大臣臨時代理（内閣法 9 条）など。

⑷権限の範囲

①法定代理：被代理庁の権限全般に及ぶのが原則である（一身専属的な事項を除く）。
②授権代理：権限の一部の代理のみが許される（被代理庁の存在意義を失わせないため）。

⑸効果・指揮監督

代理機関は被代理庁との代理関係を明示して権限を行使する。
①法定代理：代理機関がその責任で権限を行使する（被代理庁は指揮・監督できない）。
②授権代理：被代理庁の責任で代理機関が権限を行使する（被代理庁は指揮・監督できる）。

民法の理解がベースにあると、学習がより容易になる。忘れやすいのでポイントをまとめ、何度も復習しよう。

A88 正解ー2

1—誤　委任は、法令に定められた権限の一部を他に移動させるものであるから、権限の委任をなす場合には法令の根拠が必要である。

2—正　行政機関には法律により一定の範囲の権限が割り当てられ、それが委任によって行使されたとしても、その効果は行政主体である国に帰属する。

3—誤　委任は、権限を他に移動させるものであることから、権限の全部または主要な部分を委任することは、権限分配法規に反し許されない。

4—誤　権限の代理は、行政庁の権限の全部または一部を代理者が代理行使するもので、権限そのものを委譲するものではない。

5—誤　代理は、行政庁の権限の全部または一部を他の者が代理者として代理行使し、それが被代理庁の行為として効力が生ずるのであるから、抗告訴訟は被代理庁であるCを被告としなければならない。

Q89 条例

問 条例に関する次の記述のうち、妥当なものはどれか。 （地方上級）

1 地方公共団体の議会の定める条例と長の定める規則とでは、法律と政令の関係と同様に考えることができ、条例の委任があるときか条例を執行する場合以外に規則を定めることはできない。
2 すでに法令の規定が存在している分野においては、地方公共団体の条例は、執行の具体的条件を定めることができるにすぎず、法令の定める規制を上回る、いわゆる上乗せ規定や、法令の規定が及んでいる規律対象以外を規制対象とする、いわゆる横出し規定を置くことはできない。
3 条例には法令の定める規制を上回る、いわゆる上乗せ規定を置くことができるが、法令の規定が及んでいる規律対象以外を規制対象とする、いわゆる横出し規定を置くことはできない。
4 条例には、法令の規定が及んでいる規律対象以外を規制対象とする、いわゆる横出し規定を置くことはできるが、法令の定める規制を上回る、いわゆる上乗せ規定を置くことはできない。
5 条例の制定について、長が議長から議決された条例の送付を受けた場合、再議などの措置を講ずる必要のないときは、その日から20日以内に公布しなければならない。

PointCheck

◉条例制定権の限界……………………………………………………【★★★】

⑴性質上の限界

憲法の三権分立の趣旨から、唯一の立法機関としての国会や、厳格に独立した司法の機能を害する内容の条例は制定できない。また、住民自治・団体自治という地方自治の本旨から考え、地方自治体の機能を超える防衛や外交については国に専属すると解される。

⑵法律留保事項

憲法上、「法律で定める」とされる事項について、条例で規定することができるか問題となるが、判例・通説はこれを肯定している。

①財産権の規制（憲法29条2項）

奈良県ため池条例事件（最大判昭38.6.26）は、ため池の破損・決壊の原因となるため池・堤とうの使用行為は、憲法や民法で保障する適法な財産権行使の埒外であり、これらの行為を条例をもって禁止、処罰しても憲法および法律に抵触または逸脱するものではないとした。

②罪刑法定主義（憲法31条）

❖判例

◉大阪市売春防止条例事件（最大判昭 37.5.30）

▶判旨

条例は、公選の議員で組織する地方議会の議決を経て制定される自治立法であって、行政府の制定する命令とは性質を異にし、むしろ国会の議決を経て制定される法律に類するものである。条例によって刑罰を定める場合には、法律の授権が相当程度に具体的で、限定されていれば足りる。相当に具体的な内容の事項につき、限定された刑罰の範囲内で、条例をもって罰則を定めることは、憲法 31 条の法律の定める手続きにより刑罰を科するものといえる。

③租税法律主義（憲法 84 条）

地方自治の本旨から地方公共団体に自主課税権が認められると考えられ、法律の範囲内であれば、地方税についての税目・納税義務者を規定することも許される。

❖判例

◉入場税の特別徴収義務者を定めた条例（最判昭 28.4.30）

▶判旨

県条例は旧地方税法 36 条の委任に基づき、入場税・入場税附加税の特別徴収義務者を徴収義務者と定めたものであり、法律の委任に基づくもので違憲ではない。

条例に関する典型的論点は LEVEL1 だが、その他の事務や議会と長の関係などを複合させた問題は一気に難易度が上がる。消去法でしっかり答えが導けるように訓練しておこう。

A89 正解ー5

1—誤　普通地方公共団体の長は、その権限に属する事務に関し、規則を制定することができる（地方自治法 15 条 1 項）。長の専管事項に係る規則の場合（地方自治法 14 条 2 項参照）を除いて、条例との抵触が起こった場合、規則は条例の下位にあり、その効力は条例に劣る。法律と政令の関係と同じではない。

2—誤　条例は法令に違反することはできない（地方自治法 15 条 1 項）が、判例によれば、条例が国の法令に違反するかどうかは、両者の対象事項や文言のみで決するのではなく、両者の趣旨・目的・内容・効果を比較して決すべきであり、また、両者の規制の目的が同一の場合であっても、国の法令が全国一律に同一内容の規制を施そうという趣旨でなく、地方の実情に応じて別段の規制を施すことを容認する趣旨の場合には、その事項について規制する条例も国の法令に違反しない、とされている（徳島市公安条例事件、最大判昭 50.9.10）。上乗せ条例や横出し条例も認められる場合もある。

3—誤　肢 2 の解説参照。

4—誤　肢 2 の解説参照。

5—正　地方自治法 16 条 2 項でこのように規定されている。

Q90 地方公共団体と国の関係

問　地方自治法が定める国と都道府県との関係に関する次の記述のうち、妥当なものはどれか。
(国家一般)

1　自治事務は都道府県の事務である一方で、法定受託事務は都道府県知事が受託した事務であるから、都道府県は、法定受託事務に関しては条例を制定することができず、知事による規則制定権があるにすぎない。

2　各省大臣は、都道府県知事の事務について、法令に違反したり、執行を怠っていることが著しく公益を害することが明らかである場合には、職務執行命令訴訟を提起することができ、これに勝訴した場合には、当該事務の代執行を行うことができるほか、当該都道府県知事を罷免することができる。

3　国地方係争処理委員会は、審査の申し出に係る事務が自治事務であるか法定受託事務であるかにかかわらず審査を行うことができ、審査の結果国の関与が違法であると認めた場合には、関与に関係する国の行政庁に必要な措置を講ずべきことを勧告することができる。

4　都道府県の機関が行った公の施設を利用する権利に関する処分に不服のある者は、都道府県知事に対して審査請求を行うことはできず、最上級行政庁にあたる総務大臣に対して審査請求を行うことができる。

5　各省大臣は、都道府県の定めた条例が法令に違反していると認めるときであっても、条例違法確認訴訟を提起して勝訴判決を経なければ、都道府県知事に対し、当該条例の改廃を指示することができない。

PointCheck

◉地方公共団体と国の関係……………………………………………………【★★☆】

⑴関与の3原則（地方自治法245条の2等）

国の「関与」は、法律または政令によらなければならず（法定主義の原則）、必要最小限かつ地方公共団体の自主性・自立性に配慮し、公正・透明性を保たなければならない。

⑵国の関与の制限（地方自治法245条）

①機関委任事務の廃止：国の包括的な指揮監督権を認める規定（旧法150条）は削除され、国と自治体の関係が対等となるように、国の関与が制限される方向で整理された。

②自治事務に関する関与：助言または勧告、資料の提出の要求、協議、是正の要求

③法定受託事務に対する関与：助言または勧告、資料の提出の要求、協議、同意、許可・認可・承認、是正指示、代執行

⑶国地方係争処理委員会（地方自治法250条の7以下）

国の関与の場合に、国と自治体の間で争いが生じた場合に備え、5人の委員からなる国地方係争処理委員会が設置された。委員は、両議院の同意を得て総務大臣が任命する（3人以上が同一政党等に属してはならない）。

自治体は、国の関与のうち、是正の要求、許可の拒否、その他の処分、その他公権力の行使、不作為、協議の不調に不満があれば、国地方係争処理委員会に対して、国の関与があった日から30日以内に文書で審査の申し出をすることができる（地方自治法250条の13）。

⑷職務執行命令訴訟

改正前は、都道府県知事や市町村長が職務命令に従わないとき、主務大臣・都道府県知事は職務執行命令訴訟を提起することができた（旧法151条の2）。内閣総理大臣が沖縄県知事に対して提起した職務執行命令訴訟では、米軍基地のための強制使用手続をするかどうかは、内閣総理大臣の政策的・技術的な裁量に委ねられており、使用認定を当然に無効とするような瑕疵がない限り、知事は使用認定の有効を前提として事務を執行すべきであるとされた（最判平8.8.28）。改正後は旧150条、151条が削除されたが、法定受託事務に関しては、代執行に関する訴訟を提起することができる（地方自治法245条の8第3項、12項）。

地方上級・市役所では、地方自治に関する権限規定が細かく出されやすい。地方分権推進の流れを押さえ、旧法との関係で立法趣旨・規定を理解しておこう。

A90 正解－3

1—誤　地方自治法14条1項に「普通地方公共団体は、法令に違反しない限りにおいて第2条2項の事務に関し、条例を制定することができる」と規定している。よって自治事務のほかに法定委託事務に関しても条例で制定できる。

2—誤　都道府県に対し、是正の要求（地方自治法245条の5）、勧告（同法245条の6）、指示（同法245条の7）は可能で、代執行等も限定的に認められる（同法245条の8）。しかし、改正により機関委任事務が廃止されたため、機関委任事務に関する職務執行命令訴訟は廃止された。もちろん、都道府県知事を罷免することなどできない。

3—正　国地方係争処理委員会は、自治事務および法定委託事務に関して、審査の申し出があり、かつ国の行政庁の行った国の関与が違法であると認めた場合には関与に関する国の行政庁に必要な措置を勧告することができる（地方自治法250条の14第1項・2項）。

4—誤　地方自治法244条の4第1項は「普通地方公共団体の長以外の機関がした公の施設を利用する権利に関する処分についての審査請求は、普通地方公共団体の長が当該機関の最上級行政庁でない場合においても、当該普通地方公共団体の長に対してするものとする」としている。改正により総務大臣や都道府県知事への二段階の不服申立てを廃止し、普通地方公共団体の長に対する審査請求に一段階化したものである。

5—誤　都道府県の定めた条例が法令に違反していると認められる場合、各省大臣は条例違法確認訴訟を提起して勝訴判決を経なくても、都道府県知事に対し、当該条例の改廃を指示することができる（地方自治法245条の7）。

INDEX

※色のついた数字は、Level 2です。

INDEX—判例索引●年代順

■参考文献

宇賀克也	『行政法概説Ⅰ・Ⅱ・Ⅲ』	有斐閣
宇賀克也（編）	『ブリッジブック行政法』	信山社
塩野宏	『行政法Ⅰ・Ⅱ・Ⅲ』	有斐閣
原田尚彦	『行政法要論』	学陽書房
芝池義一	『行政救済法講義』	有斐閣
芝池義一	『行政法総論講義』	有斐閣
小早川光郎・宇賀克也・交告尚史（編）	『行政判例百選Ⅰ・Ⅱ』	有斐閣
新山一雄	『新版ゼミナール行政法』	法学書院
田中二郎	『新版行政法』	弘文堂
藤田宙靖	『行政法入門』	有斐閣
櫻井敬子・橋本博之	『行政法』	弘文堂

本書の内容は、小社より2020年3月に刊行された
「公務員試験 出るとこ過去問 4 行政法」（ISBN：978-4-8132-8746-9）
および2023年3月に刊行された
「公務員試験 出るとこ過去問 4 行政法 新装版」（ISBN：978-4-300-10604-4）
と同一です。

公務員試験　過去問セレクトシリーズ

公務員試験　出るとこ過去問　4　行政法　新装第2版

2020年 4 月 1 日　初　　版　第1刷発行
2024年 4 月 1 日　新装第2版　第1刷発行

編著者　ＴＡＣ株式会社（出版事業部編集部）
発行者　多田敏男
発行所　TAC株式会社　出版事業部（TAC出版）

〒101-8383
東京都千代田区神田三崎町 3-2-18
電話　03（5276）9492（営業）
FAX　03（5276）9674
https://shuppan.tac-school.co.jp/

印刷　株式会社　光邦
製本　株式会社　常川製本

ISBN 978-4-300-11124-6
N.D.C. 317

公務員講座のご案内

大卒レベルの公務員試験に強い！

2022年度 公務員試験

公務員講座生[※1]
最終合格者延べ人数[※2]

5,314名

国家公務員（大卒程度）	計2,797名
地方公務員（大卒程度）	計2,414名
国立大学法人等 大卒レベル試験	61名
独立行政法人 大卒レベル試験	10名
その他公務員	32名

※1 公務員講座生とは公務員試験対策講座において、目標年度に合格するために必要と考えられる、講義、演習、論文対策、面接対策等をパッケージ化したカリキュラムの受講生です。単科講座や公開模試のみの受講生は含まれておりません。
※2 同一の方が複数の試験種に合格している場合は、それぞれの試験種に最終合格者としてカウントしています。（実合格者数は2,843名です。）
＊2023年1月31日時点で、調査にご協力いただいた方の人数です。

全国の公務員試験で1位合格者を輩出！

詳細は公務員講座（地方上級・国家一般職）パンフレットをご覧ください。

2022年度 国家総合職試験

公務員講座生[※1]

最終合格者数 **217名**

法律区分	41名	経済区分	19名
政治・国際区分	76名	教養区分[※2]	49名
院卒/行政区分	24名	その他区分	8名

※1 公務員講座生とは公務員試験対策講座において、目標年度に合格するために必要と考えられる、講義、演習、論文対策、面接対策等をパッケージ化したカリキュラムの受講生です。単科講座や公開模試のみの受講生は含まれておりません。
※2 上記は2022年度目標の公務員講座最終合格者のほか、2023年度目標公務員講座生の最終合格者40名が含まれています。
＊ 上記は2023年1月31日時点で調査にご協力いただいた方の人数です。

2022年度 外務省専門職試験

最終合格者総数55名のうち
54名がWセミナー講座生[※1]です。

合格者占有率[※2] **98.2%**

外交官を目指すなら、実績のWセミナー

※1 Wセミナー講座生とは、公務員試験対策講座において、目標年度に合格するために必要と考えられる、講義、演習、論文対策、面接対策等をパッケージ化したカリキュラムの受講生です。各種オプション講座や公開模試など、単科講座のみの受講生は含まれておりません。また、Wセミナー講座生はそのボリュームから他校の講座生と掛け持ちすることは困難です。
※2 合格者占有率は「Wセミナー講座生（※1）最終合格者数」を、「外務省専門職採用試験の最終合格者総数」で除して算出しています。また、算出した数字の小数点第二位以下を四捨五入して表記しています。
＊ 上記は2022年10月10日時点で調査にご協力いただいた方の人数です。

Wセミナーは TACのブランドです

公務員講座のご案内

無料体験入学のご案内

3つの方法でTACの講義が体験できる!

教室で体験 迫力の生講義に出席

予約不要! 最大3回連続出席OK!

1. 校舎と日時を決めて、当日TACの校舎へ

TACでは各校舎で毎月体験入学の日程を設けています。

2. オリエンテーションに参加(体験入学1回目)

初回講義「オリエンテーション」にご参加ください。体験入学ご参加の際に個別にご相談をお受けいたします。

3. 講義に出席(体験入学2・3回目)

引き続き、各科目の講義をご受講いただけます。参加者には体験用テキストをプレゼントいたします。

- 最大3回連続無料体験講義の日程はTACホームページと公務員講座パンフレットでご覧いただけます。
- 体験入学はお申込み予定の校舎に限らず、お好きな校舎でご利用いただけます。
- 4回目の講義前までにご入会手続きをしていただければ、カリキュラム通りに受講することができます。

※地方上級・国家一般職、理系(技術職)、警察・消防以外の講座では、最大2回連続体験入学を実施しています。また、心理職・福祉職はTAC動画チャンネルで体験講義を配信しています。
※体験入学1回目や2回目の後でもご入会手続きは可能です。「TACで受講しよう!」と思われたお好きなタイミングで、ご入会いただけます。

ビデオで体験 校舎のビデオブースで体験視聴

TAC各校のビデオブースで、講義を無料でご視聴いただけます。(要予約)

各校のビデオブースでお好きな講義を視聴できます。視聴前日までに視聴する校舎受付までお電話にてご予約をお願い致します。

ビデオブース利用時間 ※日曜日は④の時間帯はありません。

① 9:30～12:30 ② 12:30～15:30
③ 15:30～18:30 ④ 18:30～21:30

※受講可能な曜日・時間帯は一部校舎により異なります。
※年末年始・夏期休業・その他特別な休業以外は、通常平日・土日祝祭日にご覧いただけます。
※予約時にご希望日とご希望時間帯を合わせてお申込みください。
※基本講義の中からお好きな科目をご視聴いただけます。(視聴できる科目は時期により異なります)
※TAC提携校での体験視聴につきましては、提携校各校へお問合せください。

Webで体験 スマートフォン・パソコンで講義を体験視聴

TACホームページの「TAC動画チャンネル」で無料体験講義を配信しています。時期に応じて多彩な講義がご覧いただけます。

TAC ホームページ https://www.tac-school.co.jp/

※体験講義は教室講義の一部を抜粋したものになります。

TAC出版 書籍のご案内

TAC出版では、資格の学校TAC各講座の定評ある執筆陣による資格試験の参考書をはじめ、資格取得者の開業法や仕事術、実務書、ビジネス書、一般書などを発行しています！

TAC出版の書籍

＊一部書籍は、早稲田経営出版のブランドにて刊行しております。

資格・検定試験の受験対策書籍

- 日商簿記検定
- 建設業経理士
- 全経簿記上級
- 税　理　士
- 公認会計士
- 社会保険労務士
- 中小企業診断士
- 証券アナリスト
- ファイナンシャルプランナー(FP)
- 証券外務員
- 貸金業務取扱主任者
- 不動産鑑定士
- 宅地建物取引士
- 賃貸不動産経営管理士
- マンション管理士
- 管理業務主任者
- 司法書士
- 行政書士
- 司法試験
- 弁理士
- 公務員試験(大卒程度・高卒者)
- 情報処理試験
- 介護福祉士
- ケアマネジャー
- 社会福祉士　ほか

実務書・ビジネス書

- 会計実務、税法、税務、経理
- 総務、労務、人事
- ビジネススキル、マナー、就職、自己啓発
- 資格取得者の開業法、仕事術、営業術
- 翻訳ビジネス書

一般書・エンタメ書

- ファッション
- エッセイ、レシピ
- スポーツ
- 旅行ガイド（おとな旅プレミアム/ハルカナ）
- 翻訳小説

公務員試験対策書籍のご案内

TAC出版の公務員試験対策書籍は、独学用、およびスクール学習の副教材として、各商品を取り揃えています。学習の各段階に対応していますので、あなたのステップに応じて、合格に向けてご活用ください!

INPUT

『みんなが欲しかった！
公務員
合格へのはじめの一歩』

A5判フルカラー

●本気でやさしい入門書
●公務員の“実際”をわかりやすく紹介したオリエンテーション
●学習内容がざっくりわかる入門講義

・数的処理（数的推理・判断推理・空間把握・資料解釈）
・法律科目（憲法・民法・行政法）
・経済科目（ミクロ経済学・マクロ経済学）

『みんなが欲しかった！
公務員 教科書&問題集』

A5判

●教科書と問題集が合体！
でもセパレートできて学習に便利！
●「教科書」部分はフルカラー！
見やすく、わかりやすく、楽しく学習！

・憲法
・【刊行予定】民法、行政法

『新・まるごと講義生中継』

A5判
TAC公務員講座講師
郷原 豊茂 ほか

●TACのわかりやすい生講義を誌上で！
●初学者の科目導入に最適！
●豊富な図表で、理解度アップ！

・郷原豊茂の憲法
・郷原豊茂の民法Ⅰ
・郷原豊茂の民法Ⅱ
・新谷一郎の行政法

『まるごと講義生中継』

A5判
TAC公務員講座講師
渕元 哲 ほか

●TACのわかりやすい生講義を誌上で!
●初学者の科目導入に最適！

・郷原豊茂の刑法
・渕元哲の政治学
・渕元哲の行政学
・ミクロ経済学
・マクロ経済学
・関野喬のパターンでわかる数的推理
・関野喬のパターンでわかる判断整理
・関野喬のパターンでわかる空間把握・資料解釈

要点まとめ

『一般知識
出るとこチェック』

四六判

●知識のチェックや直前期の暗記に最適！
●豊富な図表とチェックテストでスピード学習！

・政治・経済
・思想・文学・芸術
・日本史・世界史
・地理
・数学・物理・化学
・生物・地学

記述式対策

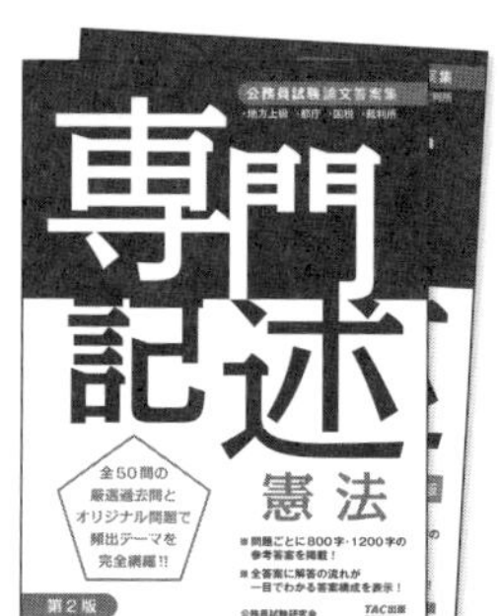

『公務員試験論文答案集
専門記述』

A5判
公務員試験研究会

●公務員試験（地方上級ほか）の専門記述を攻略するための問題集
●過去問と新作問題で出題が予想されるテーマを完全網羅！

・憲法〈第2版〉
・行政法

書籍の正誤に関するご確認とお問合せについて

書籍の記載内容に誤りではないかと思われる箇所がございましたら、以下の手順にてご確認とお問合せをしてくださいますよう、お願い申し上げます。
なお、正誤のお問合せ以外の**書籍内容に関する解説および受験指導などは、一切行っておりません。**
そのようなお問合せにつきましては、お答えいたしかねますので、あらかじめご了承ください。

1 「Cyber Book Store」にて正誤表を確認する

TAC出版書籍販売サイト「Cyber Book Store」の
トップページ内「正誤表」コーナーにて、正誤表をご確認ください。

CYBER BOOK STORE TAC出版書籍販売サイト

URL:https://bookstore.tac-school.co.jp/

2 1の正誤表がない、あるいは正誤表に該当箇所の記載がない ⇒ 下記①、②のどちらかの方法で文書にて問合せをする

★ご注意ください★

お電話でのお問合せは、お受けいたしません。
①、②のどちらの方法でも、お問合せの際には、「お名前」とともに、
「対象の書籍名(○級・第○回対策も含む)およびその版数(第○版・○○年度版など)」
「お問合せ該当箇所の頁数と行数」
「誤りと思われる記載」
「正しいとお考えになる記載とその根拠」
を明記してください。
なお、回答までに1週間前後を要する場合もございます。あらかじめご了承ください。

① ウェブページ「Cyber Book Store」内の「お問合せフォーム」より問合せをする

【お問合せフォームアドレス】

https://bookstore.tac-school.co.jp/inquiry/

② メールにより問合せをする

【メール宛先　TAC出版】

syuppan-h@tac-school.co.jp

※土日祝日はお問合せ対応をおこなっておりません。
※正誤のお問合せ対応は、該当書籍の改訂版刊行月末日までといたします。

乱丁・落丁による交換は、該当書籍の改訂版刊行月末日までといたします。なお、書籍の在庫状況等により、お受けできない場合もございます。
また、各種本試験の実施の延期、中止を理由とした本書の返品はお受けいたしません。返金もいたしかねますので、あらかじめご了承くださいますようお願い申し上げます。

TACにおける個人情報の取り扱いについて
■お預かりした個人情報は、TAC(株)で管理させていただき、お問合せへの対応、当社の記録保管にのみ利用いたします。お客様の同意なしに業務委託先以外の第三者に開示、提供することはございません(法令等により開示を求められた場合を除く)。その他、個人情報保護管理者、お預かりした個人情報の開示等及びTAC(株)への個人情報の提供の任意性については、当社ホームページ(https://www.tac-school.co.jp)をご覧いただくか、個人情報に関するお問い合わせ窓口(E-mail:privacy@tac-school.co.jp)までお問合せください。

(2022年7月現在)